北京大学图书馆研究支持服务探索与实践丛书

本书受 2015 年度教育部人文社会科学研究规划基金项目"中日图书馆学交流 65 年（1899-1964）历史探微"（编号：15YJA870004）资助。

北京大学日刊与北京大学图书馆
（1917—1932）

范　凡　编

海洋出版社

2018 年 · 北京

主要内容

北京大学日刊对北京大学图书馆的历史有着忠实的记载，但是迄今为止，尚未有人进行过系统的梳理。本文打算对这个方面内容进行全面整理，不仅可以得到这 15 年间北京大学图书馆的编年历史，而且可以为进一步撰写北京大学图书馆的历史提供系统的资料，打下坚实的基础，同时从一个侧面反映当时中国图书馆事业的发展状况。

图书在版编目（CIP）数据

北京大学日刊与北京大学图书馆 1917—1932／范凡编 .—北京：海洋出版社，2018.4

（北京大学图书馆研究支持服务与实践丛书）

ISBN 978-7-5210-0060-3

Ⅰ.①北… Ⅱ.①范… Ⅲ.①北京大学-图书馆-史料-1917-1932 Ⅳ.①G258.6

中国版本图书馆 CIP 数据核字（2018）第 055185 号

丛书策划：高显刚
责任编辑：杨海萍　张　欣
责任印制：赵麟苏

海洋出版社　出版发行

http：//www.oceanpress.com.cn
北京市海淀区大慧寺路 8 号　邮编：100081
北京朝阳印刷厂有限责任公司印刷　新华书店发行所经销
2018 年 11 月第 1 版　2018 年 11 月北京第 1 次印刷
开本：787mm×1092mm　1/16　印张：24.5
字数：324 千字　定价：59.00 元
发行部：62132549　邮购部：68038093　总编室：62114335

海洋版图书印、装错误可随时退换

序

　　1916年12月，著名教育家、思想家、民主主义革命家蔡元培被任命为北京大学校长，他对北京大学进行了卓有成效的改革，众多革新人物和学术大师云集北京大学，倡导民主与科学精神，弘扬爱国与进步思想，促进新思潮的传播和学术的繁荣。北京大学成为新文化运动的中心、五四运动的发祥地、传播马克思主义和创建北方地区中国共产党组织的最初基地。这是北大发展史上一个辉煌时期，奠定了北京大学的光荣革命传统和优良学术传统。

　　蔡元培于1917年1月4日就职，他在1月9日发表的《就任北京大学校长之演说》中提到，"余到校视事仅数日，校事多未详悉，兹所计划者二事：一曰改良讲义……二曰添购书籍。"这两件事可以说都与当时的图书馆有关，因为图书馆既要收发讲义，又要保存和管理书籍。他进一步指出，"本校图书馆书籍虽多，新出者甚少，苟不广为购办，必不足供学生之参考，刻拟筹集款项，多购新书，将来典籍满架，自可旁稽博采，无虞缺乏矣。"[1] 可见蔡元培自上任以来就对图书馆特别重视，预示着图书馆将要进入一个重要的发展阶段。

1　蔡元培. 蔡元培全集：第三卷. 杭州：浙江教育出版社，1997：10.

鉴于北京大学除了规程之外，再没有其他印刷品流布于世，在蔡元培的倡导下，北京大学于1917年11月16日创办了《北京大学日刊》，以刊登校令、校务、启事、消息、建议、演讲等内容为主，兼有学术论文。

自从有了《北京大学日刊》，正如蔡元培所说的那样，"全校同人；始有联络感情交换意见之机关，且藉以报告吾校现状于全国教育界。"[1] 北京大学图书馆开始在正式出版物上频繁出现，留下了丰富的史料，较为全面地记录和反映了北京大学图书馆的各类情形，包括图书馆的正式名称、业务工作，以及在全校中发挥的作用等内容，如同1933年出版的《北京大学校史略》中评价的那样"《北京大学日刊》第一期出，校中兴革诸端，自此易于征考"。

《北京大学日刊》即使与同时期的国外大学日报相比，也毫不逊色。1918年底留学美国的丁绪宝在写给夏元瑮学长的信中曾做过对比，"雪校日刊，周出四次，每次一张，所载大半皆学生军事，似尤不如《北京大学日刊》。"[2]（注：这里的"雪校"应该是指丁绪宝当时就读的芝加哥大学。）

可以说，自从蔡元培校长倡导创办了《北京大学日刊》，北京大学图书馆便有了忠实的记录，从而进入一个信史时代。从此，图书馆新入藏的图书、杂志有哪些，哪些人为图书馆捐赠了书刊，图书馆日常的工作是怎样进行的，图书馆的规章制度、馆舍经历了哪些变迁，北京大学图书委员会历届委员会都有哪些人，以及师生对北京大学的期许是什么样的，等等问题，从《北京大学日刊》中都能找到答案。当然，从另一个方面说，如果《北京大学日刊》上没有关于北京大学图书馆的内容，《北京大学日刊》也将会缺乏许多书香气息，从而变得逊色不少。

这里试举几例说明如何利用《北京大学日刊》史料来解读北京大学图书馆的历史。

1　蔡元培. 发刊词. 北京大学月刊, 1919, 1 (1)：1-3.
2　丁绪宝君自美致夏学长函. 北京大学日刊, 1919-1-22 (3).

首先，关于图书馆在1912—1932年这个时期的名称，究竟是"北京大学图书馆"，还是"北京大学图书部"？

自从1907年《京师大学堂续订图书馆章程》中改藏书楼为图书馆之后，图书馆在对外发布布告时，以及师生习惯上，都是称作"图书馆"，《北京大学日刊》一开始就是使用的"图书馆"这个叫法，例如，1917年12月30日《北京大学日刊》的"各科通告"栏目刊登的《图书馆启事·介绍经世报》，正式落款就是"北京大学图书馆"。而"图书部"却是一个使用时间相对短暂的名称，通行时间在1920年初到1931年8月。1919年12月6日将《国立北京大学内部组织试行章程 八年十二月三日评议会通过》发布以后，"图书部"正式成为总务处下属的一个部门，与庶务部、注册部、出版部、仪器部等平行。处下分部，部下分课，"图书部"代表图书馆在全校范围内的隶属关系，因而在学校层面的文件中更为常用一些，比如在《本校各部办事时间表》（1920年3月8日）中，使用的就是"图书部"。此外，在图书部后来新设的课名前也习惯于冠以"图书部"之名，如"图书部购书课"。《北大图书部月刊》就是这个时期的产物。值得指出的是即使是在图书部一词通行的时候，人们习惯上也常用图书馆一词。1931年8月25日第一次行政会议议决《国立北京大学行政组织系统草案》公布后，新的行政组织中出现了校务会议行政会议，原来的各科改为学院，图书部改为图书馆，课改为股。图书馆直接隶属于校长，不再是总务处下的一个部，因而"图书部"一词逐渐停止使用，表现在出版物上，就是1931年9月17日《北京大学日刊》正式停止使用"图书部"一词。

其次，图书馆如何利用《北京大学日刊》来开展业务？

在业务工作方面，图书馆尽力用好《北京大学日刊》这个工具，向全校做好宣传和报道。我们所要做的只是将其梳理清楚，而无需靠推理、想象、猜测来构筑一副未必真正存在过的景象，这是北京大学图书馆史与众不同之处，也是得天独厚的骄人之处，我们应该为我们的图书馆先辈留下的珍贵记录感到自豪。举个例子来说，从1917年11月22日开始，《图书馆书目编订室日记录》就开始在日刊的"纪事"栏目刊载，取名日记录，说明当时图书馆的工作已经很有规律和持续性。该记录坚持到1917年12月19日《图书馆书目编订室日记录 第九》之后结束。后来图书馆又以图书馆，图书馆书目室，图书馆登录室第一、二、三部，图书部登录课等各种名义刊登布告，使图书馆的业务工作得以连续呈现。

从《图书馆书目编订室日记录》来看，11月22日的记录报道本馆原有的书目以及新增的书目，先西文后中文，按照分类加以编排。22日的记录显示，截止到当日，图书馆原有西文教育类的英文书85种，新增5种；原有电磁学英文图书57种，新增5种；本馆下学期新订欧美各种杂志60余种，当日先记录了化学方面的期刊10种；并对中文书报新购到馆者择要记录。书目记录格式简单，西文图书仅仅记录作者与书名，期刊仅仅记录刊名，中文图书则记录朝代、版本、书名、作者与卷数。在当日记录的最后，是对图书馆的开馆时间以及11月1日至14日的借书与阅书人数的记载（见表1）。开馆时间是每日上午8点到下午5点，每日到馆借阅者不下百人，其中还不包括那些只阅览杂志的人。

表1　北京大学图书馆1917年11月1日至14日借阅人数统计

十一月	借书人数	阅书人数
1日	83	25
2日	65	31
3日	63	28
4日	56	22
5日	62	26
6日	60	30
7日	52	29

续表

十一月	借书人数	阅书人数
8日	62	58
9日	61	41
10日	55	27
11日	51	28
12日	57	31
13日	56	31
14日	47	30

11月23日记录仍然刊登新到的西文与中文书目录，"神学宗教伦理论理美学心理本可各自立类，因旧目中均归入哲理一门，记英文七十八种，今仍统增之"。可见，图书馆此时采用的分类法，有新旧目之区别。23日和22日记录的新购中文书中，有数本董康刊本，其中还有他从日本带回的我国珍贵古籍日刊本，其版本特征记载非常详细，对于我们考察北大古籍的渊源极有帮助。23日最后列表记录"海内名士暨本校职教员与诸同学历年来捐助于本馆之书报"（见表2）。这些捐赠的图书现在仍有一些能从目前的馆藏目录和秘籍琳琅中检索到，虽然不能确定是否就是当时所捐的版本，但是对于弄清图书馆藏书的来历仍然很有帮助。北京大学图书馆在百年前开创的这个记录并感谢捐赠图书的良好传统，至今仍被北大图书馆人所坚守。

表2 海内名士暨本校职教员与诸同学历年来捐助于本馆之书报

书名	著者	捐助者	卷数	册数	部数
灵峰先生集	夏震武	陈汉章	十一	二	一
蜕私轩集 附汉经记	姚永朴	同上	八	一	一
周易明义	彭俞	同上	四	一	一
周易明义序要	同前	同上	二	一	一
易外传	同前	同上	八	一	一

续表

书名	著者	捐助者	卷数	册数	部数
元也里可温考	陈垣	慕元辅	无	一	五
剑隐庐遗稿	潘节文	蔡校长	无	一	三
桂室吟	钱淑生	钱维骥	无	一	一
潜山诗存	钱次郇	同前	无	一	一
国史教科书	钱维骥	同上	无	一	一
苍雪书钞	彭凌霄	张嘉谋	一	一	二

11月24日继续刊登《图书馆书目编订室日记录》。除了西文和中文新书刊以外，24日增加了新内容——本馆代售书报摘录。包括地图、工具书、外语，以及热门杂志，其中陈独秀的《新青年》赫然在目。

12月1日的记录显示"本馆遵照理科研究所杂志室规则第一条之规定，已将中西文新置旧存各种科学杂志移交该室，理本科学生均得入览。"

12月5日的记录显示"徐君森玉捐助本馆之碑帖及书名列下"共计8条，可见此时徐鸿宝虽然已经不再担任图书馆主任一职，仍非常看重图书馆。

12月6日的记录"本馆办公时间自十二月一日起略有变更，今列如下：上午八时半至十二时，下午一时至五时，晚七时至九时。"向师生通报开馆时间的变化。

12月19日的记录公布了"本馆十一月十六日起至三十日正，借阅图书人数表列如下"（见表3）。

表3 北京大学图书馆1917年11月16日至30日借阅人数统计

日	阅书人数	借书人数
16	50	27?
17	45	16?
18	28	22

续表

日	阅书人数	借书人数
19	43	30
20	33	42
21	42	20
22	52	35
23	62	59
24	41	29
25	43	15
26	33	37
27	36?	49
28	37	39
29	65	19
30	64	24

表1和表3在时间上是连贯的，完整地记录了1917年11月份的借书和阅书人数，其中星期日也不休息，照常开馆。

因为《图书馆书目编订室日记录》是9次连续刊登，对于弄清这个时间段内图书馆藏书入藏的具体情况提供了可靠的依据。自此以后，《北京大学日刊》上未再刊登《图书馆书目编订室日记录》，说明图书馆的部门或者工作方式发生了较大变动。

第三，图书馆的主任大概是什么级别？

1917年5月3日制定的《国立大学职员任用及俸薪规程》第四条规定，正教授、教授、讲师、外国教员、图书馆主任、庶务部主任、校医均由校长聘任之并呈报教育总长[1]。虽然这一条款规定了图书馆主任由校长直接聘任，但是并没有规定图书馆主任的级别。此外，《国立北京大学廿周年纪念册》上

---

1 国立大学职员任用及俸薪规程//徐宝璜.国立北京大学廿周年纪念册.北京：北京大学，1918：[规程一览] 5-10.

曾经提到,"图书馆经理官以各分科大学中正教员或副教员兼任,掌大学堂附属图书馆事务,禀承于总监督"[1],可见图书馆负责人自清末以来就以兼职为多,并且是与正教员或者副教员相当的一个职位。然而就常识来看,正教员与副教员之间还是有差别的,那么图书馆主任到底是什么级别呢?

《北京大学日刊》上的相关文章可以帮助我们作出判断,图书馆主任的级别大概相当于文科学长。1917年11月17日《北京大学日刊》所载《北京大学附设国史编纂处简章》第十五条规定,"征集股主任之俸给视本校图书馆主任"。同时,该简章还规定,"第一条 本处隶属于北京大学文科中各国史学门。第二条 本处分纂辑及征集二股……第五条 本处设处长一人、纂辑股及征集股主任各一人……第六条 处长总理本处事务,以北京大学校长兼任之。第七条 纂辑股主任协助处长规定纂辑条例及鉴定史稿,以文科学长兼任之。"这些条文显示,征集股主任与纂辑股主任平等,前者与本校图书馆主任相当,而后者由文科学长兼任,故而得出图书馆主任与文科学长大概相当的关系。

尽管《北京大学日刊》非常重要,但是目前还没有建成令人满意的能够全文检索的数据库。现有数据库中收录的《北京大学日刊》仍是根据人民出版社1981年16册影印本扫描的图像版,文字不甚清晰,检索也不方便。笔者在写作北京大学图书馆史之际,花费2年业余时间,系统梳理了《北京大学日刊》上刊登的有关北京大学图书馆的史料,将其按照时间顺序汇编,有的全文照录,加以标点;有的提纲挈领,记录要点;有的片言只语,概括大意。虽然体例不尽统一,但是对于辅助个人记忆颇有好处,后来发现这个史料笔记还能提供不少线索,故而拿来与感兴趣的研究者分享。

范凡

2017年6月30日

1　沿革一览//徐宝璜主编. 国立北京大学廿周年纪念册. 北京:北京大学,1918:12.

目　录

1917 年 …………………………………………………………（1）
1918 年 …………………………………………………………（7）
1919 年 …………………………………………………………（70）
1920 年 …………………………………………………………（86）
1921 年 …………………………………………………………（147）
1922 年 …………………………………………………………（177）
1923 年 …………………………………………………………（217）
1924 年 …………………………………………………………（243）
1925 年 …………………………………………………………（273）
1926 年 …………………………………………………………（296）
1927 年 …………………………………………………………（306）
1929 年 …………………………………………………………（311）
1930 年 …………………………………………………………（330）
1931 年 …………………………………………………………（347）
1932 年 …………………………………………………………（373）

1917 年

1917 年 11 月 16 日《研究所办法草案》"（三）论文成后，由本科研究所各教员公共阅看，其收受与否由各教员开会定之。所收之论文由本研究所交付大学图书馆保存，或节要采登月刊……"

1917 年 11 月 17 日《理科研究所第一次报告》"先以半年经费全作为购买下列各项之用：一、科学杂志旧本，二、补充图书馆现存科学杂志缺本，三、科学杂志，四、名家著作，五、新书。图书馆所存理科新旧各杂志及新购各书将来均存理科研究所图书馆，不归大学图书馆管理。"

1917 年 11 月 22 日《图书馆书目编订室日记录》"一、西文书目录补志，教育学类之英文书目旧有八十五种，今增加五种，列名如下……"

1917 年 11 月 23 日《图书馆书目编订室日记录》"（甲）西文书目录补志，神学宗教伦理论理美学心理本可各自立类，因旧目中均归入哲理一门，计英文七十八种，今仍统增之列下……（丁）海内名士暨本校职教员与诸同学历年来捐助于本馆之书报。"

1917 年 11 月 24 日《图书馆书目编订室日记录》"（甲）西文书目录补志，英文哲理类今续列数种如下……"

1917 年 11 月 25 日《理科研究所杂志室规则》"第一条 凡理科新旧各杂志均存理科研究所杂志室，理科职教员及研究员均可入室观览。第二条 本室每早九钟开室，晚九钟闭室。第三条 室内杂志无论何人不得携出。第四条 室内不得高声诵读谈话。第五条 室内不得吸烟。第六条 杂志阅毕后即应置放原处，不得散失或损坏。"

1917 年 11 月 25 日《图书馆主任通告》"叠接学生诸君来函陈述，办事员办事不亲切之弊，除一面切嘱各办事员尽情待遇外，学生中有自感苦痛之实证，如索取规程，及科目表种种，而事务员藉故不发讲义，破损模糊不肯换易，或印发过于迟缓等类，尽可指名函告，本馆以期切实整顿，特此通告。图书馆主任白。"

1917 年 11 月 27 日《理预科用教科书表》。

1917 年 11 月 28 日《图书馆通告》"文科学生顾颉刚、秋福鼎、傅斯年、潘家洵、张庭济、欧阳道达、赵健、孙本文、徐彦之、顾名、俞平伯、杨振声、赵儒珍函称，讲义以铅印不及应付，多半仍用油印，每纸字数较铅印者减半有余，自应酌量损值，而收发讲义处对于购售油印讲义者仍须照铅印价值纳资。查北京高等师范学校油印讲义每铜元三枚得购十页，拟请饬知讲义处更定价格，铅印者仍依原价，油印者照铅印减三分二收资，庶核实平允。其前数年讲义未发尽者，今由教务课束置，无所应用，并宜归入收发讲义处，照价出售云云。已饬知收发讲义处照办，特此通告。图书馆主任白。"

1917 年 11 月 28 日《图书馆书目编订室日记录》"（甲）西文书目录补志，图书学诗歌戏曲小说书翰与夫格言社论等，本属文学之一支，因本馆英文学诸书旧藏只九十八种，不立细目，今增者又不多，故仍统列之如下……"

1917 年 11 月 29 日《理科各门研究所报告》"研究所教员欲购图书杂志时应先与本门研究所各教员商酌决定后用写字机器开列清单三份交与学长，内有一份须本门研究所各教员签字、学长认可，后由学长定购（均见日刊第二号)。研究员欲购买图书杂志,应先告各门研究所主任,再经以上手续。冯李二君书单未经此手续,亦未用写字机器印写,特此声明,因将来书单众多,鄙人处又无人助理,恐整理为难,不免失误也。再以后,若购书报多件,务请先至图书馆详细调查以免重出。本校经费困难,此等处似应注意,购杂志时,尤应详细调查何本已有,何本尚缺,至要至要。"

1917年11月30日《理科各门研究所告白》"用大学图书馆名义函致各国著名书店索取最近出版之书目以备择购。"

1917年12月1日《图书馆通告》延长开馆时间,每晚七至九时继续开馆。

1917年12月1日《哲学门研究所紧要启事》"现因二道桥研究所内用具、书籍都未完备,故暂借大学图书馆德字至声字一间为研究员会集之所。"

1917年12月1日《图书馆书目编订室日记录》"(甲)西文书目录补志,英文字类今续列数种如下……(丁)本馆遵照理科研究所杂志室规则第一条之规定,已将中西文新置旧存各种科学杂志移交该室,理本科学生均得入览。"

1917年12月1日蔡元培校长签署《国立北京大学令》"兹派李光宇为文科研究所事务员此令。兹派李续祖为理科研究所事务员此令。兹派李芳为法科研究所事务员此令。"

1917年12月1日《理科研究所事务员任务规则》"(丁)整理保存研究所图书馆及杂志室各图书杂志。(戊)经理研究所人员借书事务。(己)编订各图书杂志目录。(庚)注意研究所会所图书馆杂志室各处清洁秩序。"

1917年12月1日《阅书报社之发起》"本校图书馆法政类之藏书无多,而法科学生几占全校之半数,分配之事殊形困难。兹有法科生王少右等纠合同志,发起阅书报社,专从事于购阅各种关于法理上之书报,以补图书馆之缺。社址设在法科,凡文理工之与有同情者俱可入会,业已呈请校长准予立案矣。"其中的《阅书报社简章草案》中规定,社址附设于法科图书馆,本社社员有每学年纳金一元之义务，专为订购杂志之需。本社社员有每年借值五元以上相当之书报与本社之义务。名誉社员之捐借书报无定额。本社一切事务由图书馆事务员与本社干事二人执行之。本社所有书报概不出借。非社员欲向本社阅书者，须每月纳费洋二毛。"

1917 年 12 月 4 日北京大学校长蔡元培发布《国立北京大学令》"兹派汤润为法科图书馆事务员，此令。"

1917 年 12 月 5 日《图书馆书目编订室日记录 第六》"（甲）西文书目录补志，法律学民法类书目新行编定者与旧目不同，今列如下"

1917 年 12 月 5 日《批示学生王少右等呈请设立阅书报社，尚属可行，准克期开办》。

1917 年 12 月 6 日《图书馆书目编订室日记录 第七》"（甲）西文书目录补志，今续列民法类新编定书目如下"

1917 年 12 月 6 日夏元瑮和陈世璋提议《减发讲义案》"分发讲义之风原为欧美各国大学所无，本校印发讲义之俗历年已久，颇有无从改革之势……窃意预科各门功课暨其普通方言等学科皆可采用教科书，殊无印发讲义之必要。大学每年印发讲义之费，藉此可省一半，以之作扩充图书馆之用，将来各种参考书逐年增长，则教授与学生同受其益。"

1917 年 12 月 7 日《图书馆书目编订室日记录 第八》"（甲）西文书目录补志，今续列民法类新编定书名五种如下……"

1917 年 12 月 8 日《亚当士先生借书与图书馆》"工科地质学教员亚当士先生有地质书数箱，日内拟送至大学图书馆陈列，以便学生参考，现与理科夏学长商定，下星期命杂务课派役往取。一俟布置完毕，同学诸君即可取用，甚望图书人多，庶不负亚先生盛意也。"

1917 年 12 月 8 日、9 日、11 日、16 日4 次连载《理科研究所新定购各书细目 夏元瑮》

1917年12月11日《评议会致本校全体教员公函》"敬启者,日前夏浮筠、陈聘丞二君提出之减发讲义案八日下午本会业已详加讨论,全体赞成,议决办法如下……"

1917年12月13日《法科图书馆致法科教员公函》

1917年12月8日—16日在《北京大学日刊》《理科研究所新定购各书细目》,共有数百种之多。

1917年12月11日《致理科各教员公函》"敬启者,大学现既办有日刊,通信机关较前便利,嗣后致诸君公函,若日期不甚急迫者,即登入日刊,不另印送,以省工力,幸望重察,至祷。夏元瑮白。"

1917年12月14日《图书馆启事 赠书致谢》"本馆昨承郑天锡君赠所著国际私法条文一册,业已编目保存,特此申谢,此启。"

1917年12月15日《图书馆启事》"黄祖蕙、杨文冕、何思源、高尚德、高准诸君所借英德文哲学书兹因文学研究所需用甚急,务请缴还为荷,此启。"并多次利用《日刊》宣传寄售为顾亭林修祠募款之书。

1017年12月16日《阅书报社启事》 "张祖训先生借与杂志二种书一种……"

1917年12月19日《图书馆书目编订室日记录 第九》"(甲)西文书目录补志,战事书今续列数种如下……(丁)本馆十一月十六日起至三十日止,借阅图书人数表列如下……"

1917年12月22日《法科学长报告书》"研究所当设图书馆及杂志室,以为教员学生研究之地,图书馆事体较大,只能日增月益;杂志室则筹办已将就绪。会议时并议定杂志室规则数条,至事务员任务规则及研究所办事细则均于此时议定……诸生研究学术时参考书为最要,本校图书馆虽略有藏书,然不敷用。已请各教员选择善本分别函购,将来研究员需用书籍为本校所未备者,亦当属其开具书目,由主任核定酌量购备。"

1917 年 12 月 22 日《法科研究所办事细则》"法科研究所设事务员一人，专管研究所之书报及一切杂务。"《法科研究所事务员任务规则》和《法科研究所杂志室规则》。

1917 年 12 月 25 日公布了《收发讲义室办事细则》"收发讲义室承校长、学长及图书主任之命掌理左列各事务。"

1917 年 12 月 28 日《英文名著介绍》（按：夏元瑮推荐刊发）

1917 年 12 月 29 日《图书馆告白》"本馆为便利阅书起见，年假（内自本月三十一日起至明年一月六日止）每日除晚间闭馆外，仍照常开馆，特此通告。"

1918 年

1918 年 1 月 6 日《图书馆主任告白》"近来到馆阅书者日众，长期借出，久不归还，一般到馆阅书者殊有向隅之叹。以后职教员学生借书，均乞照借书规则两星期内必须归还，其已经逾期者，尤望即日缴馆，以重公益，无任盼祷，此白。"

1918 年 1 月 16 日《图书馆通告》"本馆现订购英文导报一份，陈列阅览室中，以供浏览，特此通告。"

1918 年 1 月 16 日《图书馆启事》"启者：寄宿舍外居住之学生所借书籍业已逾限者，本馆无从催取，兹将姓名列后，务请来馆缴还为要。"名单共 48 人。

1918 年 1 月 24 日《图书馆主任告白》收到陶孟和交到的天津博物院陈列品说明书，并对说明书的内容进行了较为详细的介绍。

1918 年 1 月 25 日《本科英文门研究所已到书籍及由图书馆借来各书均列于左》共 18 种。

1918 年 1 月 27 日《图书馆启事 赠书志谢》"袁同礼先生捐赠王守恂所著书三种三本，孙国璋先生捐赠宝岩诗一本、泰云堂全集一部四本，石广权先生捐赠燕尘录一本，章行严先生捐赠甲寅杂志一部二本。"

1918 年 2 月 2 日《图书馆纪事》"自本年一月一日起,由校长及各学长交来洋文书目……一月二十九日理科学长夏元瑮先生交来汉文册籍",其中有《图书馆小识》。

1918 年 2 月 7 日《图书馆启事(一)》"顷承法科教员周家彦先生代日本右川洋之助先生惠赠缩临古本论语集解一部二册,除编号存馆外,特此通告,并以志谢。"

1918 年 2 月 7 日《图书馆启事(二)》"二月二号由校长交来关于言语学书籍如下"。

1918 年 2 月 9 日《图书馆启事 赠书志谢》

1918 年 2 月 9 日致理科研究所主任诸君公函"景阳先生交来之书单,略阅一过,内有数种,如 Lovei geodynamics(注:该处信息不全,并有印刷错误,疑为 Love, A. E. H. 所著 Some problems of geodynamics)及 Encyclspidie des Sciences mattimatigues pures elappignes(注:该处有印刷错误,应为 Encyclopédie des sciences mathématiques pures et appliquées)等,忆图书馆均有存本,惟数学丛书系德文非法文,内容则全然相同。今仍将书单送还,乞再检查一过,至感。"

1918 年 2 月 18 日、19 日《哲学门研究所启事》"本所新到之书录载如下"

1918 年 2 月 21 日《图书馆布告》"本馆最近收到下列之德文书籍(由夏学长交来)"。

1918 年 2 月 25 日《图书馆布告》"本馆本日新到杂志如下"共 7 种。

1918 年 2 月 27 日《图书馆布告》"本馆本日新到杂志如下"共 2 种。

1918 年 3 月 1 日《图书馆主任告白》"(一)前据化学讲演会全体会员函称化学书籍太少,而借出者又久不归还,以致学者无由研究。拟请将借书规则酌加修改,凡一种书籍无两帙以上者,不论教员职员学生概不借出等语,所陈甚是。除一面照查各国大学图书馆章,厘定一完善章程,请校长核准定期施行外，希望参阅化学书籍者，尽所可能在阅览室阅览，其余借出各书，仍乞按期限归还，以免多数向隅，此白。""（二）迭据学生诸君函称，国史馆及各科研究所由本馆借书甚多，且无期限，殊有滞碍等情。查本馆与国史馆及各研究所虽为分立机关，而于书籍之享用，究当谋一联络之方法。俟与国史馆及各研究所商定一互相借书之规则，次第实行，总期使各处图书可以循回转置流通阅览，俾收最大最普之效用，以利研究而惠学子，此白。""（三）查本馆旧章，向无关于寄存图书之规定，现在颇有愿将私有图书寄存本馆，俾众阅览者，因拟定简章数条，业经校长核准，即日施行。倘有欲寄存图书于本馆者，本馆甚为欢迎，一切照寄存图书简章办理，此白。"

1918年3月1日《图书馆寄存图书简章》"（一）凡有欲寄存图书于本馆以供职教员学生或公众阅览者，本馆甚为欢迎，对于该图书与本馆藏书一例保管。（二）寄存期间须在三个月以上，三个月后得随时取还，但须预先通知，以便检齐交付。（三）寄存图书者，须备一详细之目录，本馆照目录点齐后，付以收条，将来取书，即以此收条为证。（四）寄存图书须盖有定式之章记。（五）寄存图书中，如有贵重物品，须特别保管者，宜预先声明，并指定如何保管之方法，本馆当酌景情形，照所拟方法办理。（六）寄存图书者，应将各书实价列入目录，本馆若因过失有所散佚，当按价偿补，惟遇有不可抗力时，不在此限。（七）寄存书籍，但得在阅览室阅览，概不出借。"

1918年3月1日《校长布告》"顷学长会议议决暑假后全校各种讲义一律停发"

1918年3月2日《图书馆布告》两条，分别报道理科助教丁绪宝惠赠英语周刊、本馆本日新到杂志二种。

1918年3月4日《理科研究所启事》"本所承夏学长赠 Dynamic Theory of Gases, Teans 一部及 Projective Geometry, Veblen and Young, Vol. 1 一部，特此申谢。"

1918年3月4日—16日《北京大学日刊》分11次连载了文科哲学门顾颉刚所作《上北京大学图书馆书》。（按：此为笔者笔记，非原文）

第一条是关于目录编纂问题，讨论目录到底应该有哪些著录项目、图书分类的依据，图书解题应该侧重的内容。指出图书馆以前所编目录中只有书名和册数，没有作者、版本等项，不利于查检。现在设立了书目编订室，在日刊上刊载日记录，已经去除了上述弊端，但是还有可以改进的地方，第一是"图书分类应以科学门目或时代学派上之差异为标准"而不是依据前人成法。指出只要自成一类，就应单独立类，而不要把它依附到经史子集某个类里去，只图形式上整齐。第二是对于图书解题内容的要求，应当反映其学术流别和本书目次，而不必像藏书家那样只注重版本格式，"务使书籍之精神与学术相契应，而弗以其形式与学术相障隔"。至于目录编纂事项，宜与各科教授商定，"不专为编订员责任"。

第二条是关于丛书分类问题。指出丛书分类如果按照丛书这种形式整体分，就会造成想要找一本书时，因不知道其卷册而找不到的情况。应该把丛书中的每一种都单独分类，遇到丛书系统性很强或者是一个人辑录的宗旨性很强的丛书，需要分到一个类的，也要在目录中详加注明。

第三条是关于油印书目的分配问题。很显然，这个时期北京大学图书馆使用目录的是书本式的油印书目，到底印多少才够用呢？顾颉刚指出图书馆中的油印书目只赠给教授和来参观的宾客，学生如果想要找一本书，只能到图书馆来临时检索。学生想要的书又都没有，只能顺手从书架上取一本，往往也不是让人中意的书，这叫做"为书择人，非为人择书"，影响学术研究。所以应当按照文、理、法、工等各科以及其他科目分开印制书目，由教授将各科各门参考必备的书开列次序，印刷成书目，发给对应各科各门的每一位学生，使学生能够有选择地读书。如果经费不足，也可以让学生出工本费。而学生想要其他科目的书目，则可以出钱购买。顾颉刚认为这是当时最为急切的，请图书馆优先处理此事。

第四条是关于取书方法问题，提出要编制排架目录。显然，这个时期北京大学图书馆采用的是闭架借阅，藏书只分为中、西两部，顾颉刚建议应该像其他图书馆那样，将藏书划分出更多的若干部，每部下面再按种编号，然后为每一部都依据部号种号来编制一部目录，只写书名、人名、册数，而不写解题，这种目录只为到馆取书之用，而不同于前面提到的日常检索使用的目录。顾颉刚提议要设立取书处，一个事务员管理若干部，每个部也都有几个事务员来管理。阅览者领券后，检索目录得到部号种号，记下来交给事务员去取书，还书时消券离开。当时实际的取书方法是阅览者自己先到书架下寻找要看的书，然后招呼事务员来开锁取书，有时找书很难，因为事务员不是专司其责，不熟悉所有的藏书，而藏书只分为中、西两部，又造成一个部号下图书太多的缘故。

第五条是关于索书号问题。顾颉刚认为把中文书籍的名目写在书签上，夹到书里，容易导致脱落错乱，应该让事务员或者雇人把名目写在书边上。这里的"名目"，顾颉刚并没有多作解释，估计是类似于索书号的一种标识。

第六条是关于馆舍问题。他认为阅览室最好采用当时的储藏室来扩充，因为明年，也就是1918年，新校舍就要落成，届时储藏室必然移入新校舍，这个储藏室有30余间，正好在图书馆后面。他建议将原来的大门堵上，在西书部中间房间开一个门，这样大家出入都通过此门。门口一侧改为取书处，取书后进内阅览、出门时按券交还，这样出入都能检查到，无虑图书丢失，事务员也不用到阅览室检查。这样做有5大好处：第一，为了事务员照顾方便，阅书一向都是在西书部，但是西书部正好是图书馆出入的门口，人来人往很繁杂，而储藏室是隔成单间的，每间人少安静，便于专心研究。第二，虽然借书规定有时间限制，但是有借书一年才还的，还有侵吞不还的，致使无复本或复本少的书，先来先借，后来的就看不到了，对于图书馆、对于读者都不利。究其原因，是因为除了教室以外，再没有研究学问的地方了，图书馆不能久坐，只能借到宿舍去看。如果在图书馆也能像在宿舍那样安静，并且又有很多书可以享用，大家自然能养成到馆读书的习惯，这样所有图书都可以不借出，就没有各种流弊了。第三，限制取书数量对于研究参考上会造成顾此失彼，如果可以随时取还，就不要再加以限制，供阅书者随意探讨。第四，借书规则限定学生只能借书2种，对教授却没有限制，造成教授一下子借数十种，而学生却借不到书的情况。另外，违规在书上点画评记的也是教授为多，很不公平。如果阅书处能扩充到30余间，教授也可以到阅书处阅览，和学生一样对待。第五，国史编纂处既然隶属于史学门，就自应遵守规定。该处将图书馆书籍借走很多，以至于图书馆连平常的史籍都没有了。如果能扩充阅书处，该处可以到馆查阅，就没有借走的必要了。

第七条是对第六条的变通，顾颉刚也认识到第六条可能做不到，那么就用此条来代替。第一，现在的制度是西文书都能出借，而中文书只有在有复本的情况下才允许出借，这样会造成一馆二法，应将此项办法取消。对于宋元本或孤本，可列为不借书。第二，重视借书期限，在图书馆门外悬挂牌子注明还书时间以提醒，如果不遵守，就通告教务处或斋务课代为索还。第三，对教授以及国史编纂处借书严加限制，并请按照规定办理。

第八条强调图像的作用。认为图像能够说明图书所不能说明的东西，古人"左图右史"，现在从事科学更需要图像，文科以哲学门而言，需要心理学、生物学、人类学等图，史学门需要历史学、地理学、古生物学等图，可是图书馆现在只有书没有图，应该选择一些图像悬挂，如果将储藏室扩充为阅书处，即可在其周围墙壁上悬挂。

第九条针对国史征集股所得的图书和印刷品，建议这些图书和印刷品放在图书馆供人使用，可列为不借书，以免丢失。

第十条针对买不到的图书，如孤本、未刊本等，应设法借抄，建议雇书记若干人专司此事。近处如京师图书馆，可派书记去抄写；远处可与藏书人商量，雇工代抄。征集国内所有藏书家及图书馆藏收目录，以备选择。

第十一条是关于购买中文新书的。针对图书馆对于新出版的中文书籍购买非常少的情况，顾颉刚指出，虽然国人学术不强，但是硕儒宿学在旧学方面撰述甚多、其他可取之处也不少，当世思潮最切实用，为做到学用为一，与时势相适应，要与各省刻书家及书肆广泛联络，一有著述杂志纪事出版，即行购买，以为知今之用。

第十二条是介绍北京高等师范学校图书馆购置图书的方法及其好处，希望北京大学图书馆可以仿照办理。指出该馆购书由各科教授负责，学生用到的书籍或者有可取之处的书籍，可以把书名、价格呈报给教授，然后自行购买，由图书馆给还书费、邮费等。这种做法有三个好处：第一经教授审定足备参考，又是学生自愿参考的，可供学科应用。第二，当学生遇到一本书，想买又无力购买时，可借图书馆之力购买，这样比请图书馆购买又未必买得到的方法要简易。第三，一个地方不能买到各地所有的图书，让学生利用回家时搜寻购买，再由图书馆汇集起来。

第十三条是关于复本的问题。认为应根据应用之缓急来确定购买部数之多寡。急用的可购买数十部以至百余部，让大家都能用上，以避免少数人能借览而多数人却看不到的弊端。

第十四条是图书馆代办教科书的，认为现在图书馆只代办理工科书、西文书，应将范围扩大到文、法科，中文书。

第十五条是关于印刷所发展的问题，认为学校印刷所既然已经收归图书馆之一部，就要力筹改良。应刊行关系学术的重要书籍、本校教授所著未收入大学丛书及教科书类的著作，学生毕业论文佳作等。

第十六条是建议出版图书月刊。认为图书馆与各研究所购置图书一定越来越多，在将现有书籍编成全目以后，应该发行图书月刊加以刊载，并随时修订。此外，月刊还应刊登：章程、征集意见书原文、新购图书目录、捐赠图书目录、出版图书目录、代售图书目录、度支出入统计、分类阅书统计、分日阅书统计等，绘制比较图，每年年终将本年所购图书编入全目，并汇集其余各项内容成为一册年报，以增进读者对图书馆的认识，所谓"务使阅者对于图书馆增进需要之观念"。

第十七条强调学习图书馆管理。其原文是"宜征集、刊译中外目录学书及各国图书馆制度等书，或单独发行，或载入图书月刊，使馆内外对于图书整理及图书馆进行方针便于通观择取。"

第十八条是要求图书馆承担起收集保存展现本校各类文献的要求，这个要求甚至于高于目前对于一般机构知识库的要求。他把本校文献分为两类：学术上的成绩如论文、著述、讲义、试卷等，事实上的文献如表簿、文件、会场纪录、报纸、影片等。对于这些文献，图书馆宜另辟一处，陈列备展，以便让阅者知道本校进展情况。此外对于正在编辑的文籍如国史稿本、史料编册、名词汇稿本、词典稿本等，这些稿本不能日常陈列，可以每年择期展览、发券参观。

第十九条是希望图书馆能为将来扩张为博物馆而打下基础，对标本、模型、仪器以及古器物应随时量力征集。此外，不必另设场地，以本校原有的、国史编纂处征集的、各研究所购置的上述物品进行试验展出，包括上一条所说的本校成绩陈列一起，组成一个部门。

第二十条是讨论图书馆本馆与各研究所图书馆在藏书方面的侧重点。顾颉刚指出，从《北京大学日刊》所载来看，各研究所购置的书报仪器都是自行保管的，并且也都有另建图书馆的打算，因为他们所购必将越来越多，以分科保存为善。况且明年研究所会搬入西斋，其房间很多，完全可以按照研究所来藏书。因此他建议，目前图书馆中藏书可根据内容范围移交各研究所，而图书馆本部专为本预科着想，也将各室分开，即把藏书室作为阅书室，而这个阅览室中书架上的书又按照学术分类。

可见，顾颉刚是主张将图书馆现有藏书划归各研究所，而图书馆只需要服务好本预科即可，这样，图书馆的藏书就应该按照课业门目进行划分。他认为这样做有四个好处：

第一，现在所有图书本来是为本预科所设立的，却与现在的学制不相适应，缺乏真正有用的书，也没有系统，导致课业与书籍不一致。如果将这些书移交研究所，本馆就可另谋发展，多增加常识一类的书。第二，现在书籍分为中西两部，只希望将空房间填满就算尽到责任了，与学科有关的书并不多，缺乏有用的书，如果能依据课业门目来划分阅览室，则采购图书会事半功倍。第三，图书馆制度不清楚，阅者只根据自己所爱，好读珍说异书，而不得学科要领，如果依据课业门目划分阅览室，到馆读书就会一目了然，会选那些与己相关的书，收到博闻约取之效。第四，由各门各目的教授负责每一门图书，能收到分类专攻一门之利，而图书馆主任不必一一为谋，只需总其成，集思广益，不至馆务与课业之间隔阂。具体做法会另制定一个详细章程。研究所的图书馆应该允许本预科学生前去阅览，使有自学志向的人不必囿于自己的课业范围。

第二十一条，为了在图书上统一，各研究所置办的图书也可以采用图书馆的名称，叫做图书馆某科部，本预科图书馆叫做图书馆公共部。

该文最后指出，上述各条写好一个月有余，因为学校对图书馆不断有改进，与他的想法不谋而合的地方他删去了一小半。知道学校与自己的想法一致，都是为了向更好的方向发展，即使不提意见，也会逐步办理，但为了对学校多一分同情表达与协助之力而将自己的意见上传给图书馆主任。

1918年3月5日《图书馆布告》"本馆本日新到杂志如下"共7种。

1918年3月5日《理科学长致顾梦渔教授函》"顷图书馆李先生来函，嘱购德文书数种。查 Schaffen und Schauen 系弟在柏林时所购，后阮君介凡取去用为课本，今书已不知何往，亦无从购买。Wieekommen in Dertsch and（注：该处有印刷错误，应为 Willkommen in Deutschland）论德国风土人情颇详，此种书美国印者尚有数种，可托伊文思书馆购买。弟新自上海及伦敦购到德文文学书及名家著作选本甚多，均存图书馆，教授会亦可参考也，余容面谈。夏元瑮"

1918 年 3 月 6 日《图书馆布告》"本馆本日新到杂志如下"共 9 种。另有（二）"本馆代书法研究社收到下列诸碑帖……"

1918 年 3 月 7 日《图书馆书目编订室启事》"（一）顷承法科教授陶孟和先生惠赠英文美国教育之报告书五册、美政府出版华人人口法则一册、法国铁工厂之社会经济一册、纽约州工业法一册，并英国国民周刊已到者二册，除编号登记，妥为保存外，特此通告，兼以志谢。（二）顷接理科助教丁绪君函，称将所订英语周刊自（127）号起至（145）号止共二十二期惠赠本馆，除（127）号一册，已收到存馆供览外，特此鸣谢。"

1918 年 3 月 7 日《本校布告二》《图书馆布告》"本馆本日收到杂志数种如下"、《法科研究所杂志室布告》

1918 年 3 月 12 日《图书馆书目编订室启事》"顷承文科学生计照君惠赠宗圣学报（第二十号）一册，特此鸣谢，此启。"

1918 年 3 月 13 日《图书馆书目编订室启事》"顷承清华学校图书馆惠赠本馆山东各县通俗讲演稿选粹八册，除专函申谢外，特此布告。"

1918 年 3 月 14 日《本校布告二》中《英文研究所布告》"本所近购得诗集戏曲等书如下"33 种英文，3 月 15 日继续。

1918 年 3 月 15 日《本校布告二》《图书馆布告》"本馆本日新到杂志如下"共 5 种。

1918 年 3 月 15 日《本校出版部成立》宣布，收发讲义室改为出版部，仍然隶属于图书馆，由李振彝担任该部事务员。出版部并非只从事出版事宜，

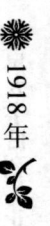

也代购书籍。

1918年3月16日《法科图书馆出版部告白》"法科译印有欧洲战时之经济财政一部,为政治经济门学生之参考,现已装订,册数稍有余裕,拟将其出售,欲购阅者请至法科图书馆出版部购取,地址即法科旧收发讲义室,此白。"

1918年3月18日"杂录"栏目《图书馆所藏关于中国之英文书籍目录(民国六年六月以前购置者)》

1918年3月19日、20日二天的《北京大学日刊》通信栏目刊登了《李大钊先生来函》(按:笔者笔记,非原文),记述了李大钊和图书馆全体职员章士镔、邓秉钧、盛铎、商契衡等于3月15日到清华学校参观的见闻,清华学校的校长赵先生、图书馆主任袁同礼先生接待了他们。"袁先生由午前十一时至午后五时,耗六时间宝贵之光阴,导吾辈遍观各处,一一为亲切之说明,尤令人铭感无已。"这句话,连同前面我们多次提到的袁同礼给北京大学图书馆赠书的行为,也许能够解释后来袁同礼与北京大学图书馆的密切关系。

该参观记虽然涉及清华全校的各个方面,但是其中对于图书馆的记述最为详尽,字里行间体现出要好好向清华图书馆学习的意图,如"吾辈此次参观第一目的即在图书馆。"又如"图书馆备有电影片多种以备学生赴附近乡村讲演之用,此类事吾校大可仿行。"

李大钊最为关注的图书馆事项包括馆舍、卡片式目录、书籍种类、借书期限、逾期罚款制度、购书、杂志以及为杂志中的重要论文编制卡片式分类目录等内容。

他对清华图书馆正在建设的新馆舍记录的非常详细,指出该馆建筑"全用瓦石、钢铁等材料,以防火险。现方在纠工葺造中,然大体规模已具。书库与阅览室各别而相毗,以便出纳。书库拟筑三阶,由上至下,每隔二尺余之砖墙,间以通天之长牖,用钢栏钳以玻璃,可以开合,以便空气与阳光常常注入，可免晒曝书籍之劳，而无虫蚀腐烂之患。阅览室及书架及一切什器，皆量室中之容积而为配置，均皆精妙适用。将来全部落成，当益完备可观也。"可见防火、通风、方便的出纳、适用的书架及家具都是他对图书馆舍的基本要求。

关于卡片式目录，当时似乎还没有正式的译名，李大钊写道，"目录全用Card式，其Card用纸分二种，一为购自美国者，品质较为精美，一为在商务印字馆订制者，亦颇可用……中文书目录亦拟用Card式，目下正在编订中。"

关于书籍，李大钊注意到当时清华图书馆的藏书，"书籍以英文书为主，中文书次之，德法文书则寥寥无几。"

令李大钊头疼的借书逾期不还问题，清华图书馆也有很好的解决办法，"借书均有一定期限，借书时即于简片上标明借书者姓名、所借书名、何日应行归还，此简片依次排列，存图书管理室，至还书时，一检此片，即悉借书逾期与否。逾者罚之，但罚款甚微，由庶务处扣留，此制准行已久，并无不便。无论何人所借书籍，如有佚失，应责令赔偿。此制执行甚严，闻有外国教员将公用书籍佚失者，亦皆遵章赔偿也。"

关于购书，清华图书馆与北大图书馆一样也是非常慎重。"各科教员购书，须经该科教授会议决，然后请校长签字。其余普通提出购书者，亦须经校长、学长、图书主任签字，但临购之前，均须交图书馆核阅馆中有无是书，以免重购。"

关于杂志，清华图书馆"印有一种表格，中列'杂志名目'、'杂志期号'、'页数'、'题目'、'著者'、'何人提出'、'于习何科者有趣益'等项，俾阅者随时将杂志中之佳构标出，张贴馆中，促人注意。"对于这个方法，李大钊还进一步做了解释，"此法甚善，并可推广，其意分门别类，将各杂志中之重要论文编成Card式之目录，以供研究某种问题时，依类检集材料之用。闻日人在中国所设之东亚同文学院即用此法蒐集关于中国政治经济之材料，日刊、新闻则剪裁之，所得因甚丰富，《支那调查报告书》《支那经济全书》《支那》等皆其成绩也。"

1918年3月20日《图书馆布告》"顷承日刊经理部交来：英文清华学报第三卷第一期一册、北京高等师范学校周报第二十四、二十五、二十七号共三份，清华周报第一百十二期至一百二十三、一百二十六、一百二十八、一百三十一至一百三十二共十六册，南开校风第七十期、七十五至八十、八十二、八十七、至八十九共十一册，特此布告。又，顷承本馆主任赠下乐群杂志第一期第一册，特此布告。"

1918年3月20日《图书馆布告》"本馆本日新到杂志如下：The University extension（大学评论）（Vol 2 No.2），The Central Review（中央公论）（第三百五十三号）"

1918年3月22日《图书馆布告》"本馆本日新到杂志如下：London news（Vol 152，No.4109，The Tsing Hua Journal Vol 3 No.3，The World，No.2272，The Engineer Vol 125 No.3238）"

1918年3月23日《图书馆布告》"本馆本日新到杂志如下"共7种。

1918年3月23日《校长告白》"（一）本校图书馆曩日购置各种教科书，原以现款垫办，因当时维持纸币，故发售时分别收用钞票，出入相差未曾计较。近来纸币跌落太甚，以票价售出各书损失过巨，无法报销。兹为补救起见，自本月十八日始发售各种书籍一律改收现洋，此布。（二）学生诸君公鉴，启者，本校于春假后开设校役夜班，约计校役在景山东街校舍者九十余人，在北河沿校舍者四十余人，在寄宿舍者六十余人，于景山东街为本校舍及附近寄宿舍之校役开六班，又于北河沿为本校舍及附近寄舍之校役开四班，共十班，分为甲乙两组，各受业三日以便互代役务。其课程如左：国文二时，一时识字及读本，余一时文法造句，算术一时，理科一时，修身一时，外国语一时，英文或法文或世界语。时间在每晚七时半至九时半，约计每班教员六人，每人担任一点钟，十班共六十人，欲请诸君各以所长分任教科，愿任者务于一星期内，函告校长室注明所任科目以便开会讨论，蔡元培。"

1918年3月23日至4月9日分7次在《日刊》上连载法科经济门周君南所作《本校图书馆改良刍议》：

"敬肃者，窃闻自自动之主义日昌，教育之方针一变，此风浸渍大学尤深，盖大学学术，淹博不能尽恃教授之讲坛研讨精微，尤贵学生之自习。顾欲易往昔专攻讲义之惯性移为博考群书，节讲堂谛听之时间任其自达，非有完备之图书馆资其考核，竟其钻研，则亦无以见自动主义之功用。此图书馆所以缘自动主义而益重者也，蔡校长莅校以来，颇倡斯指，教授中亦多赞同之。本期讲义已较简单，而学生中勤学之士尤为意满，第以校中书馆藏置无多，而办理无方，难厌自修者之望，致自动主义之效果未见而反有失昔日详载讲义之长，不亟图良，弊害恐滋益甚。今幸先生来长是馆，力求改革，深筹伟划，朝夕不遑，博采舆情，尤见谦抑。兹就管见所及其应改良者，条举于左，幸垂览焉。

（一）时间改良。校中宿舍恶劣难言，三五群居，喧闹竟日，同房者无善类，则其中勤学之士几无细诵潜思之时，赁居校外者之不能用功则较校内尤甚，故力学之士莫不视图书馆为唯一读书之所。前订时间多未妥叶，管理者复不能启闭以时，学生自修殊多不便，兹特改订如左，乞鉴核之，其各种假期亦不宜闭馆者，因校课纷繁，假期尤为自修最善之时。

（二）书目改良（按：笔者添加）。（1）中文书目，中文浩瀚，编汇为难，挈领提纲或得眉目，今可定经史子集为类，而以甲乙丙丁部之部中之书，各附号数，则因类及部、因部及号、因部及书，取者无搜书之烦、阅者免寻目之苦，交相受益，利莫大焉，更举例如次。

例，如定经类之部为甲，书经在甲书中之号数为一，则取书经者则仅书甲号一部即得。（2）西文书目，群治日蒸，学艺愈进，综错繁衍，类别亦难。

今可将英法德日四文分为编制，然后依（1）例以文理法商农工医七大科为类，以 ABCDEF 七字部之各部更分为门，即以各门之首字定其顺序，各门之书按其著者姓名之首字依次排列，更注号数其下，则其利便亦与（1）同例即于次。例，如定文科之部为 A，文学门为 L，Bacons Essay 在其门之号数为 1，则取 Bacons Essay 者则可仅书 A 科 L 门 1 号即得。（3）各科讲义馆中须留一份，以备参考，编制之法仿（2）式。（4）毕业论文可择其优者重为汇辑，以供众览。

（三）借书改良。校中藏书无多，已难应学者之参考，而借阅无方，书之最要者莫不为一二捷足所先占、辗转延宕，不见还期。偶资参引，无由取读。而教授职员之借书则更为荒谬，种类既鲜制限，归还尤无定期，往往身已离校，书仍未还；职在他科代人取阅，以有限之册卷供若辈之占侵，又何怪累累书柜中仅见灰白色之木板哉？今略述改良细则于次：（1）制限一种，校中人数约近二千，苟人人如旧制得借两种，再加以教职员取阅之无限，则书籍将多为私有，馆同虚设，众览奚云，今宜严定每次每人限借一种，一书既毕，可换他书，馆规改良借阅已便涤除弊，此亟宜图。（2）限期一月，往者还书虽难，亦订有定期，然借者多故为延宕，久假不归，若其书为某门之教本或参考之要书，则辗转遗借，莫知所之，往往书目内存其名，书柜中无其影，此难爰于学生公德之缺乏，抑亦馆规不良，有以致之。今宜规定，无论何书，限期一月，期及催还，延迟不交者，别立罚规，以警玩法，又若书未至法定还期而有人急需参阅，为期不至一日者，可由馆中暂时取还，阅毕仍还原主，以资周转，要之吾辈现时借书多仅参考，不必终本细读，求学果勤，一二日即可竣事，今宽定一月，决不至障碍难行也。（3）（1）（2）两则教授职员亦应用之，惟及期不还时，不别立罚规耳。（4）凡书籍有二部者，可以一部出借，若仅一部，则须常置馆中，以供众览。

（四）卫生改良（按：笔者添加）。学生读书既多，至书馆则阅览室之设备不得不力求卫生，以为学生自修最良之所，兹将细则条列于下。（1）桌椅改良。原有桌椅最不适宜，台矮椅高，既易曲成肺病，坐位连系，动即波及他人，放置乖方，尤害目力。今宜仿最新之式，速为换置，桌身宜高，藉舒肺力，绿绒铺面以养目光，上下倾斜，更宜运转灵捷。椅则可购西式之垫有气皮者，人各一张，无相连，置脚钉于地，以免动移，沈诵潜思，坐椅最关重要，闲时休憩，软垫尤舒困之良方，先生学者谅不河汉斯言。（2）室内设备。冬季严寒读书最苦，馆中暖器一室虽设三炉，而听差侵渔，常仅火升二处，煤量不足，寒气难除，晋馆移时即觉足痛如刺，又馆址南向，前后被曝，夏秋酷暑熏溽难堪，一近日中，即须出馆，此时开馆时间所宜为提早者也，今欲力矫前弊，则冬季宜加设火炉以增温度，夏秋宜装置冰桶电扇以畅神经，卫生攸关，费所难惜。（3）室外设备，室内之设备虽完，室外更宜多植花木，蓊葱绮丽，风细闻香，浅笑轻謦，令人神往，穷思久诵之余，复得此怡悦性情之具，则休息之顷，神志畅然，妄念消除，脑力完复，而微奥难通之理或反能迪悟贯会其间，窗外设备之改良固未可须臾缓也。（4）门窗改良。甲门，馆中出入仅由一门，拥挤喧闹，自难以免，且门系旧式开合砰然，偶有深思，辄为所扰。今宜沿馆之南面多辟数门，门框阔度须略增加，且可仿邮局银行大门之式启闭以机，两扉接处无相紧贴，开合既便，声息亦无，改革之端，此其首部。乙窗，馆中开窗多在上部，欲为启闭，升降为难，而中文书室无一活窗，一至冬间，尽为封闭，空气溷浊，闻者头晕，今宜将各处上下之窗尽为开辟，以便随时启闭，夏秋则窗外更宜悬簾以障烈日，此事虽小而关于卫生者实大。（5）遍铺地毯，西人入室，必蹑步以行，恐防他人清听，吾国则室门一启，足音铿然，时或故意重步阔跨以示老成，往往冥想一理，正竟其源，忽为若辈之声所扰，致尔全貌尽忘，懊恼之情难以言喻，若种味况想先生亦所身尝。今图书馆既作学生自修之所，众人杂还，履声自烦，地无厚毯，前弊决难幸免，故即稍有所费，亦不能辞也。（6）多置痰盂。馆中痰盂室仅一二，不时洗涤，污秽难堪，学生中复不知公德之为何物，任地涕唾，见之发呕，肺病传染，为害尤烈。今宜沿桌设置痰盂，系于下桁，每边两只，令听差日换一次，此虽小节，亦公共卫生之不可忽者。

以上各条俱关经济，方兹竭蹶之余自难一一举办，然欲图图书馆之改革，则皆法之不可缓者，综计所费，为数亦微，况大学为蔚育人才之所，以改良图书馆事请款部中，或不至全无效力，即不然，亦可移校中他项不急之费，以为弥补，事关全校，固宜熟商，而成否则一视先生之能力何若也。

（五）加辟书馆。书馆既经改革，阅者自将逐增，馆中阅览室之可用者不过三间，而至冬季，仅一室设火，是即仅此一室能坐，以现时阅者之少，已时呈拥挤之象，他日人数渐增，坐位何能足用？故暂时宜将西文藏书室隔壁一间及中文藏书室安置火炉，藉资分布，后更将西文藏书室对面之一大间或中文藏书室对面之物理实验室亦辟为阅览室，则拓地既广，分配自匀，密迩距离，取书尤便，此固在先生统筹全局以谋之者也。

（六）代购书籍。往者代购书籍之法，校中亦曾行之，嗣以多定而不取，法即废止。年来金磅价落，学生往日本丸善购书者络绎不绝，去冬，丸善至欲设支店于校中，购买之多已可相见，第欧战以来，丸善藏书能应吾人之求者恒十不一二，往往去函数月，不见复音，日金变迁，损失常巨，征取规费为数亦繁，邮局取书尤多不便，时有急需参阅之书，丸善缺乏，购者虽欲直向欧美原店购取，既不知书肆之地址名称，而各国邮便购买之法未行，知亦无用，购书困难无过于斯。今也宜以本校图书馆名义向各国著名书肆订立购买契约，索其书目，择最要者另行编制，译为中文，书价以金折成银算，邮运费用亦加入之。凡托馆代购者须先缴书费之半，然后去函定购。书到时交清余款方可取去，值有涨落，临时通知，买卖直接，耗费自免。国内购书，亦仿此法，则学生得省多少烦扰，事至便益，可必行也。

（七）添置杂书。（1）丛报周刊，欧战以还，思想遽变，鸿儒硕士无暇成书，每有发舒，多登报末。而年来，吾国士大夫之从事周刊杂志者复顶踵相接，事实学理，征集尚宏，此固吾国学界之一线转机也。往者校中亦曾购订种种中西杂志，然或半途摘买，或仅及数期，断简残篇，徒为耗费，偶资稽考，无地搜罗，学术之不张，此其原因之最重者。今也宜将中西著名各杂志尽力蒐买，即或业经停刊，亦宜购其旧册，原有缺卷随购补充，吾国丛报，或有言当时治制之得失，或阐义理文学之精微，后世考之，不无裨益，停刊虽久，尚可得于坊间，册卷难齐或能索诸著者，即有所费，为数亦微，竭力图之，必能有济。（2）衙署文件。吾人论述往往连及国情，然报告、调查，社会既无专著，文件册卷衙署复秘不示人。常费数月之劳，不能明一事之真相，材料搜罗难于捕燕。学术不振又何怪焉？南意凡报告调查之急需参引且仅可得诸衙署者，可由校中正式备文借用，明定还期，借后照录一册置诸馆中，以备参考，至国中各路矿银行公司等创设发展之情形，历年营业之状况，与夫各省县部院纪载之不能得之坊间，且尽可公诸世人者，尤宜借录全貌，俾阅者寄已往之得失明日后之从违，爱国之心爰或以逮。此事私人办之诚为不易，然以学校之名义办之，则决非难行者也。

右所列陈尚多遗漏，空凭理想，事或难通，然图书馆之改良要端已尽于是矣。顷者蔡先生以学生多染赌博恶习，力求防制之方。窃察学生之从事蒲固有根于天性，然以校课过宽，无事可为而为此者，实占大半，今若能减少讲堂，勉其自习，各班主科月作一文，参阅之书明为限定，每次评记分数，即作年考之七成，教授之不良者，尽行斥换，则学生敬尊学校之心于焉以起，而振励奋发之气更有不期然而然，一面更将图书馆尽力改良，诱其研求之兴会，精神既有专注，赌念自可潜消感化，自然固非徒具形式之责罚可比，此图书馆之改良又不仅关乎智育已也。仓促陈辞，尚乞鉴原是幸。"

1918年3月26日《图书馆布告》"本馆本日新到杂志如下"共5种。

1918年3月27日《图书馆布告》"本馆本日新到杂志如下：陶孟和先生

捐赠 The Nation（Vol 22 no 16）。"

1918 年 3 月 28 日《图书馆布告》"本馆本日收到高元先生捐赠法政学报第一期一本，特此鸣谢。"

1918 年 3 月 29 日《理科学长致全体教员函》"现经议决，嗣后理科所用各种教科书，本校概不代购，应购何书，由教员诸君与学生随时自行设法，特此奉闻。夏元瑮。"

1918 年 3 月 29 日《图书馆通告》"启者：春假期内，本馆拟改编书目，所藏中西文书籍，必须清理一次，以资考订。凡本校教职员学生诸君，曾由本馆借用书籍者，务乞一律赐还，是为至荷，此白。"按：实际上，这年春假时间并不长，只有 8 天"四月一日至七日为春假之期，照章放假。又，四月八日为国会开幕纪念日，应续放假一日。"（1918 年 3 月 30 日《本校布告一》）

1918 年 3 月 29 日《法科研究所杂志室布告》"本杂志室最近收到书籍如下："19 种。

1918 年 3 月 30 日《本校学生创办之阅书报社，为搜罗各种印刷品起见，曾请本校函达各机关，兹得覆函一束，附之于后》，这些回信表明，京师学务局的京师教育报及京师学务局一览将免费赠送给阅书报社，而司法公报发行所的司法公报、清华的年报、学报及周刊都将半价售给阅书报社。

1918 年 3 月 30 日《法科图书馆布告》"本馆收到法科教授宋建勋先生赠英文独立杂志四册，特此鸣谢。"

1918 年 3 月 30 日《出版部布告》显示，出版部购进了德文和英文书供师生购买。

1918 年 3 月 30 日《图书馆布告》"本馆本日新到杂志如下"共 5 种，有学镫。

1918 年 4 月 9 日《法科研究所杂志室布告》"本室本日新到书籍如下"

12 种。

1918 年 4 月 9 日《图书馆布告》"本馆本日新到杂志如下"共 7 种。

1918 年 4 月 10 日《图书馆书目室启事》"顷承邓秉钧先生捐赠本馆救国最上法一本……除编号存馆，专函鸣谢外，特此布告。"

1918 年 4 月 10 日《图书馆布告》"本馆本日新到杂志如下"共 12 种。

1918 年 4 月 11 日和 15 日《修正图书馆借书规则》，共 14 条：

第一条：本校职员学生向本馆借书，须用本馆定式之借书券填具书名、号数、年月日并签名、盖章，交付本馆存查。

第二条：本馆藏书分贵重书类与通常书类二种，贵重书类无论何人，概不出借，其通常书类中之辞典、字典与中外书籍之仅有一部者，亦须在阅览室翻检，概不出借，但教员借阅关于所授科目之书籍，不在此限，惟其册数及限期，须照第三条办理。

第三条：各科研究所、国史馆以机关名义，各科教员以个人名义，每次借阅关于所任科目之书籍，中文以百册为限，西文以十册为限，两个月内必须归还。

第四条：除前项规定外，无论职员学生，每次借中西文书，以两种为度，但中文以三十册为限，西文书以四册为限，两星期内必须归还。

第五条：借书册数已满定限者，在未还期间不得另借他书，至期还书时，如无他人需用，可以换券续借一次，但在续借期间，有人需用时，须立即归还。

第六条：图画之装成幅帙者，以一幅或一帙为一册。

第七条：无论职员学生，借书逾期不缴，即立停止其借书权，逾限一日，停止一星期，并即收回其逾期未还之书。

第八条：本馆遇有清理及编目等事，有检阅之必要时，得随时索还借出之书籍，其职员学生借阅之书，各教员须参考时，由本馆知会，亦须即时缴还。

第九条：供教室公用之图书不设册数及日期之制限，但须以各科教务处名义填具借书券。

第十条：贵重图书，如有供公用之必要时，须得校长或各科学长、本馆主任之认可，方可借出，但于最短期限内必须归还（期限由本馆临时酌定）。

第十一条：校外各机关，如有以公函向本馆借阅书籍者，本馆依其书之性质，认为无何妨害，可贷与之，但该机关须派人莅馆以本馆定式借书券填具书名、号数，签名盖章，并须于一定期限内归还（期限由本馆临时酌定）。

第十二条：职教员辞职及学生退学或休学时，须于离校以前，将所借书籍归还。学生毕业时，亦须于领凭照以前缴还。

第十三条：借出之书，如有遗失损坏时，须赔偿原书，或照缴原价，或按其损坏之程度酌赔修补费。

第十四条：借书事宜均于本馆开馆办公之时间行之。

1918年4月11日《图书馆布告》"图书馆书目室启事：顷承比国公使署捐赠本馆……一本，又，日本京都图书馆捐赠本馆京都图书馆一览一本，京都图书馆和汉图书分类目录一本，京都图书馆洋书目录一本，又陈长蘅先生捐赠本馆进化之真象一册，除编号存馆、专函鸣谢外，特此布告。"

1918年4月12日《图书馆布告一》"本馆于本月十二日改定开馆时间，每日自上午八时至十二时，下午一时至五时半，晚七时至九时止，星期日仍照常开馆，特此通告。"《图书馆布告二》"本馆本日新到杂志如下：1. New East（Vol 11 No. 4）2. 市政通告（第十一期）京都市政公所捐赠 3. 清华周刊（第一百三十四期及一百三十五期）交换 4. 南开校风（第九十一期）交换。"可见当时北大图书馆已经有了以交换形式来获得期刊的做法。

1918年4月13日《图书馆布告》"本馆新到各种杂志如下"3种《法科图书馆布告》"本馆新到各种杂志如下"7种。

1918 年 4 月 15 日《图书馆布告》"本馆新到各种杂志如下"2 种，又有江苏无锡县公立图书馆、山东图书馆、山东通俗图书馆、天津直隶图书馆、浙江公立图书馆等捐赠本馆书目、章程等。

1918 年 4 月 16 日《法科图书馆布告》"兹承本科教授何基鸿先生赠书若干种，计民国元年法令全书七册、平时国际法论一册、日本刑法论一册、战时国际公法一册、刑法讲义案一册、刑事学之新思潮一册、商法论一册、民事诉讼法一册、日本六法全书一册、独和法律辞典二册、国际法条规一册，特此鸣谢。"

1918 年 4 月 16 日《图书馆布告》"本馆本日新到杂志如下"4 种，"又新收到书籍如下（系与清华学校图书馆交换者）"21 种西文书刊。

1918 年 4 月 17 日《图书馆书目室启事》"（一）顷承孙国璋先生捐赠本馆世界语杂志四册（一至五号），并寄存世界语歌片两种（计四面），除编号存馆，专函鸣谢外，特此布告。（二）本馆新到第九卷第七号支那集志一本，及第八卷第二号新日本一本，特此布告。"

1918 年 4 月 17 日《图书馆布告》"本馆本日新到杂志下如"18 种。

1918 年 4 月 18 日《法科研究所杂志室布告》"本室本日新到书籍如下"24 种。

1918 年 4 月 19 日《图书馆布告》"本馆本日新到杂志如下"6 种。

1918 年 4 月 20 日《图书馆启事》收到比国公使署捐赠图书 36 种，书单另附，除编号存馆，专函鸣谢外，特此布告。

1918 年 4 月 20 日《图书馆启事》"本馆此次修正借书规则，现已公布施行，凡在春假前借出之书籍，应照向章两星期归还，兹查逾限已久尚未归还者甚多，务望于日内缴还，或换券续借，以利公益，是为至要，此白。"

1918 年 4 月 20 日《画法研究会通告第十八号》"本会藏画草目现已由干事编竟，除画幅、画页尚须装裱未能即借外，今将画册草目先付油印，分发各会员，并将画册于四月十九日移交图书馆，以后借出、收还各事，概归图书馆经理。干事并草定画法研究会暂行借画条例三项，业经校长及图书馆主任核准，于二十一日起履行，兹公布之。一、每人借画每次以一册为限，两星期满，必须归还，如欲续借者，必须到馆重换借券，在未还时间，不得再借他画册。二、画册借用时须十分珍惜，如有损坏、遗失，须照原价赔偿。三、借画册者，以本会导师及会员为限，非本会会员亦可随时到馆观览。"

1918年4月20日《图书馆书目室布告》"本室本日新到杂志如下"近30种。"又收到杂志如下"5种。

1918年4月22日《理科研究所布告》"本星期本所收到杂志如下"7种。

1918年4月23日《图书馆书目室启事》"顷承黄攻素先生捐赠本馆外交危言一册，除编号存馆、专函鸣谢外，特此布告。"

1918年4月23日《本年教员学生数目一览表》"本校教员与学生之数目，向无详细统计。纪念册编辑处有鉴于此，特造本年教员学生数目及他种一览表，以编入纪念册。本日刊因该表件等颇有趣味，特抄出，拟分期发布，本日先登本年教员与学生数目二表如后。"其中教员217人，学生1997人。

1918年4月24日《图书馆布告》"本馆新到各种杂志如下"9种。

1918年4月25日《图书馆书目室启事》"顷承马夷初先生捐赠本馆移画斋统一分治刍议二本，又承陶孟和先生捐赠本馆 Social Hygiene 十本，除编号存馆、专函鸣谢外，特此布告。又本日新到杂志如下：English weekly（No 134）"

1918年4月26日《图书馆书目室启事》"顷承黑龙江图书馆捐赠本馆黑龙江图书馆书目一本，又办事细则一本，除编号存馆、专函鸣谢外，特此布告。"《出版部告白》"本部新到寄售图书五种。"

1918年4月26日《书报介绍》，用中文介绍了3种世界语新杂志，最后有一段文字"以上各报，已由本校图书馆购到若干册。上海商务书馆可以代订。

但或战时停版，或未能完全寄到，幸留意焉。（孙国璋并识）"

1918年4月27日《图书馆书目室启事》"顷承京汉铁路管理局捐赠本馆民国五年分会计统计年报一本，京汉铁路之现在及将来一本，民国四年营业一览一本，京汉铁路线全图一本，七期旅行指南一本。七年统计一本，西陵全景一本，房山风景一本，苏门胜迹一本。又承邓秉钧先生捐赠本馆入阿比达摩论通解二本，教观纲宗一本，除编号存馆、专函鸣谢，特此布告。"

1918年4月27日《图书馆布告》"本馆新到杂志如下：Engineering news-Record（Vol 80 No. 12）The Literary Digest（Vol 56 No. 12）。"《书报介绍》（孙国璋先生来稿），介绍世界语杂志，本校图书馆全备（孙国璋识）。

1918年4月29日《图书馆书目室启事》"顷承张崧年先生捐赠本馆：北京高等师范学校校友会杂志一本、爱斯不难读一本、世界语进阶一本，又Esplranto Self Tauyht, Bjmaun一本。又承本馆主任李先生捐赠独立周报第一年十四期（全）第二年念一期（全）俱共三十二本。又承日本京都帝国大学附属图书馆捐赠本馆京都帝国大学一览（自大正六年至七年）、增加和汉图书年报（大正五年度第三号）一本、增加洋文图书季报（第三卷第三号及第四号）二本。又承福建图书馆捐赠本馆福建公立第一图书馆藏书目录一册，除编号存馆、专函鸣谢外，特此布告。"

1918年4月29日《选派教员留学外国暂行规程》。

1918年4月29日《理科研究所布告》"本所新到杂志如下"6种。《书报介绍》（孙国璋先生来稿）介绍几种世界语辞典

1918年4月30日《图书馆书目室启事》"顷承北京教育会捐赠本馆《都市教育》三十五册。又承山西宗圣会捐赠本馆《宗圣学报》第二十号二册、山西省城圣庙图书仪器馆简章二份，除编号存馆、专函鸣谢外，特此布告。"

1918年4月30日《图书馆布告》"本馆新到杂志如下"共7种。《书报介绍》（孙国璋先生来稿）介绍2本世界语戏剧译本。

1918年4月17日、18日、19、20、22日《莫利逊文库》石田干之助（日支时论第四卷第二号）"（一）莫利逊文库，于去年夏归于岩崎久弥男爵家。今略述其由来及内容之一斑，以供参考。莫利逊文库者，本支那总统府顾问乔治莫利逊所蒐集，皆关于远东之欧文图书。莫氏自千八百九十七年为伦敦泰晤士报北京通信员，著任以来，努力蒐访，不惜资财，约二十年，苦心经营，始成此文库。藏书王府井大街本宅中，许笃学者自由阅览，故莫利逊文库之名，已久为东洋学家所知。《伦敦杂志》等诸报章，曾为绍介于世。近英国王立亚细亚学会北支那支部之图书馆员古林氏，于会报中，亦揭其概略与其价值，所著《支那类典》中，亦说及之，去年秋间《远东评论》所论略同，并称之为远东文献之唯一书库。其在北京，固为名物，然其声名，则已远及世界矣。"

1918年4月23日、24日、25日、26日《美国人之支那书蒐集》（支那）第九卷第六号——"支那之古书"，"美国农务省图书馆长斯温格尔氏曰，西历五九二年，即隋之炀帝时，支那已有木刻活字发明，然直至十世纪中叶，印刷之术不见发达，惟写本较通行。是后印刷术大进，故书籍之传布忽甚盛，而致唐宋（六一八至一二八〇）之文学黄金时代。若总和当时欧美文学事业，比之于唐，则其数与重要之程度，皆不逮数十倍。又欧洲各国，自宋元及明初至十五世纪止，亦未有印刷之书籍如支那者。一四〇六年，明内府所藏书，印本约三十万卷，写本倍之，以意度之，元时蒙古人入据中原，国内大乱，唐宋旧籍，亡失必多。支那当此以前，印行图书之数，当必在其他各国至十八世纪止所印书籍之上也。"其中24日"支那古书，多关于儒学、历史、文学（大抵为诗文及评论）、佛学、道教等，小说则不以为文学，然有名之作，欧洲已有译本。又戏曲盛大于元，而支那人亦不称之为文学。支那学者，最用心于历史，著作极多，地志亦足相亚，全国一统志、各省省志、府志、县志等，皆由官撰，且不仅言地理，并网罗其沿革、产业、财政、人物、天文之属也。"其中25日"至于类书，虽不及现今欧美刊行者之完全，而起源甚古，种类亦不少。卷数之多，殊非西洋所及。约七百五十年间以来，支那颇致力于此事，故其结果则尽人智之所及，蒐罗天地间万象而成一类书，编纂颇完善，且得印行矣。世界诸国，似均无以几及也。今举一例，则如明之《永乐大典》，成于一四〇九年，总计约二万三千卷，俱系写本，未经印行，保存至一九〇〇年际拳匪之乱，遂悉散失矣。""各国图书馆与支那书""支那虽少有大图书馆，然以学问之盛，印刷术之发达，及族姓之关系，故各地方多爱书家及藏书家。清代亦有帝室图书馆，与历代同，大集图籍。一九一二年，目录告成，其书大抵由学部大臣采自姚氏及邱氏，将来当为支那之模范的及代表之图书馆也。（译者按此误以四库书与学部图书馆书为一事。）东洋学院在法领印度支那之河内，其藏书之多，选择之善，欧美诸国不见其匹。支那书之文库，欧洲甚少，最古最良者为巴黎图书馆，英之博物馆次之。他如柏林、彼得格勒、坎勃烈治、赖覃等，亦藏支那书不少。美国之议院图书馆，有汉文书约四万五千册，在世界中，除支那及日本外，当占支那书图书馆之第二或第三位，其他在美国之支那书蒐集数具如下表：

图书馆名	类数	册数
芝加各之纽培黎图书馆	632	18 000
芝加各之克莱拉图书馆	600	12 000
加鳌福尼大学	1 600	13 000
纽约公众图书馆	未详	
坎勃烈治大学图书馆	未详	

"记《永乐大典》""一九一四年正月，因美尔登氏之好意，在伦敦图书馆展览《永乐大典》之一部分者，历数星期，而萨韬公使之支那语秘书康贝氏，氏今又以大典之一部分赠于伦敦图书馆，其中记竹简之事，凡一万一千三百余条。"26日"《永乐大典》者，明永乐皇帝之一大事业，共用总纂二十

八人，分纂二千一百四十人，自一四〇三年起，至一四〇八年而始成者也，每卷平均约四十叶，每叶十六行，每行二十五字（一叶四百字），初欲付印，因浩繁而止，后复写出二部，原本与写本之一，置于南京，他一写本则在北京。明亡，在南京者皆散失，惟北京之一部，至拳匪之乱（一九〇〇年）尚存，书藏翰林院，与英国公使馆比邻，支那兵欲烧使馆，纵火于翰林院，火熄后，大典仅存一万一千一百册，其中完全者十之二，即只二百册外而已。（译者按燹后残本当无如是之多，若为万余册，则十分之二亦当有二千册也，此概误）。此二百册，今藏何处，无从详知，惟其中之二册，为美尔敦氏以廉价得于伦敦书肆、摩理逊博士藏十二册，今当在售与岩崎氏之图书中，又康贝尔氏所有者，亦得自摩理逊博士，又在英国博物馆者五册，在恶斯福者七册，在巴克好司氏者六册。大典每册长二十英寸，广十二英寸，厚约半英寸，绢面。"

1918年4月24日《清华图书馆准校役借书》"清华学校为增进校役智识起见，准校役在图书馆借书，其规则如后：（一）本馆添置通俗书若干种，凡本校校役均可借阅。（二）借书时间每日上午十时至十二时。（三）每次借书以一册为限，在未经缴还以前不得再借。（四）借书须填写借书券，写明书名、册数、阅者姓名。（五）借书限两星期缴还，如逾期不缴，则每册每日罚大洋一分。（六）借出之书，如值校中须用时，由本馆知会应即缴还。（七）借出之书，如有损坏情事，酌量轻重议罚，或议赔，如有遗失，应按原价赔偿。"

1918年5月1日《图书馆书目室启事》"顷承清华学校图书馆袁同礼先生捐赠本馆：纽约省一九一五年教育状况报告书一本、纽约省公立图书馆一九一七年报告书一本，又承交通部工业专门学校南洋学会捐赠本馆：学生杂志第二卷第二期一本，又承理科夏学长捐赠本馆：Reorganization of English in secondary schools 一本，除编号存馆、专函鸣谢外，特此布告。又本馆新到杂志如下"8种。

1918年5月1日《介绍新著》，作者是夏元瑮，"三月份之美国物理学杂志 Physical Review 有文一篇，题名 Mobility of Ions in air, Hydrogen and Nitrogen 著者系华人，名 Kia-Lok yen，据言不但在空气，即在轻气、淡气中，公例亦均密合（公例言 Mobility Pressure＝Constant）按欧美各科学杂志中华人之著作绝无仅有，因特为 yen 君新著介绍焉。"

1918年5月2日《图书馆书目室启事》"顷承冯祖荀先生捐赠本馆北京高等师范学校数理杂志第一期一本，又承农商部统计科捐赠本馆第三次及第四次农商统计表二册，又承南通图书馆捐赠本馆南通图书馆第一次目录七本又简章一份，又承京师学务局捐赠本馆京师教育报第五卷第一号一本，又承马叔平先生捐赠本馆碑帖五十张，除编号存馆、专函鸣谢外，特此布告。"

1918年5月2日《出版部告白》培华女学校游艺会入场券。

1918年5月2日《图书馆书目室布告》"本馆新到杂志如下"6种，《法科图书馆布告》"本馆新到杂志如下"3种，《法科研究所杂志室布告》"本室本月新到书籍如下"26种。

1918年5月3日《图书馆书目室启事》"顷承张崧年先生捐赠本馆雅言（自第二期至第十一期）十本，除编号存馆、专函鸣谢外，特此布告。"

1918年5月3日《图书馆报告》见表1.4、表1.5。

1918年5月3日《北京大学预科招考简章》夏学长拟稿，其中有关于学制的说明。

1918年5月3日《书报介绍》孙国璋介绍世界语。

1918年5月4日《图书馆书目室布告》"本馆新到杂志如下"3种，《书报介绍》孙国璋介绍世界语。

1918年5月6日《图书馆布告》"本日新到杂志如下"2种，《理科研究所布告》"本所新到各种杂志如下"19种。

1918年5月7日《图书馆书目室布告》"本馆本日新到杂志如下"4种……"顷承江苏水利协会捐赠本馆江苏水利协会杂志第一期一本、北京教育会捐赠本馆都市教育第三十五期一本,除编号存馆、专函鸣谢外,特此布告。"《书报介绍》孙国璋介绍世界语。

1918年5月开始,图书馆开始在日刊上向大家公布借书和阅览的月报表,以具体的数字反映其服务。详见下表:

表4　北京大学图书馆图书借出月报　中华民国　年　月

借书者别	借出图书册数			人数
	西文书	中文书	合计	
教职员	81	102	183	95
学生	307	88	395	368
校内各机关	8	6	14	
校外各机关		4	4	
总计	396	200	596	463
年月比较增减				
一日平均	14	7	21	16
摘要	春假期内本馆自四月一日起晚间闭馆,七日、八日为国会纪念日,本馆放假休息			

表5　北京大学图书馆图书阅览月报　中华民国七年四月开馆日数二十九日

(按:7、4、29是5月7日《日刊》4版《图书馆声明》重新更正补充上的)

阅览者别	阅览图书册数			人数
	中文书	西文书	合计	
教职员	无	无	无	无
文科学生	908	151	1059	891
理科学生	55	185	240	173
法科学生	201	56	257	195
工科学生	5	44	49	34

续表

阅览者别	阅览图书册数			人数
	中文书	西文书	合计	
特别阅览	30	2	32	19
总计	1199	438	1637	1312
一日平均	42	15	57	45
年月比较增减				
摘要	春假期内本馆自四月一日起晚间闭馆，七日、八日为国会纪念日，本馆放假休息			

1918年5月8日《图书馆书目室启事》"顷承浙江广济医学校同学会捐赠本馆广济医报第三卷第一期及第二期二本，除编号存馆、专函鸣谢外，特此布告。"《法科图书馆布告》"本馆本日新到杂志如下"2种。

1918年5月9日《图书馆书目室启事》"顷承京奉铁路管理局捐赠本馆京奉铁路旅行指南初期二期二本，除编号存馆、专函鸣谢外，特此布告。"《图书馆布告》"本馆本日新到杂志如下"3种。

1918年5月10日《图书馆布告》"本馆本日新到杂志如下"1种。

1918年5月11日《图书馆书目室启事》"顷承日本上彬博士先生捐赠本馆《帝国宪法纲领》一本、《帝国宪法述义》一本、《国体宪法及宪政》一本、《议会政党及政府》一本，除编号存馆、专函鸣谢外，特此布告。"

1918年5月11日《图书馆布告》"本馆本日新到杂志如下"2种。

1918年5月13日《图书馆书目室启事》"顷承江苏省……"

1918年5月14日《图书馆书目室启事》"顷承邓子安……"

1918年5月15日《图书馆书目室启事》"顷承清华学校……"

1918年5月15日《图书馆布告》"本馆本日新到杂志如下"4种。

1918年5月16日《图书馆书目室启事》"顷承农商部观测所捐赠本馆农商部三年份、五年份观测所年报二本，除编号存馆、专函鸣谢外，特此布告。"

1918年5月16日《图书馆书目室布告》36种。

1918年5月17日《图书馆书目室启事》"顷承蒋竹庄先生捐赠本馆曲线新说陧積術辨一本,乐天部病法二本、因是子静坐法一本、北美瑜伽学说一本,除编号存馆、专函鸣谢外,特此布告。"

1918年5月17日《图书馆书目室布告》"本馆本日新到杂志"4种。

1918年5月18日《图书馆书目室布告》"本馆本日新到杂志如下"5种。

1918年5月20日《图书馆书目室启事》"顷承南通农校捐赠本馆南通农校棉作展览会报告一本,又棉作试验报告一本,又课余杂志五六七期三本,除编号存馆,专函鸣谢外,特此布告,单请日刊编纂处照登日刊为荷。本校图书馆书目室启。"

1918年5月21日《图书馆书目室启事》"顷承中华职业教育社捐赠本馆中华职业教育社社务丛刊,自一期至四期共四本,教育与职业自一期至六期共六本,小学校职业科教授要目草案一本,初步木工学一本,除编号存馆,专函鸣谢外,特此布告。"

1918年5月21日《图书馆布告》、《法科图书馆布告》《理科研究所布告》

1918年5月22日《图书馆书目室启事》"顷承张崧年先生捐赠本馆泰西数学家画传一本,除编号存馆,专函鸣谢外,特此布告。"

1918年5月22日《国史编纂处征集股收到书籍杂志如下》

1918年5月22日《图书馆布告》"本日新到杂志:English weekly(No. 138),教育与职业(第一期要目至第六期要目)。"

1918年5月23日《图书馆书目室启事》"顷承许季上先生捐赠本馆梦东禅师遗集一本,除编号存馆,专函鸣谢外,特此布告。付许季上先生来函。"《出版部布告》

1918年5月23日《教育部派员来校调查》《本校校长及各科学长决意辞

职》"本校校长及各科学长因昨日全体学生往府请愿事以为有负管理之职务，已提出辞呈于大总统及教育部，兹将其全文登之于后。"（按：本校学生对于中日防敌军事协定多所怀疑）

1918年5月23日《文牍处送交阅书报社之书报如下》11种100多册公报、条约和汇览等书刊。

1918年5月24日《图书馆书目室启事》"（一）顷承李主任先生捐赠本馆学艺第三期一本，除编号存馆，专函鸣谢外，特此布告。（二）本馆新到日本大藏经三十六套共三百四十七本，日本续藏经百五十套共七百五十本，特此布告。"

1918年5月24日《校长学长已允留职》

1918年5月24日《文牍处经收文件如下》，其中"……民国三年，第一次，民事统计年报一册送法科图书馆，第一次刑事统计年报一册送法科图书馆。"

1918年5月24日《图书馆布告》"本馆本日新到杂志如下：Engineering news Record（Vol 80 No. 16），清华周刊（第一百三十三期），南开校风（第九十七期）。"

1918年5月25日《图书馆书目室启事》"顷承梁漱冥先生捐赠本馆梦东禅师遗集一本，除编号存馆，专函鸣谢外，特此布告。

1918年5月25日《文牍处经收文件如后》，"……以上系送存法科教务处及研究所与图书馆者。"

1918年5月27日《北京大学校役夜班教职员同人启事》"为校役募买书钱"。

1918年5月27日《图书馆书目室启事》"顷承云南图书馆捐赠本馆云南图书馆书目初编二本，又章程一本，除编号存馆、专函鸣谢外，特此布告。"《法科图书馆布告》"兹承本校教授陈启修先生赠本馆汉译日本辞典一本，新辞典一本，除编号存馆，专函鸣谢外，特此布告。"

1918年5月28日《图书馆书目室启事》"顷承徐维则先生捐赠本馆东西学书录六册，绍兴县修志事例一册，除编号存馆，专函鸣谢外，特此布告。"

1918年5月28日《图书馆书目室布告》"本馆新到各书列下"共23本。《法科图书馆布告》"本馆本日新到杂志如下"。

1918年5月29日《图书馆书目室布告》，格式有所改变，列表方式"本日新到各种杂志列下："

杂志名目	卷数 Vol.	号数 No.	册数 Coper.
科学杂志	3	9	1
Railway Maintenance Engineer	14	5	1
The Literary Digest	57	3	2
Cosmopolitan	64	6	1
World's Work	36	1	1
Harper's Magazine	136	816	1

1918年5月29日《理科研究所布告》"本所上星期收到各杂志"共7种。《书报介绍》介绍了2种：《世界语月报》《海中女子》。

1918年5月30日《图书馆书目室启事》"顷承内务部统计课捐赠本馆内务公报第五十五期一册，除编号存馆，专函鸣谢外，特此布告。"

1918年5月30日《图书馆书目室布告》"本日新到各种杂志列下："

杂志名目	卷数 Vol.	号数 No.	册数 Coper.
清华周刊		142	1
南开校风		98	1
大学评论	2	4	1
中央公论		355	1
太阳	24	4	1
Printers' Ink	103	1	4

续表

杂志名目	卷数 Vol.	号数 No.	册数 Coper.
..	..	2	
..	..	3	
..	..	4	
Newspaperdom	31	1	1
Engineering News-Record	80	17	1
Journal of comparative neurology	29	2	1

1918年5月31日《图书馆书目室启事》"（一）顷承文科史学门蔡公亮先生捐赠本馆微言杂志第一期一本，除编号存馆，专函鸣谢外，特此布告。（二）本馆新到晴山堂碑帖七十七张，特此布告，目录并跋见本校琐闻栏内。"《出版部告白》"新出版萧伯讷（Bernard Show）剧教科书一种，每册定价大洋七角，本校学生按八折收价，校外批发按九折收价，此白。"

1918年5月31日《图书馆书目室布告》"本日新到各种杂志列下"《兹节译各国关于世界语之通讯如下（孙国璋）》。

1918年6月1日《法科研究所致国务院统计局公函》"迳启者顷闻贵局发行统计月刊，拟恳惠赐一份，按期送阅，以资参考，实纫公谊，此致国务院统计局。"

1918年6月1日《介绍名著》孙国璋先生来稿。

1918年6月3日《图书馆书目室布告》"本日新到各种杂志列下" 1种。《法科研究所杂志室布告》"本室本月份收到及购买书籍如下" 61种。

1918年6月4日《法科图书馆布告》"本馆新收到第一次农商统计表上卷一册，此布。"

1918年6月4日《图书馆书目室布告》"本日新到各种杂志列下" 1种。《理科研究所布告》"上星期本所收到各杂志" 12种。

1918年6月5日《图书馆主任告白》"现拟于暑假期中将馆中存储图书查检一次,自六月十五日起,无论中西图书一律停止借阅,并望将以前借阅之图书务于暑假以前归还,特此告白,六月五日。"《图书馆书目室启事》"顷承文科区声白先生捐赠本馆劳动第一卷第二三号二本,除编号存馆,专函鸣谢外,特此布告。"

1918年6月5日《图书馆书目室布告》"本日新到各种杂志列下"10种。

1918年6月6日《图书馆书目室启事》"顷承浙江教育厅捐赠本馆教育月刊第一年第一、二、三、四、五期五本,又承徐棫先生捐赠本馆体育第一期一本,又承京师教育会捐赠本馆都市教育第三十六期一本,又承军学编辑局捐赠本馆军事教育等书四十一本,除编号存馆,专函鸣谢外,特此布告。"

1918年6月6日《图书馆书目室布告》"本日新到各种杂志列下"9种。

1918年6月7日《图书馆书目室启事》"顷承统计局捐赠本馆统计月刊第一期第二期二本,又承陶孟和先生捐赠本馆 The Nation 六本,除编号存馆,专函鸣谢外,特此布告。"

1918年6月7日《图书馆书目室布告》"本日新到各种杂志列下"3种。

1918年6月8日《图书馆启事》"寄宿舍外居住之学生借阅本馆书籍,逾限已久,尚未缴还者,因住址不明,无从催取,兹将姓名列后,务请来馆缴还为要,此白。"共26人。

1918年6月10日《图书馆书目室启事》"(一)顷承上海戊午杂志社捐赠本馆戊午杂志第一期第一号一本,又承成都戊午周报社捐赠本馆戊午周报第一期五本,第二期一本,又承成都文殊院捐赠本馆天乐鸣空集一部二本,又承日本阪谷男爵芳郎捐赠本馆朗庐文抄一部三本,除编号存馆,专函鸣谢外,特此布告。(二)本馆前蒙军学编辑局寄赠军事教育各书如下:兵棋指针计一册,军队符号计一册,军语类解计一册,初级战术学计三册,步兵射击教育要令计一册,初级筑垒学计一册,兵器学计一册,野外勤务计一册,军队卫生学计一册，交通学计一册，地形学计一册，马学计一册，战略学计一册，给养勤务计一册，动员计划计一册，巴尔克战术卷一，巴尔克战术卷二，巴尔克战术卷三，巴尔克战术卷四，德国步兵操典计一册，德国骑兵操典计一册，灰画集计十册，法国军官野外必携计五册，日本陆军动员计划令计一册，日本步兵机关枪操典草案计一册，日本骑兵机关枪操典草案计一册。"

1918 年 6 月 10 日《图书馆书目室布告》"本日新到各种杂志列下" 2 种，《理科研究所布告》"本所新到各杂志如下" 11 种，《介绍名著》（孙国璋先生来稿）。

1918 年 6 月 11 日《图书馆启事》"寄宿舍外居住之学生借阅本馆书籍，逾限已久，尚未缴还者，因住址不明，无从催取，兹将姓名列后，务请来馆缴还为要，此白。"共 36 人，与上次相比，系不同的人。

1918 年 6 月 11 日《图书馆书目室启事》"顷承云南盐务稽核分所钱文选先生捐赠本馆游滇纪事一本，又承江苏省立第二图书馆捐赠本馆书目续编一部二本，又承日本书肆有斐阁捐赠本馆图书目录一本，除编号存馆，专函鸣谢外，特此布告。"

1918 年 6 月 11 日《图书馆书目室布告》"本日新到各种杂志列下" 5 种。

1918 年 6 月 11 日《教育部发售前学部印存图书价目表》。

1918 年 6 月 12 日《致评议会诸君函（续）》夏元瑮"又去年所印之大学规程，其下列各处似均应修改……再，此次编制新预算以理科论，弟意除民国七年六月份支付预算书所列各款外，应加添下列各款……理科设备太觉缺乏，应多购仪器药品图书，以供研究学术之用。研究所及理本预科，每月应有购买新旧书报费一千元，化学门每月应有添购药品费四百元……清还理科旧购各仪器药品图书欠款五千。当现在全校支出各款可以节减之处似尚颇多，亦可会同庶务主任、图书馆主任详加讨论也。"

1918 年 6 月 12 日《图书馆启事》"寄宿舍外居住之学生借阅本馆书籍，

逾限已久，尚未缴还者，因住址不明，无从催取，兹将姓名列后，务请来馆缴还为要，此白。"共 16 人。

1918 年 6 月 14 日《图书馆书目室布告》"本日新到各种杂志列下"4 种。《法科图书馆布告》"本馆本日新到杂志如下"2 种。

1918 年 6 月 15 日《图书馆启事》"寄宿舍外居住之学生借阅本馆书籍，逾限已久，尚未缴还者，因住址不明，无从催取，兹将姓名列后，务请来馆缴还为要，此白。"共 40 人。

1918 年 6 月 15 日《图书馆书目室启事》"顷承沪江大学天籁报社捐赠本馆天籁第七卷第一二期一本，又杭州广济医报社捐赠本馆广济医报第三卷第三期一本，又承北京教育会捐赠本馆都市教育第三十七期一本，又承电气工程事务所捐赠本馆电界第十八期一本，又承唐山工业专门校长章宗元先生捐赠本馆中国泉币沿革一册，计学家言一册，除编号存馆，专函鸣谢外，特此布告。"

1918 年 6 月 15 日《出版部布告》"暑假在迩，本学年各种讲义必须结束，查文理工科各级学生，余存未领之讲义甚多，务希于暑假以前，一律领去，倘有未曾领清者，下学年概不补发，特此通告。"

1918 年 6 月 15 日《法科研究所布告》"本研究所自开办以来，陆续函购书籍共一百七十八种，已到者六十种；函购杂志四十三种，已到者二十五种；图书馆移交书籍杂志共九十七种，各处捐赠者二十五种。书报费已支付者约计六百金，悉由会计课直接付与，详见该处账册，兹将函购书报之已到、未到者，及移交捐赠各种分别开列如次。函购书籍之已到者……"

1918 年 6 月 17 日《出版部告白》"本校二十周年纪念册据承印者云，于本月二十日准可出版。本校为收回印费起见，现定该册每册大洋一元，校内购置者，减收二角（实收大洋八角）。"

1918 年 6 月 17 日《纪念册不日出版》"本校二十周年纪念册由财政部印

刷局承印，原……"

1918 年 6 月 17 日《图书馆书目室布告》"本日新到各种杂志如下" 17 种。《理科研究所布告》"本馆新到杂志如下" 11 种。《法科研究所布告（续）》"函购书籍之已到者……函购书籍之未到者……" 18 种。《介绍新著》孙国璋。

1918 年 6 月 18 日《图书馆书目室布告》"本日新到各种杂志如下" 10 种。

1918 年 6 月 19 日《图书馆书目室启事》"顷承浙江省议会捐赠本馆议决案、质问书、议事录、建议案、省议会要览等书二十九本，除编号存馆，专函鸣谢外，特此布告。"

1918 年 6 月 19 日《国史编纂处启事》"学生诸君公鉴，本处为征集民国史料起见，拟于每省各设名誉征集员二人，诸君有愿任此义务者，请于本星期内函告本处征集股为荷。"

1918 年 6 月 19 日《法科研究所布告（续）》"函购书籍之未到者……"

1918 年 6 月 20 日《图书馆书目室启事》"顷承注音字母传习总所捐赠本馆官话注音字母报四十八、五十期两册，又承道德学社捐赠本馆周易恒解一部五本，又承李泰棻先生捐赠本馆西洋大历史三本三卷，除编号存馆，专函鸣谢外，特此布告。"

1918 年 6 月 20 日《法科研究所布告（续）》"函购书籍之未到者……函购杂志之已到者……函购杂志之未到者……图书馆代购杂志之已到者……图书馆代购杂志之未到者……"

1918 年 6 月 21 日《法科研究所布告（续）》"图书馆移交书籍……"

1918 年 6 月 22 日《法科研究所布告（续）》"图书馆移交书籍……各机关寄赠书报"

1918 年 6 月 24 日《图书馆启事》"本馆借出图书，暑假前应即一律收回清理，凡在寄宿舍外居住之学生借书多有住址不明者，本馆无从走取，兹将姓名列后，务乞将所借之书籍，即日归还为要，此布。"30人。

1918年6月24日《图书馆书目室启事》"顷承徐新六先生捐赠本馆钱唐朱研臣先生遗墨一本，天苏阁丛刊一集一本，双林镇志四本，又承段锡朋先生捐赠本馆实用德文典一本，除编号存馆，专函鸣谢外，特此布告。"

1918年6月25日《图书馆启事》"本馆借出图书，暑假前应即一律收回清理，凡在寄宿舍外居住之学生借书多有住址不明者，本馆无从走取，兹将姓名列后，务乞将所借之书籍，即日归还为要，此布。"28人。

1918年6月26日《图书馆启事》"本馆借出图书，暑假前应即一律收回清理，凡在寄宿舍外居住之学生借书多有住址不明者，本馆无从走取，兹将姓名列后，务乞将所借之书籍，即日归还为要，此布。"31人。

1918年6月27日《图书馆书目室启事》"顷承比国公使先生捐赠本馆Kingdom of Belgium，又承孙公达先生捐赠本馆台州丛书后集一部，又承新民德社捐赠本馆新民德第二卷第一二三四五号，除编号存馆，专函鸣谢外，特此布告。"

1918年6月27日《图书馆书目室布告》"本日新到各种杂志列下"10种。

1918年6月28日《图书馆书目室启事》"顷承张相文先生捐赠本馆唐碑一幅、百烈士墓志一幅，又承夏宇众先生捐赠本馆中学国文科教授之商榷一本，又承史惺髯先生捐赠本馆龙泉师友遗稿合编一套共六本，又承京兆公报馆捐赠本馆京兆公报第四十七期一册，除编号存馆，专函鸣谢外，特此布告。"

1918年6月29日《图书馆主任告白》"（一）现因暑假临迩，天气渐即炎蒸，离校者亦复甚众，图书馆开馆时间应即酌为变通，自七月一日至九月十日，每日由上午七时至十二时开馆，下午及晚间闭馆。（二）现在假期将届，所有借书逾期未缴者，仍乞速行缴还，以便清理，否则惟有照章停止借书权，特此预告。"

1918年6月29日《图书馆书目室布告》"本日新到各种杂志列下"2种。

1918年7月2日《本校布告》"本校因教员概不住校，特于教员休憩室外特设教员预备室，可由各教员指定室中专案为预备之所，且于各门研究所旁特设各门阅览室陈列本门最适用之书报，以备检阅。即图书馆不能出借之书，亦可知会研究所事务员，特别提来若干日备检。又图书馆新到之图书杂志，亦当先陈阅览室若干日，然后收回。"同日还有《本校致各门研究所事务员公函》"各门研究所事务员公鉴，暑假中研究所不复开会，暑假后又将变更组织，望将所中图书杂志悉数送入图书馆编目保存，候暑假后开始研究时，再择要提出陈列于阅览室。又图书馆现正改编书目，人寡事繁，各研究所事务员务每日到馆助编，以冀早日葳（按：此处缺一字）事。北京大学启。"

按：我们从以上布告和启事中可以看到，从校级层面上看，北京大学最为注重优先保障教师阅读图书杂志报刊的权利，在"存"与"用"的问题上，显然以用为主。而一旦假期（从七月一日到九月十日共七十二天）到来，教师们不再使用书报，就赶快利用时机安排图书馆对书报进行编目保存，并且要求各研究所的事务员一起到图书馆帮忙编目，似乎图书馆与研究所阅览室之间并不存在不同单位之间应有的界限。

1918年7月2日《图书馆书目室启事》与《图书馆书目室布告》。

1918年7月2日《北京大学图书馆借出图书月报（中华民国七年六月）》《北京大学图书馆图书阅览月报（中华民国七年六月二十九日）》。

1918年7月4日《图书馆书目室启事》。

1918年7月4日《进德会启事》，李大钊提议改会名为"有不为会"，李大钊为《北京大学进德会杂志》编辑四人之一（沈尹默、钱玄同、李大钊、康白情）。

1918年7月6日《图书馆书目室布告》。

1918年7月9日、11日《图书馆主任告白》"迭据学生诸君面陈，欲利用假期阅览书籍，拟请将开馆时间略为延长。兹为尊重诸君好学之意向起见，自七月九日起，上午七时至十一时，下午二时至六时开馆，汉文复本书籍亦准借阅，特白。七月八日。"

1918 年 7 月 9 日《图书馆书目室布告》《图书馆书目室启事》《理科研究所布告》"本所新到杂志如下"。

1918 年 7 月 11 日《图书馆书目室启事》《图书馆书目室布告》。

1918 年 7 月 16 日《图书馆书目室布告》。

1918 年 7 月 16 日《研究所总章（最近各研究所主任开会议决案）》"第一节 组织"中"第四条 每研究所设事务员一人。""第八条 本校各科各门研究所主任因谋各门学科之联络办法之划一及书报交通之利便，组织研究所联合会，由各研究所主任互选一人为联合会会长。第九条 研究所联合会以会长所在之研究所为联合会事务所，所中须备有各研究所研究员履历详册及各所书报目录副本，由事务所所在之研究所事务员兼司之。"可见各研究所的书报资源是共享的。

"第二节 办法"中"第十二条……将所收受之论文交付大学图书馆保存或节要采登月刊。"

"第三节 通信研究"中"第十九条 通信研究员以其研究所得作为论文，由本门教员共同阅看，其已收受之论文，当交图书馆汇存，或摘要登载月刊。"以上两条显示图书馆仍负有保存研究员论文的责任。

"第五节 职员任务细则"中"第二十六 研究所事务员每日上午九时半至十时半，下午二时至五时，晚间七时至九时须在所办事。"第二十七条 研究所事务员之职务如左：（丁）管理各所阅览室之各图书杂志，（戊）经理研究所人员向图书馆借书事务，（己）编订本所图书杂志目录……

"第六节 书报杂志管理法"中"第二十八条 研究所各设阅览室，凡本所需要之书籍杂志，得由本所事务员向大学图书馆借出，存贮室内供本所教员研究员参考之用。""第二十九条 本所需用书报为大学图书馆所无者，得由本所主任商请图书馆主任购买，购得之后，由图书馆登记编号，发与本所事务员贮藏阅览室。""第三十条 研究所阅览室之书报皆由本所事务员随时登录保存，此项书报概不得借出室外。"从本节来看，研究所阅览室与大学图书馆之间的关系逐步明朗化，购书不再是各研究所自己决定，需要与图书馆主任商请。购买的图书由图书馆登记编号，再交给各所事务员存放到本所阅览室，同时规定这部分书报只能阅览而不能借出。这个办法解决了全校书报购置经费的分配使用问题，也保障了研究所对特定书报的优先使用。

1918年7月18日《图书馆书目室布告》。

1918年7月23日《北京大学出版部广告》，分为本校出版的6种、代售的21种。

1918年7月23日《图书馆书目室启事》《图书馆书目室布告》。

1918年7月25日《图书馆书目室布告》。

1918年7月27日《新生入学试验之试题》、1918年8月1日《本校布告》"本校此次招考文理法预科新生，所有第一场试卷业经评定，兹将取录各生姓名公布于左。计开文预科一百三十九名……理预科一百八十名……法预科一百八十名……"

1918年7月30日《图书馆书目室启事》《图书馆书目室布告》。

1918年8月3日《图书馆书目室启事》《图书馆书目室布告》。

1918年8月3日《北京大学图书馆图书借出月报 中华民国七年七月》《北京大学图书馆阅览图书月报 中华民国七年七月开馆日数三十日》。

1918年8月6日《图书馆书目室启事》《图书馆书目室布告》。

1918年8月8日《图书馆书目室启事》。

1918年8月8日《殷汝耕君与图书主任之通信论编图书目录事》，这是殷汝耕在接到李大钊的2封来信之后做出的回复：

"守常我兄大鉴，得来示二通，久稽裁覆，不惟忙懒使然，亦以欲稍作详答，致不易执笔也。藏书要着有二，一即蒐集，他即编制目录也。前者只须广蒐，后者则大不易。图书之有用与否，全在目录。目录苟不得法，纵集十万卷，亦惟充栋而已。而目录之编法，又可大别为二，外形目录，内容目录（此弟姑设之名）是也。外形目录者如（一）书名目录（ABC 顺或イロハ顺或笔划顺）、（二）著者目录（同上）、（三）分类目录。其编制甚易，唯分类目录微难（因有只观书名难悉分类之书）而用途亦较大。然均不如内容目录之有用且便利也。兹就东京帝国大学法科大学研究室之编制目录法，及南满铁道会社之编制法，各述其略，以供参考。

（一）法科研究室，（吉野博士所担任之政治史政治学研究室）中藏书约二三千卷，目录共有五种。

其中三种，即著者、书名、分类目录。他二者，一为分国目录、一为分问题之目录。前者先分洲，次分国，例如（欧）之英德法等，（亚）之中日印暹等个为项。每项下列参考书（或更分类，例如英国爱尔兰自治问题为一类）。凡此二千卷中某章某节，足为此问题之参考者，胥以次录本项下。目录用 Card 式。每项别设 Card 录之。满则益以次页。然后研究者既定研究对象，则可依目录索之，只须翻此目录，得所研究之项。则此二三千卷中，若干册足供参考，均可按索而得，毫无遗漏矣。分问题之目录，亦与此同理。唯此问题之名易国名耳。例如先大别为妇人参政权问题，殖民问题……内设细项。然后依项编制，此等编制之难，在豫行遍阅此二三千卷，且于阅时，一一摘记，本书可作某项之参考而后成耳，吉野博士告弟，渠自编此目录，每日费一小时，阅二三年，乃竟事云。

（二）至东亚经济调查局之法，原理亦与此同。唯范围稍广，规模稍大耳。其概略如右。甲、资料：共有五种，一新闻、二杂志、三公家统计调查、四私家统计调查、五书籍。

乙、项目：豫将所有材料应隶属之项目编成册子。（该局共有二种，一新闻用、一杂志用）。

丙、新闻剪贴法，（1）共订八国文字之新闻，（摘要者）计百数十种。余则托各国剪报会社剪寄。(2) 由通各国文字之人，分担阅读。(3) 阅时以前项分项目录，对照于新闻纸上，划出所欲剪之栏，并于其上朱笔书该栏新隶部门之记号，例如依此自录、于新闻纸上见关于中国币制之项。则书 Ba. 97 字样。(4) 阅竟交与书记，专事剪裁。(5) 剪下之记事，汇于筐中，送交总编辑。(6) 总编辑去共重复者（如同一记事见于英报复见法报等）。去其无关紧要不必保存者，改易其误于隶属者（因往往有一记事，其标题属于财政，而内容实属金融，或内容非精读不易辨为应何属者）。(7) 总编辑阅竟，送书库贴存。(8) 书库中贮藏贴报之处，设架分数千格（格数与前项目录中项数相捋），格置贴报贴一巨册，册外各书符号，如 Ba. 97 之类，贴报人只须依符号分贴，不问内容也。(9) 用时取其一册阅之。则关于该问题一切新闻上之材料，胥汇集于一册。

丁、杂志目录编法，（1）先编杂志记事索行一册如前。(2) 阅杂志者，于杂志表纸标题上，以朱笔做记号如图： (3) 阅竟送总编辑过眼，(4) 由总编辑交与专司编制目录之人，目录为 Card 式，如图。录满此页，更续以他页，唯不易项目之标题耳。杂志之保存，则各种每半年汇订一册，挨次贮藏。

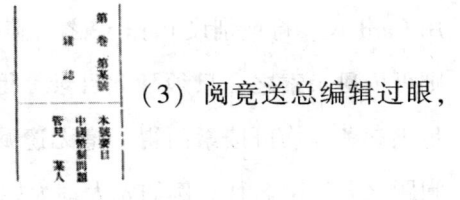

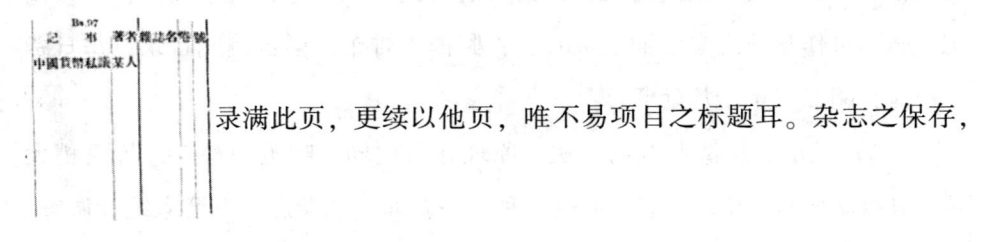

己、此外之资料与此大同小异。此办法之难，（一）阅读须得人，（二）分项目须得宜，（三）经费须充足，（四）材料须赅博。

庚、此种事业，本应中央政府办理，非一图书馆所能也。

至于购置保管书籍之办法，弟前曾赴东京帝国大学图书馆询问，因匆忙未及细查。容再查一告也。尚有见嘱之件，亦容续告云云。七月二十四日"

1918年8月10日《北京大学法科出版部广告》9种图书。

1918年8月15日《图书馆书目室启事》《图书馆书目室布告》。

1918年8月17日《图书馆书目室启事》《图书馆书目室布告》。

1918年8月17日《世界图书馆之发起》"七月九日午后四时，本校编译会开茶话会，欢迎商务印书馆总经理张菊生先生。是日蔡校长及本校讲师李石曾君提出创办'世界图书馆'议案，因请张先生于午后二时到校，并约本校图书馆主任李守常君及京师图书馆迁移午门筹备员陈仲骞君到校会议。本校胡适之、沈尹默、朱逷先、钱玄同、马幼渔诸教授皆在座。提议后，全体赞成。张先生遂函告上海商务印书馆，顷已得来函赞同。拟由华法教育会报告于巴黎会所，积极进行。大约半年以内，此事当有成议矣。今揭载蔡李二君议案，及商务印书馆复函如左：

创办'世界图书馆'议

（一）提议与发起 民国五年夏，由华法教育会提议创办中文图书馆于法国，法文图书馆于中国，扩而充之，为中西各国文字图书馆。此意曾向巴黎数大书店商榷，均认为可行。民国七年夏，向商务印书馆提议，亦认为可行。即当合中西各团体发起"世界图书馆"，并组织临时办事机关，预备进行。先从中国世界图书馆之法文部，与法国之中国图书馆著手。

（二）办法 由中西各书馆，仿照西方习惯，出一书，送图书馆以样本之意。每出较为一重要之书，互相交换二册，以成中国法国之图书馆。收集书件，在中国由商务印书馆为总机关，在法国，以巴黎华法教育会为总机关。

中文书各二册，分置于巴黎里昂（或比京），法文书各二册，分置于比京上海（与他国交换之书，亦略仿此意）。于图书馆外并设售书机关，在中国以商务印书馆为总机关，在欧洲以中国印字局为总机关，即以图书馆所存之书为样本。

（三）试办　先于北京组织试办机关，拟定条件，并征求法国书业之同意，俟经商定，即行征集图书。一俟战事告终，即交换运送。运书经费及图书馆房舍，亦均由试办机关筹划之。交换售书事，亦同时筹办。

俟中法两处图书馆均有头绪，即仿此办法，推及于他种文字之图书。

（四）世界图书馆之完全组织：

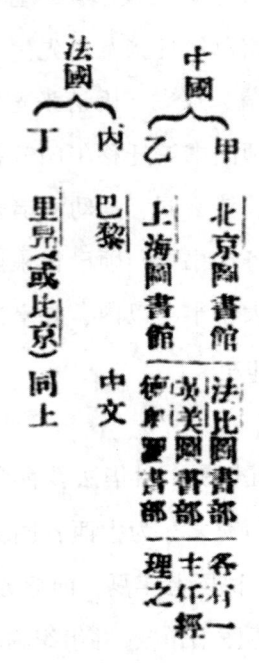

中国 ｛ 甲　北京图书馆　法比图书部　各有一
　　　乙　上海图书馆（或美国书部）德俄罗书部　主任经理之

法国 ｛ 丙　巴黎　中文
　　　丁　里昂（或比京）同上

英美德各处亦各设一二中文图书馆。"

《商务印书馆来函》

"鹤顾、石曾先生均鉴，远瞻教益，瞻仰维殷。日前接敝公司张菊生先生来函，述悉两先生及北京华法教育会诸君于七月九日约商组织世界图书馆事，具承盛旨，钦佩莫名。诸公嘱敝公司凡有出版新书，每种以两部送至法国巴黎、里昂之图书馆，谋便华侨阅览及购取起见，谨当遵办。惟不属新书或不甚合宜者拟不致送，其在他家出版之书，照现在本国书店情形，敝馆认为有价值者亦可由敝公司照购两部送与法国以为棉薄之助。又承询将来法国送与我国之书，一律交至敝馆，应如何陈列以便学界展览，亦经菊翁与诸公商定，以一份转交北京陈列于北京大学图书馆，每份均粘贴一纸，载明由法国某店所送。如愿采购，可嘱北京商务印书馆代办字样。其余一份则暂行陈列于上海敝总公司，俟有适当之公立图书馆成立时，再行移交。至法国各书店在中国贩售之事，亦由贵会介绍敝馆与之接洽，将来法国办妥，即可推之英美，战事告终，并可推之于德国，此尤仰见两先生倡导文明之盛，敬闻之下，无不赞同。附到贵会另纸展示创办世界图书馆各节，一并读悉，实不胜欣企之至，专肃布陈，敬颂公安，伏希亮察。上海商务印书馆有限公司谨启。七年八月一日。"

1918 年 8 月 22 日《图书馆书目室布告》。

1918 年 8 月 22 日、31 日《本校图书馆所藏日本印北宫皇城写真帖目录》。

1918 年 8 月 31 日《图书馆书目室布告》。

1918 年 9 月 3 日《图书馆书目室启事》、《图书馆书目室布告》、《图书馆布告》"上星期（八月 26 至 31）本馆新增重要书册列举如下：著者、书名、册部、由来"《皇城写真帖目录》。

1918 年 9 月 5 日《北京大学图书馆图书借出月报 中华民国七年八月》《北京大学图书图馆书阅览月报 中华民国七年八月开馆日数三十日》。

1918 年 9 月 7 日《图书馆书目室启事》《图书馆书目室布告》。

1918 年 9 月 10 日《北京大学法科出版部广告》。

1918 年 9 月 10 日《图书馆主任告白》"本馆书籍分贵重与通常二种，除贵重书及各国文辞典久定不出借外，东西文普通书，凡只有一部者，亦既规定概不借出馆外（新定借书规则第二条）。兹审度情形，特再规定，凡普通书虽有二部以上，而版次不同者，亦只出借其旧版，新版者仅得在馆阅览，此种办法，纯为谋大多数人阅览便利，并为慎重保存起见，本出于弗得已，同学诸君，务希深体此意为要。"

1918 年 9 月 10 日《图书馆布告》"日本法学博士男爵阪谷芳郎先生为日本经济学界名宿，前者来华游历，曾至本校参观，慨然允购二千金之书籍投赠。本校荷先生嘉惠学人之盛意，当已感谢莫已。先生回国，即属东京丸善株式会社将书备齐寄来，已于前日到馆，随有精制目录一册，计英文政治经济书四十八种六十册、英文法律书七种十二册、英文电工书十二种二十一册、英文机工书十四种十四册、英文土木工书十二种十八册、英文采矿冶金书十三种十三册、英文化学化学工业书九种十四册、英文参考书四种二十八册、法文法律财政工业辞典书六种二十三册（内一种缺四册未到）、日文法律经济财政书六十一种六十三册（内同者六种六册）、日文丸善出版工学工业法律地理书八十种一百十四册、日文工业书十四种二十三册、日文辞典三种七册、统计二百八十三种四百一十册（内日文书同者六种六册、法文书有一种缺四册未到）概皆近刊名著，除已由校长备函再申谢忱，本馆当为特立"阪谷书藏"，陈列供览，且念东西各国大学图书馆，富藏之庋，虽由其经费赡足，勤于购求，而赖各方热心家之捐助亦至巨，甚望继阪谷男而兴者，日多其人，本馆颉颃他邦名馆之期，庶几不远矣，此布。"

1918 年 9 月 10 日《图书馆书目室布告》《国史御纂处启事》《本校图书馆所藏日本印北京皇城写真帖目录》（完）共 172 图。

1918 年 9 月 12 日《图书馆启事》"本馆自九月十一日起照规定时间开馆：每日上午八时至十二时，下午一时至六时，晚七时至九时，星期日照常开馆，特别放假日闭馆。"《图书馆书目室布告》。

1918 年 9 月 14 日《图书馆书目室启事》《图书馆书目室布告》。

1918年9月17日《图书馆书目室启事》《图书馆书目室布告》。

1918年9月21日《图书馆书目室布告》。

1918年9月24日《图书馆书目室启事》。

1918年9月25日《图书馆书目室布告》《法科图书馆布告》"消费公社代办法科学本年应用教科书"。

1918年9月26日《图书馆书目室启事》《图书馆书目室布告》。

1918年9月27日《图书馆书目室启事》《图书馆书目室布告》。《本校编译处开会纪事》，到会者中有李守常。

1918年10月2日《图书馆布告》"阪谷先生赠书按其自制目录分为二类，一为日文书籍，一为西文书籍。日文类中又分法律经济财政之部、丸善出版物之部、工业书之部及辞典之部，西文类中，英文则分为政治经济之部、法律之部、电工学之部、机工学之部、土木工学之部、采矿冶金之部、化学与化学工业之部、参考著作之部及法文书六种，兹将其详细目录陆续揭布于日刊杂录栏内。"

1918年10月2日《杂录》栏目中《阪谷赠书目录 日文类法律经济财政之部》。

1918年10月2日《法科图书馆启事》。

1918年10月2日《英文 本馆暑假中收到各种杂志》。

1918年10月3日《图书馆书目室启事》《图书馆书目室布告》《阪谷赠书目录（续）》。

1918年10月3日《研究所主任会议记》"九月三十日，由校长召集各学长及各研究所主任，提议照研究所总章第八条组织研究所联合会，互选会长。讨论之结果，愈以现在各研究所之书报，均已汇集于图书馆，不必别筹便利交通之法。划一办法，一时亦未易著手。联合会之举，暂缓实行。遇必要联络时，仍由校长召集云。"

1918 年 10 月 4 日《选派教员留学外国暂行规程（评议会决议）》。

1918 年 10 月 4 日《阪谷赠书目录》。

1918 年 10 月 5 日《图书馆布告》"亚当士先生有地质学书籍多种曾寄存本馆，计共三大书橱，布装书约百六十卷、纸装书约二百卷、小册子约三百册，其中有已经绝版非出重价不能购得之书。今承先生慨将全数赠与本校图书馆，厚义高情凡在学者莫不钦感。兹依周慕西博士、阪谷先生前例，为制"亚当士书藏"以志盛意于不忘。"

1918 年 10 月 5 日《图书馆书目室启事》《阪谷赠书目录》

1918 年 10 月 7 日《图书馆书目室启事》《图书馆书目室布告》。

1918 年 10 月 7 日《图书馆图书借出月报 中华民国七年九月》《图书馆图书阅览月报 中华民国七年九月开馆日数二十九日》。

1918 年 10 月 7 日《阪谷赠书目录》。

1918 年 10 月 8 日《阪谷赠书目录》。

1918 年 10 月 9 日《图书馆书目室启事》《图书馆书目室布告》《阪谷赠书目录》。

1918 年 10 月 11 日《阪谷赠书目录》（完）。

1918 年 10 月 12 日《图书馆书目室布告》。

1918 年 10 月 14 日《图书馆主任布告》"本馆现拟迁往新大楼，惟以书籍繁多，非顷刻所能毕事，只有陆续搬运。自本月十四日起，每日上午闭馆，下午及晚间仍在旧舍开馆，照常办公，此白。十月十二日。"

1918 年 10 月 16 日《图书馆主任布告》"本馆第一阅览室设在新大楼第一层第二十九号室，专备阅览中外杂志之用，现已布置完竣。由十六日起，每日上午九时至十二时，下午一时至五时，启室办公，晚间暂停，此告。"

1918 年 10 月 22 日《图书馆主任布告》"本馆办公室一概迁至新大楼第一层，各阅览室亦皆布置完竣，自今日起即在新舍照常办公，此告。"

1918 年 12 月 24 日《本校布告》"（三）本校图书馆第二阅览室专为本校教职员学生而设，现已购备京外华洋文日报多种，凡应有之设备更日求完善。该室在第一层西头，各室办公人员就阅极便。兹本校为略节经费及使各员得纵览多数报纸起见，定自八年一月一日起，新大楼校舍除校长室酌购日报数种留备查考外，所有各办公室定阅之报纸一律停止，此布。"

1918 年 10 月 26 日《图书馆主任告白》"（二）本馆拟将阅过之月报汇存备考，本校各办公室如有阅过之报，幸勿掷弃，每旬日或半月送交本馆一次，至为感祷。（三）本校所设阅报室不止一处，本馆极愿相与联络，除数种必不可少之报外，其余订阅中外各报，能随时协商分购以求齐备而避重复，可以定期互换陈列，殊觉便利，各表同情，即乞将所陈各报名目登布日刊，然后互定交换陈列之法。"

1918 年 10 月 26 日、29 日两次发布《图书馆主任告白》"（一）本馆第二阅览室设在新大楼第一层第三十一号室，专以陈列各种日报，现已到有十五种，详表另行揭布，凡本校教职员及学生均可随时入览。"

表 图书馆第二阅览室的 15 种日报（按：其中《新支那》据说有 2 种）

名目	出版地方	何国文字	备考
导报	北京	英	购
大公报	天津	华	赠
新支那	北京	日	赠
神州日报	上海	华	赠
盛京时报	奉天	华	赠
之江日报	杭州	华	赠
大公报	长沙	华	赠
大阪朝日新闻	大阪	日	购
新支那	北京	日	赠
甲寅日刊	北京	华	赠
国民公报	北京	华	赠

续表

名目	出版地方	何国文字	备考
惟一日报	北京	华	赠
顺天时报	北京	华	购
民国日报	上海	华	赠
华文日报	北京	华	赠

1918年10月31日《法科图书分馆通告》"法科图书仍存总馆，图书分馆现在取消。所有向存本科之书籍杂志，悉数移交法科研究所杂志室收藏。嗣后关于阅书还书等事，请至研究所接洽为荷，此布。"

1918年10月14日、15日、17日、30日《吴弱男女士所赠杂志报章之目录》。

1918年10月15日《图书馆主任布告》"本馆现拟迁往新大楼，惟以书籍繁多，非顷刻所能毕事，只有陆续搬运。自本月十四日起，每日上午闭馆，下午及晚间仍在旧舍开馆，照常办公，此白。"

1918年10月16日《进德会启事》"（一）现于景山东街校舍内图书馆中、北河沿校舍号房内、文科校舍号房内、第一、第二、第三三宿舍阅报室内各置本会入会签名簿一本，凡愿入会者，暂于簿上签明姓名、科门、年级、住址，当将愿书纸奉上。"

1918年10月18日《图书馆书目室启事》。

1918年10月21日《顾颉刚等请休学已准》。

1918年10月22日《法科图书馆布告》"昨学生傅君承潚等函致本馆，请将阅报室开放时间延长以便课余阅览一节，本馆甚表同情，兹定自本月二十一日起开闭时间改为早八时半至晚八时，并改订规则三条如下：

《阅报室规则》

一本室不得哗谈朗诵、二本室不准吸烟涕唾、三报章阅览后应仍置原处，不得任意损坏或携出室外。

再者，本馆对于阅报室暨教员休息室两处所备各报，均需逐日留存，按月装订成册，以便检查参考之用。乃虽经声明，缺损仍多，责诸经管校役，又每藉端阅者，以为搪塞，嗣后还希阅者诸君对于各种报章加以爱惜，俾得蔚成完璧，事关公益，固不独本馆所厚望也。此布"。

1918年10月22日、23日、24日、25日、26日、29日《南洋群岛实录》。

1918年10月23日、24日、25日参考书介绍《Material on Finance and Economics available for Reference Collected from April to August 1918 by 王建祖》。

1918年10月24日《图书馆书目室布告》。

1918年10月24日、25日、26日、28日《全国专门以上学校一览表》。

1918年10月25日、26日《文科学长启事》"（一）文本科教员诸君公鉴，文科各门拟各设阅览室，以为学生读书之所。希诸君各将所授科目至不可少之参考书（汉文或洋文）约需若干部开单赐下，以备采要购置为荷，此颂教安。弟陈独秀白"。

1918年10月25日《图书馆书目室启事》《图书馆书目室布告》。

1918年10月28日《图书馆书目室启事》《图书馆书目室布告》。

1918年10月29日《图书馆主任告白》"（一）本馆第二阅览室设在新大楼第一层第三十一号室，专以陈列各种日报，现已到有十五种凡本校教职员及学生均可随时入览。附第二阅览室所陈各日报一览表。

名目	出版地方	何国文字	备考
导报	北京	英	购
大公报	天津	华	赠
新支那	北京	日	赠
神州日报	上海	华	赠
盛京时报	奉天	华	赠
之江日报	杭州	华	赠

续表

名目	出版地方	何国文字	备考
大公报	长沙	华	赠
大阪朝日新闻	大阪	日	购
新支那	北京	日	赠
甲寅日刊	北京	华	赠
国民公报	北京	华	赠
惟一日报	北京	华	赠
顺天时报	北京	华	购
民国日报	上海	华	赠
华文日报	北京	华	赠

（二）本馆拟将阅过之日报汇存备考，本校各办公室如有阅过之报，幸勿掷弃，每旬日或半月送交本馆一次，至为感祷。（三）本校所设阅报室不止一处，本馆极愿相与联络，除数种必不可少之报外，其余订阅中外各报，能随时协商分购以求齐备而避重复，可以定期互换陈列，殊觉便利，各表同情，即乞将所陈各报名目登布日刊，然后互定交换陈列之法。"

1918年10月31日《图书馆书目室布告》。

1918年11月1日《北京国立专门以上各校校务讨论会提出于中学校校长会议之意见书》《本校拟在专门以上各学校校长会议提出讨论之问题》。

1918年11月1日《图书馆书目室启事》。

1918年11月2日《夏元瑮启事》将付欧美日本考察。

1918年11月2日《图书馆书目室布告》。

1918年11月5日《教育部指令第一三一八号》"令北京大学呈一件请选派代理该校理科学长由"。

1918年11月5日《图书馆书目室启事》《图书馆书目室布告》。

1918年11月8日《图书馆书目室启事》《图书馆书目室布告》。

1918年11月9日《图书馆书目室布告》。

1918年11月11日《图书馆书目室布告》。

1918年11月12日、13日《图书馆主任告白》"本馆自本月十三日起,下午一时开馆五时三十分闭馆,上午及晚间开馆时间照旧。此白。"

1918年11月13日《图书馆书目室启事》。

1918年11月19日《图书馆书目室启事》《图书馆书目室布告》。

1918年11月20日《图书馆书目室启事》。

1918年11月22日《图书馆书目室布告》。

1918年11月23日《图书馆书目室启事》。

1918年11月25日《图书馆书目室布告》。

1918年11月26日《图书馆书目室布告》。

1918年12月2日《图书馆书目室布告》。

1918年12月4日《图书馆书目室启事》《图书馆书目室布告》。

1918年12月5日《图书馆书目室启事》《图书馆书目室布告》。

1918年12月6日《图书馆书目室启事》"顷承本馆李主任捐赠本馆今井博士《建国后策》一册,《国耻之一》一册,《民彝》第三号一册,《言治》第二号一册,又承侯疑姑先生捐赠本馆《侯子勤平点孝经》一册,《张端甫遗稿》一册,《疑姑感遇诗》一册,除编号存馆,专函鸣谢外,特此布告。"

1918年12月6日《庶民的胜利——李大钊主任在中央公园之演说》。

1918年12月7日《图书馆书目室启事》《图书馆书目室布告》。

1918年12月9日《夏学长致评议会函》"评议会诸君公鉴:按国立大学校长学长正教授派赴外国考察规程第二条'考察员于出国之前应将其所拟研究之事物及所往之各地点作一节略报告于大学评议会',今谨将所拟注意之事物举其大要如下:一、大战后世界思潮之变迁及其所影响于各国教育方针及文学者。二、战后与战前各国政治及社会情状之大略比较。三、战事所破坏之各种事业用何方法恢复。四、搜集关于研究学术之各种材料如新出版图书之类。五、各国大学之设备及其制度之异同得失。六、参观各图书馆、博物院、美术陈列所、科学仪器制造厂。七、各科学最近之进步。八、各方面委托事件。各国中国留学生中之专门人才亦拟加意访求。至地点一层，现尚不能预定，大约先在美国稍作勾留，再赴欧洲各国也。上所列各条不过就一人思虑所及以璨之菲才寡学，深恐陨越有负诸君厚爱及蔡校长盛意，尚乞详赐教言示以途术，庶不虚此一行，归能有所贡献于吾所最亲爱之大学，幸甚幸甚，此请台安。"

1918年12月9日《图书馆书目室启事》《图书馆书目室布告》。

1918年12月9日《消费公社社员常会纪事（续）》"乙、图书部及商业夜班之成立及经过情形……本校订购置教科书简章九条，委令公社购买图书……"此图书部与图书馆不是一个概念。

1918年12月7日《拟联合同志陈请各国退还庚子赔款专供吾国推广教育事业意见书》"日前本校王云阁教授提出此项意见书，经蔡校长提出于学长会议，略加修正，并已得国立各专门学校校长及学务局局长赞同，拟征集各校职员联名陈请矣。"

"欧洲告终，世界和平会议不日举行，对于世界重要问题，皆将有一适当之处置。以中国土地之大、人口之众、物产之饶，可以贡献于世界者何限，徒以新教育尚未发达，全国人民既歉于常识，而指导提挈之才又尚居少数。坐令货弃于地，力不出于身，拥无量之宝藏，而日忧贫弱。欲有所贡献于世界，而不能如景以相应。非特中国之忧，亦各友邦之忧也。顾吾人亦何尝不知新教育之必要。频年以来，吾人日日望国民学校之普设，俾学龄儿童受强迫之教育。而限于经费，未能行也。吾人日日望专门以上学校分配之适当，设备之完全，教员及毕业生有分科研究之机关，有留学外国之准备。而限于经费，未能行也。吾人日望平民大学之发起，图书馆之完备，科学美术陈列馆、音乐院、动物植物园、民族历史及其他种种博物院之建设，剧场、影戏馆之改良。而限于经费，未能行也。夫经费之不足，其原因固亦不一，而庚子赔款之负担，不得不认为重大原因之一。我全国岁入三万八千五百余万元，其中由教育部支出者不过四百万，而每年赔款自三千四百二十八万（二四四八三八〇〇两）以至四千九百万（三五三五〇一五〇两），占现今岁入之一或一.五，而九倍或十二倍于现今国家所出之教育费。此诚吾教育界所不胜惋叹者也。夫庚子赔款，原于'义和团'之排外。'义和团'者，少数未受教育者之所组织，而清政府误用之。其时北方之山东、及东南各省，均保护外人不受影响。而乃令全国人民负此巨大之赔款。且输款已十余年矣，而清政府早已逊位。民国纪元以来，无论政象如何，而对于各友邦之亲睦，则有加无已。此次参战，虽以种种原因，不能有积极的军事上之协助，然人工物产之供给，不无微劳。此亦足以湔雪庚子之污点矣。考美国赔款已自一千九百〇八年起，每年退还一部分以充留美学生之费，日英两国亦有退还赔款之计划，其他法意俄比等国，对于吾国之感情，决不让于英日美。诚能于世界平和会议中，商请应得赔款，各友邦以此后每年赔款悉数退还吾国，专为振兴教育之用，度必得各友邦之赞同。而此后吾国教育普及，学术修明，凭藉多数之物产，人工以贡献于世界，受其利益者，亦岂仅吾国而已哉。今先列此后各国赔款之数，及每年应出之总数为二表，如后。（未完）"

1918年12月9日《拟联合同志陈请各国退还庚子赔款专供吾国推广教育事业意见书（续）》"

表一　　（此后各国赔款数）

英	10,738,992 磅
葡	19,570 磅
英代理各国	31,752 磅
瑞典	13,327 磅

续表

德	389，169，974 马克
奥	26，357，748 克勒尼
比	44，998，190 佛朗
西班牙	717，666 佛朗
法	395，915，001 佛朗
意	141，167，885 佛朗
美	34，566，905 金圆
日本	6，923，611 磅
俄	27，521，393 磅
荷兰	1，986，616 弗乐林

表二　（每年应还本利总数）

1918 年-1932 年	每年各还 24，482，800 两
1933 年-1940 年	每年各还 35，350，150 两

如右列赔款，果承各国退还，作为总数而统盘筹划，以用诸教育事业，则各类之需要略如左：

（一）最高研究学术机关之基金。

（二）国立北京大学及国立各专门学校之扩充费，及南京、四川、广东三大学之创办费。

（三）国立四大学之基金。

（四）学校派遣留学费。

（五）北京、南京、四川、广东四处之图书馆博物院等费。

（六）收入较少省分普通教育开办之补助费。

（七）同上有分社会教育建设之补助费。

（八）各国境内之华工教育费。

右列各种教育进行之程序，及款项之分配，宜由专门以上学校联合会及各省教育会公推全国教育界有资望者三十人以上，及赔款各国在华任职之人十人以上，组织赔款兴学董事会，议定办法，以请于教育部而执行之。而董事会仍负稽核之责任。如是，始足以得中外之信用，而有裨于实际焉。

至于促成此事之方法，则当先集同志，向各方面着手进行。

（一）上书总统、总理及教育厅长等，请其提倡赞助，由吾国政府正式提出于和平会议，请求各国之核议。

（二）致书吾国派在和平会之代表，请其提出于将来之和平会。

（三）致书及电请美国总统，及他国中有力人员，或团体，请其赞助提倡。

（四）在本国及外国报章中，设法鼓吹，以提起吾国及彼国中人民之注意而造成主持公道之舆论。此皆吾教育界所不可不致力者也。"

1918 年 12 月 10 日《南菁书院丛书目录》。

1918 年 12 月 11 日《图书馆书目室启事》《图书馆书目室布告》。

1918 年 12 月 11 日《本校担任新教育社经费记》"江苏教育会等近发起办一新教育社，从事编译教育新书报事，请蒋梦麟君主持之。业由黄君任之致书校长……"。

1918 年 12 月 11 日、12 日、13 日、14 日《清经解续编目录》。1918 年 12 月 12 日《刘复启事》"江阴南菁书院刊行之《清经解续编》及《南京丛书》，复等现拟集赀定印……"。

1918 年 12 月 13 日《图书馆启事》"本馆近由三上义夫君介绍承日本东京帝国学士院寄赠远藤利贞遗著《增修日本数学史》一册……"。

1918 年 12 月 13 日《图书馆书目室启事》。

1918 年 12 月 14 日《图书馆书目室布告》。

1918 年 12 月 16 日《本校纪念日之恳亲会启事》纪念日为 12 月 17 日，为夏元瑮等饯行。同日开二十一周年纪念会。

1918年12月17日《图书馆书目室启事》《图书馆书目室布告》。

1918年12月19日《本校二十一周年纪念会纪事》蔡元培校长讲话中两次提到了图书"欧战终了，将来采办书籍与仪器，亦当较易。""本校现拟请各国退还庚子赔款为本国兴学之用。已拜托梁任公及叶玉虎先生抵欧后极力鼓吹。如能办到退还，当然有一部分可为本校扩充之用，若增设学科、广购图书等希望则不待言者也。"

1918年12月21日《图书馆主任布告》"本年年假期内，图书馆开馆时间上午自九时至十二时，下午一时至五时，晚间闭馆，此布。"《图书馆书目室布告》。

1918年12月21日《北京图书馆联合会之组织》"前由汇文大学发起，约集本京各图书馆于十二月三日下午四时在该校开会，议北京各图书馆相互之联络，以未及到会者尚有多处，故仅指定起草委员数人。旋于七日下午三时在本校开一起草委员会，议定会章及附则若干条。并定于今日下午二时在本校文科事务室开北京各图书馆全体会，议决会章及一切重要事项云。"

1919年1月21日《北京图书馆协会成立纪闻》"北京图书馆协会于去年十二月二十一日午后二钟，假本校文科事务室开成立会。各馆代表到会者共二十人，当将会章及附则各六条议决通过，并即选举职员。清华图书馆代表袁同礼君当选为正会长，副会长，本校图书馆代表李大钊君与汇文大学图书馆代表高罗题君 Mr. Galt 得票相同，即提出高君请众认可，高君当选为副会长，李君当选为中文书记。协和医学校图书馆代表吉非兰女士 Miss Crilfillon 当选为英文秘书，北京图书馆协会遂完全成立。兹闻将于本星期六日即二十五日下午一时半，仍假本校开第一次职员会，商议进行方法云。该会章程及会员代表姓氏列左。

北京图书馆协会章程

一、本会定名为北京图书馆协会。

二、本会宗旨，在图谋北京各图书馆间之协助互益。

三、本会会员，以图书馆为单位，但须设有专任职员者始得入会。每馆派代表一人，有投票权，其他职员亦可到会与议，但无投票权。

四、本会设会长一人、副会长一人、中文书记一人、西文书记一人，每年春节常会选举之。上列各职员得组织职员会，如须委员协助时，职员会得由会员中指定之。

五、本会每年开常会二次，于春秋两季举行。其地点、日期，由职员会商定，遇有必要时，职员会得召集特别会。

六、本章程经出席代表三分之二之肯定，得行修正。惟修正案，须于开会前一星期通告各会员。附则之修正，得以出席代表之多数通过之。"

1919 年 1 月 22 日《北京图书馆协会成立纪闻（续）》"附则

一、以个人书藏加入本会者，经本会职员会认可，得为准会员，享会员同等权利，但无投票权。

二、各图书馆所藏图书，凡经本会会员之介绍者，得互相来往参考之。

三、各图书馆互借图书、应由图书馆自为交涉。

四、各图书馆应于每年春季常会报告各该馆一年之成绩，其报告书，应由书记保存之。

五、各图书馆应谋互换其出版物。

六、本会如需费用时，经大会议决，由各图书馆均担之。

北京图书馆协会会员代表姓名录 八年一月（以姓氏字画繁简为次）

丁械（仲材）	农业专门学校
于光锐（仲敏）	高师附属中学
王丕谟（仲猷）	中央公园图书阅览所
王曾杰（少甄）	俄文专修馆

续表

朱师辙（少滨）	国务院
朱颐锐（孝荃）	京师通俗图书馆
吉非兰女士	协和医学校
李大钊（守常）	北京大学
李贻燕（翼廷）	高等师范学校
利特	青年会
希斯女士	女子协和医学校
迨维斯	崇文中学校
袁同礼（守和）	清华学校
徐枕康（辍耕）	法证专门学校
高罗题	汇文大学
常国宪（毅箴）	京师图书分馆
裴德士	协和华语学校
杨晋源（君青）	教育部
费慕礼妇人	协和女子大学
谭新嘉（志贤）	京师图书馆

1918 年 12 月 23 日《图书馆主任布告》"近来各科学生由馆借阅书报，逾限多日不肯缴还者竟居泰半，此种习惯，大失书物流通之效用。所有借书逾限者，应即于年假内归还，以重公益。自明年开学日起，不缴者，一律照章停止借书权，此布。"

1918 年 12 月 23 日《图书馆书目室启事》。

1918 年 12 月 23 日《蒋君梦麟致校长函》支持请退庚款兴学。

1918 年 12 月 24 日《本校布告》"（三）本校图书馆第二阅览室专为本校教职员学生而设，现已购备京外华洋文日报多种，凡应有之设备更日求完善。该室在第一层西头，各室办公人员就阅极便。兹本校为略节经费及使各员得纵览多数报纸起见，定自八年一月一日起，新大楼校舍除校长室酌购日报数种留备查考外，所有各办公室定阅之报纸一律停止，此布。"

1918年12月24日《图书馆书目室启事》《图书馆书目室布告》。

1919 年

1919 年 1 月 7 日《图书馆登录室第三部布告》"顷承钱恂先生捐赠本馆《单士釐闺秀正始再续集》初编二册、二编一册。"

1919 年 1 月 8 日《图书馆登录室第一部布告》"下列杂志昨日到馆"。

1919 年 1 月 9 日《图书馆登录室第一部布告》"下列杂志昨日到馆"。

1919 年 1 月 9 日《图书馆图书阅览月报 中华民国七年十月 开馆日数二十四日》《图书馆图书阅览月报 中华民国七年十一月 开馆日数二十五日》《图书馆图书阅览月报 中华民国七年十二月 开馆日数二十九日》《图书馆图书借出月报（中华民国七年十月）》《图书馆图书借出月报（中华民国七年十一月）》《图书馆图书借出月报（中华民国七年十二月）》。

1919 年 1 月 10 日《图书馆登录室第一部布告》"下列杂志昨日到馆"。

1919 年 1 月 13 日《图书馆登录室第三部布告》"顷承杨湜生先生捐赠本馆《商业杂志》一册，除专函鸣谢外，特此布告"。

1919 年 1 月 14 日《图书馆登录室第三部布告》。

1919 年 1 月 15 日《夏元瑮冯庆桂启事》"弟等拟于二十二日南下由美赴欧……"。

1919 年 1 月 15 日《图书馆登录室第一部布告》"下列杂志昨日到馆"。

1919年1月15日《本校赠某社书籍多种》"本京缸瓦市中华基督教会设立书报社,致函本校,请求赞助。当由校长嘱图书馆检出重本送赠。计检出汉和文书四十部,一百五十七册,英法文书十二部十二册,均于昨日送去矣。"这是关于图书馆送书的记载。

1919年1月16日《图书馆登录室第一部布告》"下列杂志昨日到馆"。

1919年1月16日、17日、18日《诺贝尔赏金》袁同礼写。

1919年1月17日《图书馆登录室第一部布告》"下列杂志昨日到馆"、《图书馆登录室第三部布告》。

1919年1月18日《退款兴学会简章》。

1919年1月18日《图书馆登录室第一部布告》"下列杂志昨日到馆"。

1919年1月20日《图书馆收发室启事》"启者,本馆为书物流通起见,曾于去年十二月二十三日催告借阅逾限诸君应将借阅书报于年假内一律缴还布告,日刊谅在,洞鉴。刻下年假已完,该布告应即实行。乞 先生将前假书报从速送还,以便再借他书,各有专函通告,想达尊鉴。兹因下列诸君住址更变无法投递,只得公布日刊,恳速将所借书报送还为盼,此上。"列出了72人名单。

1919年1月20日《图书馆登录室第一部布告》"下列杂志昨日到馆"《理科研究所阅览室布告》。

1919年1月21日《图书馆登录室第一部布告》"下列杂志昨日到馆"。

1919年1月21日《遗书寄赠》"本校昨接梁耀奇先生自香港来函,称其兄耀霭先生卒于法京,遗留法文数学及机械书甚富,拟尽举以寄赠,现已设法邮送。本校感梁君盛意,先识于此,一俟书到,当再详布。"

1919年1月21日《北京图书馆协会成立纪闻》。

1919年1月22日《图书馆登录室第一部布告》"下列杂志昨日到馆"《图书馆登录室第三部布告》。

1919 年 1 月 23 日《图书馆登录室第一部布告》"下列杂志昨日到馆"《图书馆登录室第三部布告》。

1919 年 1 月 25 日《退款兴学会积极进行》"退款兴学会之简章及意见书业由蔡校长领衔呈请大总统、国务总理、教育总长转电吾国赴欧代表，竭力赞助，以期达到目的。至此项简章及意见书，前已刊入日刊，兹不再登。"

1919 年 1 月 27 日《理科研究所阅览室布告》"下列杂志上星期收到"。

1919 年 1 月 27 日《全国教育计划书（续）》"（丙）属于社会教育者（一）图书馆。图书馆之启导学术，其功用等于学校，现在国立图书馆，规模简陋，不能购储各国典籍。亟应大加整理扩充，并拟择国中交通便利、文化兴盛之地，分别建设，以资观览。"

1919 年 1 月 28 日《图书馆登录室第一部布告》"下列杂志昨日到馆"。

1919 年 1 月 29 日《图书馆登录室第一部布告》"下列杂志昨日到馆"。

1919 年 2 月 5 日《图书馆登录室第一部布告》"下列杂志昨日到馆"。

1919 年 2 月 5 日《理科研究所通告》"理科图书阅览室现附设于本所，兹将订定暂行规则公布于左：

理科图书阅览室暂行规则

（一）本阅览室暂行附设于理科研究所。

（二）本阅览室所置书籍杂志种类暂以数学天文物理化学地质各门为限。

（三）本阅览室之图书杂志分借与不借两种。

（四）本校各科教职员及学生均得入室阅览并有借书之权利。

（五）借书册数教员每人每次不得逾二册，学生每人每次不得逾一册。

（六）借出书籍以五日为限不得逾期。

（七）本阅览室遇必要时得随时停止出借书籍或将已借出书籍收回。

（八）本阅览室书籍杂志，不论何人不得任意涂抹签注，倘有毁损遗失者，当负赔偿之责。

（九）阅览时间规定每日上午九时至十二时，下午二时至六时，星期日停止阅览。

（十）阅览人需用何书，先通知事务员，由事务员点交，不得擅自携出。"

1919 年 2 月 6 日《图书馆登录室第一部布告》"下列杂志昨日到馆"

1919 年 2 月 7 日《图书馆登录室第一部布告》"下列杂志昨日到馆"。

1919 年 2 月 8 日《北京大学图书馆图书借出月报 中华民国八年一月》《北京大学图书馆图书阅览月报 中华民国八年一月开馆日数二十九日》。

1919 年 2 月 10 日《图书馆登录室第一部布告》"下列杂志昨日到馆"《理科图书阅览室布告》"下列杂志上星期收到"。

1919 年 2 月 11 日《国际联盟同志会成立会广告》。

1919 年 2 月 14 日《图书馆登录室第一部布告》"下列杂志昨日到馆"。

1919 年 2 月 15 日《邓康君致校长函》建议广设阅书报室"足下与贵同学多一时豪俊，关怀家国，而大学为教育最高机关，有转移风气指导人民之责……转示同学，极力提倡，于社会教育，似不无小补"。

1919 年 2 月 17 日《图书馆登录室第三部布告》"兹承李泰棻先生寄赠大战因果论一册，又承刘农博先生赠清代历数表、风月庐剩稿各一册，特此鸣谢。"

1919 年 2 月 18 日《图书馆登录室第一部布告》"下列杂志昨日到馆"《图书馆登录室第三部布告》。

1919 年 2 月 20 日《图书馆登录室第一部布告》"下列杂志昨日到馆"。

1919 年 2 月 22 日《图书馆登录室第三部布告》。

1919 年 2 月 22 日《本校布告》中"（一）各科教员借用教本办法业由学长会议决定自二月二十二日起实行，兹公布于后。"其中第（五）条："教务处收回之教本，学长认为不再需用时，当拨归图书馆保存。"

1919 年 2 月 24 日《图书馆登录室第一部布告》"下列杂志昨日到馆"、

《图书馆登录室第三部布告》"本馆兹承吴宗焘先生惠赠 The World Almanac and Encyclopedia 1918 一册，特此声谢"、《理科图书阅览室布告》。

1919 年 2 月 25 日《图书馆登录室第一部布告》"下列杂志昨日到馆"、《图书馆登录室第三部布告》。

1919 年 2 月 26 日《图书馆登录室第一部布告》"下列杂志昨日到馆"、《图书馆登录室第三部布告》。

1919 年 2 月 27 日《图书馆登录室第一部布告》"下列杂志昨日到馆"。

1919 年 3 月 1 日《图书馆登录室第三部布告》"本馆兹承胡适之先生惠赠 Tredwell's Chinese Art Motives 一册，江绍原先生惠赠浦化人著基督教救国论五册，特此声谢。"

1919 年 3 月 3 日《图书馆登录室第一部布告》"下列杂志昨日到馆"、《理科图书阅览室布告》"下列杂志上星期收到"。

1919 年 3 月 4 日《图书馆登录室第三部布告》。

1919 年 3 月 5 日《图书馆登录室第一部布告》"下列杂志昨日到馆"、《图书馆登录室第三部布告》。

1919 年 3 月 6 日《图书馆登录室第一部布告》"下列杂志昨日到馆"。

1919 年 3 月 8 日《图书馆登录室第一部布告》"下列杂志昨日到馆"、《图书馆登录室第三部布告》。

1919 年 3 月 8 日《北京大学图书馆图书阅览月报 中华民国八年二月开馆日数二十四日》。

1919 年 3 月 10 日《北京大学图书馆图书借出月报 中华民国八年二月》。

1919 年 3 月 10 日《图书馆登录室第一部布告》"下列杂志昨日到馆"、《理科图书阅览室布告》"下列杂志上星期收到"。

1919 年 3 月 11 日《图书馆登录室第一部布告》"下列杂志昨日到馆"。

1919 年 3 月 12 日《图书馆登录室第一部布告》"下列杂志昨日到馆"。

1919 年 3 月 14 日《图书馆登录室第一部布告》"下列杂志昨日到馆"、《图书馆登录室第三部布告》。

1919 年 3 月 17 日《图书馆登录室第一部布告》"下列杂志昨日到馆"、《图书馆登录室第三部布告》、《理科图书阅览室布告》"下列杂志上星期收到"。

1919 年 3 月 18 日《图书馆登录室第一部布告》"下列杂志昨日到馆"。

1919 年 3 月 19 日《李大钊致学余俱乐部函》"学余俱乐部诸先生均鉴，鄙人事忙，不胜庶务干事之任，乞另选，此颂公安。"

1919 年 3 月 20 日《图书馆登录室第一部布告》"下列杂志昨日到馆"、《图书馆登录室第三部布告》。

1919 年 3 月 21 日《蔡校长致公言报函并附答林琴南君函》白话与古文，后附录《北京大学月刊发刊词》"所谓大学者，非仅为多数学生按时授课，造成一毕业生之资格而已也；实以是为共同研究学术之机关。研究也者，非徒输入欧化，而必于欧化之中，为更进之发明；非徒保存国粹，而必以科学方法，揭国粹之真相。虽曰吾校实验室、图书馆等缺略不具，而外界学会工场之属，无可取资……"

1919 年 3 月 25 日《图书馆登录室第一部布告》"下列杂志昨日到馆"、《理科图书阅览室布告》"下列杂志上星期收到"。

1919 年 3 月 26 日《图书馆登录室第一部布告》"下列杂志昨日到馆"、《图书馆登录室第三部布告》。

1919 年 3 月 28 日《本校布告》"四月一日至七日为春假之期，照章放假，又四月八日为国会开幕纪念日，应续放假一日。自四月九日起开始授课，特此布告。三月二十六日"。

1919 年 3 月 28 日《图书馆登录室第一部布告》"下列杂志昨日到馆"。

1919 年 3 月 28 日《杜威博士致胡适教授函》。

1919 年 3 月 29 日《图书馆登录室第三部布告》。

1919 年 3 月 31 日《图书馆启事》《图书馆登录室第一部布告》"下列杂志昨日到馆"、《图书馆登录室第三部布告》《理科图书阅览室布告》"下列杂志上星期收到"。

1919 年 4 月 10 日《图书馆登录室第一部布告》"下列杂志昨日到馆"、《图书馆登录室第三部布告》。

1919 年 4 月 11 日《图书馆登录室第一部布告》"下列杂志昨日到馆"、《图书馆登录室第三部布告》。

1919 年 4 月 11 日《图书馆图书阅览月报 八年三月开馆日数三十一日》、《图书馆图书借出月报 八年三月》。

1919 年 4 月 12 日《图书馆登录室第一部布告》"下列杂志昨日到馆"、《图书馆登录室第三部布告》。

1919 年 4 月 14 日《图书馆登录室第一部布告》"下列杂志昨日到馆"、《理科图书阅览室布告》"下列杂志上星期收到"。

1919 年 4 月 15 日《图书馆登录室第一部布告》"下列杂志昨日到馆"。

1919 年 4 月 16 日《图书馆登录室第一部布告》"下列杂志昨日到馆"。

1919 年 4 月 17 日《图书馆登录室第三部布告》。

1919 年 4 月 18 日《图书馆登录室第一部布告》"下列杂志昨日到馆"、《图书馆登录室第三部布告》。

1919 年 4 月 21 日《理科图书阅览室布告》"下列杂志上星期收到"、《图书馆登录室第一部布告》"下列杂志昨日到馆"、《图书馆登录室第三部布告》。

1919 年 4 月 22 日《图书馆登录室第三部布告》。

1919 年 4 月 23 日《图书馆登录室第一部布告》"下列杂志昨日到馆"。

1919 年 4 月 24 日《图书馆登录室第一部布告》"下列杂志昨日到馆"。

1919 年 4 月 26 日《图书馆登录室第三部布告》。

1919 年 4 月 28 日《理科图书阅览室布告》"下列杂志上星期收到"、《图书馆登录室第一部布告》"下列杂志昨日到馆"、《图书馆登录室第三部布告》。

1919 年 4 月 29 日《图书馆登录室第三部布告》。

1919 年 4 月 30 日《图书馆登录室第一部布告》"下列杂志昨日到馆"、《图书馆登录室第三部布告》。

1919 年 5 月 1 日《图书馆登录室第一部布告》"下列杂志昨日到馆"、《图书馆登录室第三部布告》，《图书馆主任告白》"自五月一日起，图书馆开馆时间上午自七时三十分至十二时，下午自一时至六时，晚间照旧，此白。"

1919 年 5 月 2 日《图书馆登录室第一部布告》"下列杂志昨日到馆"。

1919 年 5 月 6 日《图书馆登录室第一部布告》"下列杂志昨日到馆"、《理科图书阅览室布告》"下列杂志上星期收到"。

1919 年 5 月 6 日《图书馆图书借出月报 八年四月》《图书馆图书阅览月报 八年四月开馆日数二十九日》。

1919 年 5 月 8 日《图书馆登录室第一部布告》"下列杂志昨日到馆"。

1919 年 5 月 9 日《图书馆登录室第三部布告》。

1919 年 5 月 10 日《图书馆登录室第一部布告》"下列杂志昨日到馆"。

1919 年 5 月 12 日《理科图书阅览室布告》"下列杂志上星期收到"、《图书馆登录室第一部布告》"下列杂志昨日到馆"。

1919 年 5 月 13 日《图书馆登录室第一部布告》"下列杂志昨日到馆"。

1919 年 5 月 14 日《图书馆登录室第一部布告》"下列杂志昨日到馆"。

1919 年 5 月 15 日《图书馆登录室第一部布告》"下列杂志昨日到馆"。

1919 年 5 月 19 日《图书馆登录室第三部布告》《理科图书阅览室布告》"下列杂志上星期收到"。

1919 年 5 月 21 日《图书馆登录室第一部布告》"下列杂志昨日到馆"。

1919年5月24日《图书馆登录室第一部布告》"下列杂志昨日到馆"、《图书馆登录室第三部布告》。

1919年5月27日《本校布告》中教育部训令等对本月各校停课事。

1919年5月28日《图书馆登录室第一部布告》"下列杂志昨日到馆"《图书馆登录室第三部布告》。

1919年5月29日《图书馆登录室第一部布告》"下列杂志昨日到馆"《图书馆登录室第三部布告》。

1919年5月30日《图书馆登录室第一部布告》"下列杂志昨日到馆"《图书馆主任布告》"暑假临迩，本馆例须清理，自六月一日起，凡图书报章一律停止借出，其从前借出者，亦望从速缴还，此告。"

1919年5月31日《图书馆登录室第一部布告》"下列杂志昨日到馆"、《图书馆主任布告》（同昨天），《理科图书阅览室启事》"暑假期近，本阅览室急须清理，自五月三十一日起，所有书籍一律停止出借，其从前借出书籍，亦望从速缴还，此启。"

1919年5月31日《法科研究所启事》"顷承王学长惠赠书籍六种书名列左：……除珍藏外，合行公布，以申谢悃"。

1919年6月3日《理科图书阅览室布告》"下列杂志上星期收到"、《图书馆主任布告》（同前），《理科图书阅览室启事》"暑假期近，本阅览室急须清理，自五月三十一日起，所有书籍一律停止出借，其从前借出书籍，亦望从速缴还，此启。"

1919年6月4日《图书馆主任布告》。

1919年6月5日《图书馆主任布告》。

1919年6月6日《图书馆主任布告》。

1919年6月7日《图书馆主任布告》。

1919年6月9日《图书馆主任布告》。

1919年6月10日《图书馆主任布告》。

1919年6月10日《图书馆登录室第一部布告》"下列杂志昨日到馆"。

1919年6月11日《图书馆主任布告》。

1919年6月12日《图书馆主任布告》《图书馆登录室第三部布告》。

1919年6月13日《图书馆主任布告》《图书馆登录室第一部布告》"下列杂志昨日到馆"、《图书馆登录室第三部布告》。

1919年6月14日《图书馆主任布告》。

1919年6月16日《图书馆主任布告》。

1919年6月17日《杜威博士再行讲演》、《图书馆登录室第一部布告》"下列杂志昨日到馆"。

1919年6月19日《图书馆登录室第一部布告》"下列杂志昨日到馆"。

1919年6月19日、21日《法科研究所杂志室启事》"启者,暑假伊迩,本室所藏书籍杂志照例检点一次,兹于六月一日起停止借阅,凡以前借有本室书籍杂志者,务请五日内交还,以便早日清理,是为至祷,此布。"

1919年6月23日《本校布告》"现届暑假之期,本校拟定放假八十日,自六月二十三日至九月十日,特此布告。六月二十二日"。

1919年6月23日《图书馆登录室第一部布告》"下列杂志昨日到馆"。

1919年6月24日《图书馆主任布告》"暑假期内,本馆每日自上午八时至十二时开馆,下午及晚间闭馆,但阅报室可延长至下午五时,此告。"

1919年6月25日《图书馆主任布告》(同24日)《图书馆登录室第一部布告》"下列杂志昨日到馆"。

1919年6月26日《图书馆主任布告》(同24日)、《图书馆登录室第一部布告》"下列杂志昨日到馆",《图书馆登录室第三部布告》。

1919年6月27日《图书馆主任布告》(同24日)。

1919年6月28日《图书馆登录室第一部布告》"下列杂志昨日到馆"。

1919 年 6 月 30 日《图书馆主任布告》（同 24 日）。

1919 年 7 月 5 日《图书馆登录室第一部布告》"下列杂志本星期到馆"。

1919 年 7 月 7 日《图书馆图书阅览月报 八年五月开馆日数三十一日》《图书馆图书借出月报 八年五月》《图书馆图书阅览月报 八年六月开馆日数二十九日》。

1919 年 7 月 12 日《图书馆登录室第一部布告》"下列杂志本星期到馆"。

1919 年 7 月 19 日《图书馆登录室第一部布告》"下列杂志上星期到馆……下列杂志本星期到馆"。

1919 年 7 月 31 日《图书馆登录室第一部布告》"下列杂志上星期到馆"《图书馆登录室第三部布告》。

1919 年 8 月 13 日《图书馆登录室第一部布告》"下列杂志上星期到馆"。

1919 年 8 月 16 日《图书馆登录室第一部布告》"下列杂志上星期到馆"《图书馆登录室第三部布告》。

1919 年 8 月 28 日《图书馆登录室第一部布告》"下列杂志近两星期到馆"。

1919 年 9 月 6 日《理科图书阅览室布告》"下列杂志上星期收到"、《图书馆登录室第一部布告》。

1919 年 9 月 9 日《图书馆登录室第一部布告》。

1919 年 9 月 11 日、13 日《图书馆主任布告》"（一）本馆自十一日起上午由八时至十二时，下午由一时至六时，晚间由七时至九时开馆，自二十日起出借图书，此白。（二）新入校的学生诸君，可于开馆的时间到本馆收发室领取阅书证，此白。"

1919 年 9 月 11 日《理科图书阅览室布告》"下列杂志上星期收到"。

1919 年 9 月 13 日《图书馆登录室第一部布告》"下列杂志近一星期内到馆"。

1919 年 9 月 16 日《杜威博士讲演之时间地点广告》。

1919 年 9 月 16 日《蔡元培启事》"本校教职员诸先生公鉴，开学在即，元培受各方面督促，不能不勉强北来。已于本月十二日抵京，旅行劳顿，胃疾又发，现尚不能出门，定于二十日（开学日）到校办事，届期再当与诸先生晤商一切，敬希鉴谅，并颂公绥。蔡元培敬启。"

1919 年 9 月 16 日《理科图书阅览室布告》。

1919 年 9 月 17 日《图书馆登录室第一部布告》"下列杂志昨日到馆"，《图书馆主任布告》（同 11 日）《图书馆登录室第三部布告》。

1919 年 9 月 19 日《图书馆登录室第一部布告》"下列杂志昨日到馆"，《图书馆主任布告》（同 11 日）《图书馆登录室第三部布告》。

1919 年 9 月 20 日《图书馆主任布告》。

1919 年 9 月 22 日《图书馆登录室第一部布告》"下列杂志昨日到馆"。

1919 年 9 月 24 日《图书馆登录室第一部布告》"下列杂志昨日到馆"，《图书馆登录室第三部布告》《北京大学消费公社图书部书价单》。

1919 年 9 月 25 日《图书馆登录室第一部布告》"下列杂志昨日到馆"。

1919 年 9 月 26 日《图书馆登录室第一部布告》"下列杂志昨日到馆"，《图书馆登录室第三部布告》。

1919 年 9 月 27 日《图书馆登录室第一部布告》"下列杂志昨日到馆"，《图书馆登录室第三部布告》。

1919 年 9 月 29 日《图书馆登录室第一部布告》"下列杂志昨日到馆"，《理科图书阅览室布告》。

1919 年 9 月 30 日《图书馆登录室第一部布告》"下列杂志昨日到馆"。

1919 年 9 月 30 日《教务处布告》"（二）蒋梦麟先生因事回南，所授哲学系教育学、教育史功课，暂缓上课。九月二十九日。""（四）杨昌济先生因病尚不能到校，所授哲学系一二学年伦理学功课，暂缓上课。九月二十九日。"

1919年10月1日《图书馆登录室第一部布告》"下列杂志昨日到馆",《图书馆登录室第三部布告》。

1919年10月4日《图书馆登录室第一部布告》"下列杂志昨日到馆",《图书馆登录室第三部布告》。

1919年10月7日《理科图书阅览室布告》《图书馆登录室第一部布告》"下列杂志昨日到馆"。

1919年10月11日《图书馆登录室第一部布告》"下列杂志昨日到馆",《图书馆登录室第三部布告》。

1919年10月13日《理科图书阅览室布告》、《图书馆登录室第一部布告》"下列杂志昨日到馆"。

1919年10月15日《图书馆登录室第一部布告》"下列杂志昨日到馆",《图书馆登录室第三部布告》。

1919年10月17日《图书馆登录室第一部布告》"下列杂志昨日到馆",《图书馆登录室第三部布告》。

1919年10月21日《图书馆登录室第一部布告》"下列杂志昨日到馆",《理科图书阅览室布告》。

1919年10月22日《图书馆登录室第一部布告》"下列杂志昨日到馆"。

1919年10月22日胡适著《大学开女禁的问题》。

1919年10月23日《图书馆登录室第三部布告》。

1919年10月24日《图书馆登录室第一部布告》。

1919年10月25日《图书馆登录室第一部布告》"下列杂志昨日到馆"。

1919年10月27日《图书馆登录室第一部布告》"下列杂志昨日到馆",《图书馆登录室第三部布告》。

1919年10月28日《图书馆登录室第三部布告》、《图书馆布告》"旁听生诸君准在阅览室内阅览书报,但不准借出馆外,现已备有阅书证,望即于本馆办事时间携带缴费证据来馆填写领取。此告"《理科图书阅览室布告》。

1919年10月29日、31日《图书馆布告》。

1919年11月3日《图书馆登录室第一部布告》《理科图书阅览室布告》。

1919年11月4日《图书馆登录室第一部布告》"下列杂志昨日到馆"。

1919年11月5日《图书馆登录室第一部布告》"下列杂志昨日到馆"、《图书馆登录室第三部布告》。

1919年11月8日《图书馆登录室第一部布告》"下列杂志昨日到馆"。

1919年11月10日《图书馆登录室第一部布告》"下列杂志昨日到馆"、《图书馆登录室第三部布告》。

1919年11月11日《图书馆登录室第一部布告》"下列杂志昨日到馆"。

1919年11月12日《图书馆登录室第一部布告》"下列杂志昨日到馆"。

1919年11月13日《图书馆登录室第一部布告》"下列杂志昨日到馆"。

1919年11月15日《图书馆登录室第一部布告》"下列杂志昨日到馆"、《图书馆登录室第三部布告》。

1919年11月15日、17日《图书馆主任布告》"近来发见数种杂志里的重要论文被人撕去,此类事惟有请阅书报者自重。"

1919年11月15日《图书馆图书阅览月报八年七月开馆日数三十一日》《图书馆图书阅览月报八年八月开馆日数三十一日》。

1919年11月17日《图书馆图书借出月报八年九月》《图书馆图书阅览月报八年九月开馆日数三十日》。

1919年11月18日、19日《图书馆布告》"近来阅杂志者日见加增,第一阅览室地狭,常拥挤不能容,特将第一层第三十三号房(原东方馆)改为第三阅览室,第三十四号房(原第三阅览室)改为第四阅览室,第三十五号房(原第四阅览室)改为第五阅览室。阅中文杂志及小册子者请到第一阅览室,阅日报者请到第二阅览室,阅西文、日文各杂志及小册子者请到第三阅览室,阅书籍者请到第四第五阅览室。此白。"

1919年11月18日《图书馆登录室第三部布告》、《理科图书阅览室布告》"下列杂志上星期收到"、《图书馆图书阅览月报 八年十月开馆日数二十八日》《图书馆图书借出月报 八年十月》。

1919年11月19日《图书馆登录室第一部布告》"下列杂志昨日到馆"。

1919年11月22日《图书馆登录室第一部布告》《理科图书阅览室布告》。

1919年11月27日《图书馆登录室第一部布告》"下列杂志昨日到馆"。

1919年12月2日《图书馆登录室第一部布告》"下列杂志昨日到馆",《理科图书阅览室布告》"下列杂志上星期收到"。

1919年12月2日、3日、4日《图书馆主任布告》"本校学生诸君如有欲得京师图书馆优待券者,望来本馆收发室报名以便汇齐函索。此告"。

1919年12月4日、5日《图书馆征求"五四"前后各处定期出版物启》"'五四'前后各处刊行之定期出版物骤然增加,为出版界开一新纪元,惜本馆所收甚少,且多不完全,不足供参考,而欲补购,又多苦于无从。本校同人或校外人士有以此类出版物慨捐本馆,俾供众览者,最所欢迎,如蒙随时代为蒐集,尤所感祷。敬告"。

1919年12月4日《图书馆登录室第一部布告》"下列杂志昨日到馆"、《图书馆登录室第三部布告》。

1919年12月6日《图书馆图书阅览月报八年十一月开馆日数念九日》《图书馆图书借出月报八年十一月》。

1919年12月8日《旧书流通处简章》"本处专为本校教职员学生流通旧书而设。凡有愿将不用之图书杂志出售及出价征求所欲得之图书杂志者,本处皆可代为经理,简章如下:(一)寄售之件,价目由寄售者自定,本处不得稍有增减。交件之日,同时纳手续费,照定价百分之二(不及一元者,以一元计,无论以后售出与否,此费概不退还)。本处当给予收条,以后或取价或取回原书，均以此项收条为凭。售出后，本处应得照定价百分之十之手续费。（二）征求之件，每种（论种不论册）纳手续费银五分（无论征得与否此费概不退还），本处即悬牌或登本校日刊代征，征得后由本处通知征求者来处论价。交易成时，售者应纳照定价百分之十之手续费。（三）寄售征求均以六个月为一期，期满之后，如欲继续者，应照第一期费额再纳手续费一次，本处即换给收条一纸。寄售之件期满之后，如不将原件取回，又不继续纳费，则本处即不负保存之责。（四）本处附设于出版部，所收之各种手续费以十分之五为出版部等广告印书目之补助费，以十分之五为出版部办事人之酬劳。"

1919年12月8日《图书馆登录室第一部布告》"下列杂志昨日到馆"、《图书馆登录室第三部布告》《理科图书阅览室布告》。

1919年12月8日《图书馆第一阅览室中文杂志借出月报 八年十一月》《图书馆第一阅览室中文杂志阅览月报 八年十一月开馆日数三十日》《图书馆第三阅览室英法日文杂志每月阅览统计表 八年十一月》《图书馆第三阅览室英法日文杂志每月借出统计表 八年十一月》。

1919年12月11日《图书馆登录室第一部布告》"下列杂志昨日到馆"、《图书馆登录室第三部布告》。

1919年12月11日、12日《理科图书阅览室启事》"敬启者，年假在迩，本阅览室急待清理书籍等项，请诸君由本所借阅之书籍暂行交还，俟后再为借览，此白。十二月十日"。

1919年12月12日、13日《图书馆主任布告》"阅览书报诸君，幸勿在各阅览室内吸食纸烟，以防火险，并重公众卫生，此告。"

1919年12月13日《图书馆登录室第一部布告》"下列杂志昨日到馆"、《图书馆登录室第三部布告》。

1919年12月15日《理科图书阅览室布告》。

1920 年

1920 年 1 月 16 日《图书馆登录室第一部布告》"下列杂志近两星期到馆"。

1920 年 1 月 17 日、19 日《图书馆主任告白》"本馆借书规程，凡非有复本之书籍概不出借，嗣因学生诸君偶有以特别理由要求通融者，不得不稍为变通。近查此类通融借出者亦多不能如期交还公家，殊感不便。自本日起，凡不出借之书籍概不通融出借，其已经通融借出及当然借出之书籍，亦望如期交还以重书籍流通之用。本馆设有五阅览室颇足供用，开馆时间又长。阅者诸君幸常来馆阅览，当无不便之处，且可藉此以养成利用图书馆之习惯。此告。"

1920 年 1 月 19 日《理科图书阅览室布告》。

1920 年 1 月 20 日《图书馆图书借出月报 八年十二月》《图书馆图书阅览月报 八年十二月开馆日数十四日》。

1920 年 1 月 21 日《图书馆第一阅览室中文杂志借出月报 八年十二月》《图书馆第一阅览室中文杂志阅览月报 八年十二月开馆日数十四日》《图书馆每月杂志借出统计表 八年十二月》《图书馆第三杂志阅览室十二月份统计表 八年十二月（自一日至十三日）》。

1920年1月22日《图书馆登录室第一部布告》"正月初一以来到馆西文杂志汇报如下"。

1920年1月23日《图书馆登录室第一部布告》《图书馆登录室第三部布告》。

1920年1月26日《图书馆登录室第二部布告》"近三星期本馆新购书籍列举如下"有日文书《资本论大纲》《唯物史观的立场》《马克思传》等。

1920年1月27日《理科图书阅览室布告》。

1920年1月28日《图书馆登录室第一部布告》、《图书馆登录室第三部布告》。

1920年1月28日《世界语研究会阅览室布告》（第一号）"本会已经收到的书籍先行布告如下"。

1920年1月29日《世界语研究会阅览室布告》（第一号（二））"本会已经收到的书籍次第布告如下……（编号）按照本校图书馆原编号数，或有错漏，然亦无大关系，阅者谅之。"

1920年1月30日《世界语研究会阅览室布告》（第一号（三））"本会已经收到的书籍依此布告如下。

1920年1月30日《图书馆登录室第一部布告》《图书馆登录室第三部布告》。

1920年1月31日《世界语研究会阅览室布告》（第一号（四））"本会已经收到的书籍依此布告如下。

1920年2月2日《理科研究所启事》"本所承……"。

1920年2月2日《图书馆登录室第二部布告》"上星期本馆新购书籍列举如下……以下英书十五种存第三院研究所"。

1920年2月3日《世界语研究会阅览室布告》（第一号（完））"本会已经收到的书籍依此布告如下……按西文字母间有错误，恕不更正，阅者谅之！"

1920年2月3日《图书馆图书阅览月报（九年一月开馆日数二十日）》《图书馆图书借出月报（九年一月）》。

1920年2月4日《图书馆登录室第二部布告》《图书馆登录室第三部布告》。

1920年2月5日《图书馆杂志第三阅览室一月份统计表日记薄（九年一月）》《图书馆每月杂志借出统计表（九年一月）》。

1920年2月6日《图书馆登录室第一部布告》。

1920年2月7日《图书馆登录室第三部布告》。

1920年2月7日《史学门阅览室告白》"史学门三二一各年级诸先生鉴，本门阅览室现已移到三层楼西端三十三同三十七两号矣，诸先生如愿阅书，请即赴该处可也。"

1920年2月7日《本校评议会开常会志略》"本校评议会于本月四日下午四时开评议会常会，兹将所议决事件略志于下：……（五）关于卜思 Bush 教授拟赴美留学，兼为本校建筑图书馆事谋捐款事，议决：由本校给予半薪一年，一年期满，仍回本校服务若干年。（六）清华学校图书馆代理主任，前本校预科毕业生袁同礼君，请本校每年补助美金四百八十元，以三年为期。关于此事议决：由本校与袁君商订服务合同，合同协定后，再由本校发给补助费。川费置装费等，由袁君自筹。"

1920年2月7日《图书馆杂志第一阅览室统计表（九年一月）》《图书馆第一阅览室杂志借出每月统计表（九年一月）》。

1920年2月9日《图书馆登录室第一部布告》。

1920年2月11日《图书馆登录室第二部布告》《图书馆登录室第三部布告》。

1920年2月14日《图书馆登录室第一部布告》《图书馆登录室第三部布

告》。

1920 年 2 月 16 日《图书馆登录室第一部布告》。

1920 年 2 月 17 日《图书馆登录室第二部布告》。

1920 年 2 月 23 日、24 日、25 日《图书馆布告》"本馆仿照杜维十分法，所编西文书片子目录，兹已竣事；业于日前安放第四阅览室内。此后本校教职员学生诸君，来馆阅览西文书籍，即希就而检索（中东文书另有成本目录）；较诸从前，当稍便利。惟馆人学鲜术疏；类目之业，亦非容易；此次所分编，又兼成之忽迫；不当之所，深虞难免。甚望同校诸君，检查之际，遇有不合，随时指告。必当力求改善。"

1920 年 2 月 24 日《图书馆登录室第一部布告》。

1920 年 2 月 25 日《图书馆登录室第一部布告》。

1920 年 2 月 26 日《图书馆登录室第一部布告》。

1920 年 2 月 27 日《图书馆登录室第一部布告》《图书馆登录室第二部布告》。

1920 年 3 月 2 日《图书馆登录室第一部布告》《图书馆登录室第二部布告》。

1920 年 3 月 3 日《图书馆登录室第三部布告》《理科图书阅览室布告》。

1920 年 3 月 8 日、9 日《本校各部办事时间表》"图书部：一主任室：上午九时至十二时，下午一时至五时；二登录室：上午九时至下午六时；三编目室：上午八时至十二时，下午一时至六时；四收发室：上午八时至十二时，下午一时至六时，夜七时至九时……国文学研究所阅览室：上午九时至十二时，下午一时至五时半……第三院研究所上午九至十二时，下午一至五时；阅览室阅览时间：上午八至十二时，下午一至五时……"。

1920 年 3 月 8 日《图书馆登录室第一部布告》。

1920 年 3 月 9 日《图书馆登录室第一部布告》《理科图书阅览室布告》。

1920 年 3 月 11 日《本校女生消息》。

1920 年 3 月 15 日《国立北京大学内部组织试行章程 八年十二月三日评议会通过》其中有关图书馆的有"第三章 大学行政"中的几项条款："（五）行政委员会：各委员会由校长从教员中指派，征求评议会同意。除例外另行规定外，每委员会人数自五人至九人。设委员长一人，由校长于委员中推举之，以教授为限。各委员任期一年。凡校长出席委员会时，校长为当然主席。当设委员会如左：……（二）预算委员会——协助校长编制大学预算案。本委员会会员须包括下列各委员会会员一人（一）组织、（二）聘任、（三）图书、（四）庶务、（五）仪器、（六）出版。……（六）图书委员会——协助校长谋图书馆之扩张与进步（图书馆主任为一当然会员）。"

1920 年 3 月 15 日《附上海申报二月二十三日关于本校新组织之记载》"北京大学新组织"中与图书馆有关的规定有："图书委员会，操图书馆之行政""总务处分校舍、杂务等十三课见图表，合数课为一部，以总务委员掌之，曰某部主任。现合校舍、杂务、斋务、卫生四课曰庶务部，庶务主任掌之。合介绍、询问、注册、编志四课为一部，曰注册部，注册部主任掌之。出版自立一部，出版主任掌之。文牍、会计两课直隶于总务长。图书自立一部，图书主任掌之。仪器自立一部，仪器主任掌之。各员合之称总务委员，公决事务之进行，总务长执行之。分之为各部主任，执行一部之事务。"

1920 年 3 月 15 日《附上海申报二月二十三日关于本校新组织之记载》"北京大学新组织""西諺云舊壺不能盛新酒。北大爲新思潮發生地，既有新精神不可不有新組織，猶有新酒不可不造一新壺。

（甲）選科制。北大內部更改，逐漸進行，已兩年於茲。先援美國哈佛大學例，採選科制。往日之規定制，四年功課爲學校所規定，不論學生性之所近與否，均須一律學習，猶如西諺所謂強馬飲水。選科制准學生以性之所近，於規定範圍內自由選擇，願飲水的馬則飲水，願吃草的馬則吃草，人各隨其個性而發展其學力，豈不甚善？東京帝國大學，現亦採行矣。茲本教授治校之宗旨定新組織如下：

（乙）組織四大部。北大內部組織現分四部（見圖表）。

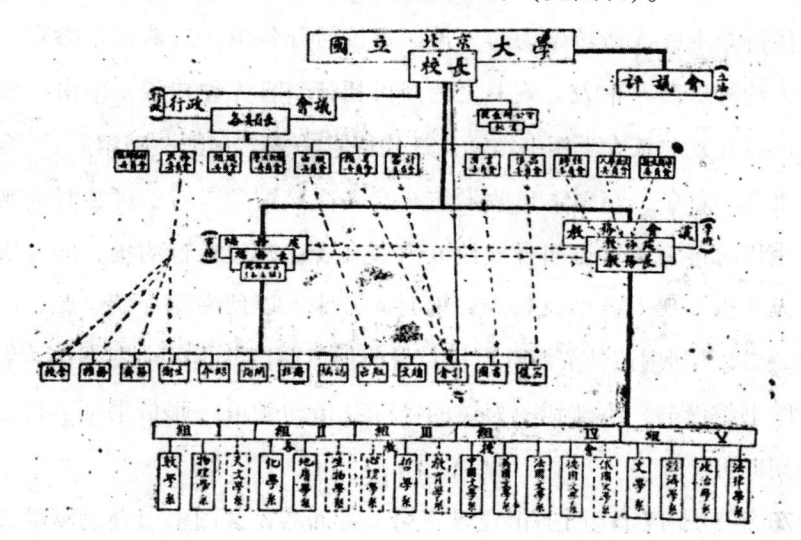

（一）評議會，司立法。（二）行政會議，司行政。（三）教務會議，司學術。（四）總務處，司事務。教務會議仿歐洲大學制，總務處仿美國市政制，評議會、行政會議兩者，為北大所首倡，評議會與教務會議之會員，由教授互選，取得模克拉西之義也。行政會議及各委員會之會員，為校長所推舉，經評議會通過，半採得模克拉西主義，半採效能主義。總務長及總務委員為校長所委任，純採效能主義。蓋學術重德模克拉西，事務則重效能也。

（丙）諸系。大學各科分四組，計十八系（見圖表）。虛線者五系，為已有數課而尚未成系者，實線者十三系，現已實行。將來添一門學科，多一系便可不必設某科大學矣。（原文還很長）"

1920年3月17日《图书馆布告》"前因本校学生多欲得京师图书馆优待券，签名者计有二百余人，乃致函该馆，请其照发，嗣接复函如左：

'径复者。顷准来函，敬悉贵校学生欲领得敝馆优待券来馆阅书等情。敝馆无任欢迎，惟馆中向例，赠给各机关优待券，每次未过十张，实因阅览之室狭小，恐发券数过多，来阅时不能容受，反多抱歉故也。今查贵校所送名册，计二百余人，虽一时未必尽来，深恐来者过多，实有不便。故仍查照向例送上优待券十张，请转赠为盼。再，贵校册开各生，若欲来馆参观，请分数班，大约每班四五十人，藏书之处尚可招待，且无须持券，即由贵校来函绍介可也。此复北京大学图书馆。计送优待券十张，京师图书馆启.'今将优待券十张共一百条，存置本馆收发室，有需往该馆参考者，可临时前来领取一条，用尽时再为函索。如有欲往该馆参观者，亦望自行约集，但每次不得过五十人，将参观人名单及参观日期时间开来，以便专函介绍。此告。三月十六日。"这种利用馆外资源的方法，目前仍然保留着，北大图书馆读者如果去某个图书馆借书，还是到图书馆的馆际互借初领取一张借书证，持证前往该馆借阅即可。

1920 年 3 月 17 日《图书馆登录室第一部布告》《图书馆登录室第二部布告》《图书馆登录室第三部布告》。

1920 年 3 月 17 日、18 日、19 日《图书委员会启事》"本委员会定于本星期五日午后四时，在行政各委员会会议室（即总务处）开会，请各委员到会。会员名单：顾兆熊、陈启修、李大钊、马衡、陈世璋、叶瀚、朱希祖、宋春舫、孙国璋"。

1920 年 3 月 18 日《图书馆登录室第二部布告》《图书馆登录室第三部布告》《理科图书阅览室布告》。

1920 年 3 月 19 日《图书馆登录室第二部布告》。

1920 年 3 月 20 日《图书馆登录室第一部布告》。

1920 年 3 月 22 日、23 日、25 日、26 日、27 日、29 日《图书馆布告》"春假将到，本馆例须清理。所有借出各书，望即速速交还。又去年的杂志，急待装订，尤须即日归还。此告。九、三、二十一。"

1920年3月22日《图书馆登录室第二部布告》。

1920年3月24日《图书馆登录室第一部布告》。

1920年3月25日、26日、27日、29日《理科图书阅览室启事》"春假期近，本阅览室急待清理一切。自本月二十四日起，停止出借书籍，并前由本室借出之书籍，请急速缴还，此启。九、三、二十三。"

1920年3月25日《图书馆登录室第一部布告》《理科图书阅览室布告》。

1920年3月26日《图书馆登录室第二部布告》。

1920年3月29日《图书馆登录室第一部布告》。

1920年3月30日《图书馆登录室第二部布告》。

1920年3月31日《图书馆通告》"春假内，图书馆第二、第四、第五各阅览室，每日照常开馆，第一、第三两阅览室，暂行闭馆。有愿阅中外杂志的人，可向收发室的办事人要，仍在第四、第五阅览室内阅览。夜间一律闭馆。此告。九、三、三十一。"

1920年4月10日《图书馆登录室第一部布告》。

1920年4月12日、13日《通信图书馆募捐启事》"近日改造社会的声浪，一天比一天高，但是改造社会是一件很大的事，不是少数人可以包办的。所以我们必要使人人均有读书之机会，领受一点新智识、新学说。纵使不能为改造社会之前驱，亦不至为改造社会之障碍。但是在今日私产制度之社会中，能够有长期研究学问的人，都是少数的资本阶级，这种人不特不能望其为群众谋幸福，实足以助长其作恶之程度。我们所最崇敬的工人，日出而作，日入而息；饥则耕而食，寒则织而衣，劳则筑而居，人类之能够生存，皆藉赖他们之力。乃因没有智识的缘故，致为他人所鄙视，且所应得之幸福，均为强有力者所夺去。我们若要援助他，最好是增进他们的智识，使他们自己觉悟。近来关于平民教育的机关虽是很多，但是或则限于时候，或则限于地方，难得收普遍之效果。所以我们虽是顶有心求学，但是多为职业或金钱所限制，虽欲自行研究，但没书可看，知有很多良好之书籍，但因个人之财力，而不能多买，若买回来了，看见有不懂的地方，又没有人可问。有这几种原因，所以文化运动虽是闹得很高兴，亦只是少数人受其益。我们欲补此缺憾，特用通信的方法轮流借阅，想亦是促进文化最良好之工具。但是我们能力很少，务望热心诸君，或惠赠书籍，或慨助金钱，这都是大众所最感谢的。

《通信图书馆章程》

一、本社利用通信之方法，使各地方之有志读书者，得以很少的金钱，阅览多数的书报为宗旨。

二、本馆编有图书目录，按人分赠一份，新到书籍，每月对于阅书者报告一次。

三、阅者须先交保证金若干元，至不阅时除租借费外，余数归还。但不到一年者，不得取回保证金。

四、所借书籍之价值，不得超出保证金以外。

五、借书者须照书价按月纳费百分之五，邮费在外。

六、阅书者知有新出书籍，为本馆所无者，可以临时通知本馆酌量购置。

七、借出书籍，如有遗失或损坏时，须酌量赔偿。

八、书籍送还时，须在邮局挂号，如有遗失归阅者负责。

九、阅书者对于书籍的内容，若有不能了解者，可随时提出质问，本馆负答复之责任。

十、本馆的地址：北京大学第一院。

注意！本校教职员及同学诸君，如有以书籍或金钱捐助者，请交第一宿舍陈友琴，或第一宿舍区声白收。"

1920年4月12日《十日来校参观人员》，图书馆是参观地之一。

1920年4月12日《图书馆登录室第一部布告》《图书馆登录室第二部布告》《图书馆登录室第三部布告》。

1920年4月13日、14日《理科图书阅览室启事》"敬启者，本阅览室现因改编书籍之目录，自本月十二日起，暂行停止出借书籍，并请诸君前由本所借去之书，急速缴还。九、四、十二。"

1920年4月13日《本校捐助京师总商会书籍》"京师总商会，欲组设一图书室。前曾致函本校，征求书籍，校长嘱图书部将馆中复本书籍酌量捐若干种。现在图书部，检出复本书共三十九种中，计一百四十九本，已以电话通知总商会派人来取矣。书单列后：……以上共书三十九部一百四十九本。"

1920年4月13日《图书馆登录室第一部布告》《图书馆登录室第二部布告》《图书馆登录室第三部布告》。

1920年4月14日《图书馆登录室第一部布告》《图书馆登录室第二部布告》。

1920年4月15日《图书馆登录室第一部布告》《图书馆登录室第二部布告》。

1920年4月16日、17日、19日《图书委员会启事》"本委员会定于本星期二日（四月二十日）下午四时在行政各委员会会议室（即总务处）开会，请各委员到会。会员名单：顾兆熊、陈启修、李大钊、马衡、陈世璋、叶瀚、朱希祖、宋春舫、孙国璋"。

1920年4月16日《图书馆登录室第一部布告》《图书馆登录室第二部布告》《图书馆登录室第三部布告》。

1920年4月17日《图书馆登录室第二部布告》《图书馆登录室第三部布告》。

1920年4月19日《图书馆登录室第一部布告》《图书馆登录室第二部布告》。

1920年4月20日《图书馆登录室第二部布告》《理科图书阅览室布告》。

1920年4月21日《介绍学生工作》"现在有一些学生想实行半工半读的

主义，用他们的劳力来帮助他们求学的费用。各机关的各位先生若有学生能做的事，无论短工长工，都请通知下面签名的三个人，并请说明工作的种类和工钱的数目，我们可以介绍相当的人来接洽。胡适、李大钊、徐彦之同启。"

1920年4月21日《图书馆登录室第一部布告》。

1920年4月22日《图书馆登录室第一部布告》《图书馆登录室第三部布告》。

1920年4月23日《京师图书馆致本校函》"迳启者：顷承惠赠音乐杂志一份，敬即登册庋藏，以供众览。特此函谢，并乞继出之号陆续惠寄为盼。此致国立北京大学。"

1920年4月24日《杜威博士继续在本校讲演一年，已得哥伦比亚大学同意》"杜威博士前已允在本校继续讲演一年，惟须得哥伦比亚大学之同意。前日杜威夫人得哥伦比亚大学校长白特劳博士复电，已允杜威博士续假一年。本校同人闻此消息，想同深庆幸也。"

1920年4月26日《图书馆登录室第一部布告》。

1920年4月29日、30日《图书馆布告》"寄宿舍外学生借阅本馆书籍逾限已久，尚未缴还者住址不明，本馆无从催取，兹将姓名列后，务请来馆缴还为要，此白。"后有52人名单，顾颉刚在其中。

1920年5月1日《张西曼启事》"敬启者，兹有新置缩本大英百科全书（Encyclopedia Britannica）一部共二十九本欲以一百五十元之代价出售，照前年该书特价复减去十四元之数（原价三百十元，特价一百六十四元），如有意购买者，除星期日外，请于每日午前九时至十二时至本校图书馆编目室参看为荷。"

1920年5月1日、3日、4日《理科研究所阅览室启事》"本阅览室因改编书目，曾函请借书诸君从速缴还而至今尚有未交下者三十余人，特再通知，务请即日掷下为盼。九、四、三十。"

1920 年 5 月 1 日《工科全体学生上蔡校长书》学生不愿奉教育部令回北洋大学。

1920 年 5 月 3 日《图书馆登录室第一部布告》《图书馆登录室第二部布告》。

1920 年 5 月 4 日《图书馆登录室第二部布告》《图书馆登录室第三部布告》。

1920 年 5 月 5 日、6 日、7 日《图书委员会启事》"本委员会定于本星期五日（五月七日）下午四时在行政各委员会会议室（即总务处）开会，请各委员到会为盼。会员名单：顾兆熊、陈启修、朱希祖、陈世璋、叶瀚、马衡、孙国璋、宋春舫、李大钊"。

1920 年 5 月 5 日《图书馆登录室第一部布告》《图书馆登录室第二部布告》。

1920 年 5 月 6 日《图书馆启事》"本馆阅览室中尚缺《奋斗》第三期，各处无从购得，倘蒙捐助，无任感激！本校图书馆谨启。"

1920 年 5 月 6 日《北京大学图书馆杂志四月份借出月报》《北京大学图书馆杂志四月份阅览月报》《图书馆登录室第一部布告》。

1920 年 5 月 7 日《图书馆登录室第一部布告》《图书馆登录室第三部布告》《图书馆布告》"寄宿舍外学生借阅本馆书籍逾限已久，尚未缴还者住址不明，本馆无从催取，兹将姓名列后，务请来馆缴还为要，此白。"后有 56 人名单。

1920 年 5 月 8 日《图书馆登录室第一部布告》《图书馆登录室第二部布告》《图书馆布告》。

1920 年 5 月 10 日《图书委员会致校长之报告书》"今将图书委员会第一次会议议决七项，报告如左：

（1）预算案内之添购图书费，应定为每年六万元。

（2）图书部应设购书课。

（3）整理日报日录、并添购南方各报。

（4）建议总务处组织消防队以防火险，并从速建筑图书部。

（5）纸片目录，每类应编总号数。

（6）各研究所阅览室书籍，均归图书部登录编目。

（7）订购书籍之函件，应编号存底。

校长钧鉴。图书委员会九年五月七日。图书委员长顾孟余，图书委员李大钊、马衡、孙国璋、陈世璋、陈启修、朱希祖。

今将图书委员会第二次会议议决之国立北京大学总务处图书部试行条例十三条，报告如左：

国立北京大学总务处图书部试行条例：

第一条　本部依本校内部组织试行章程掌理关于图书事务。

第二条　本部设主任一员，由校长于总务委员中指任之，承校长之命商同总务长综理本部事务。设事务员书记若干员，承主任之命，分办各项事务。

第三条　本部依现有事务之状况，暂设登录、购书、编目、典书四课。

第四条　登录课承本部主任之命，司理左列各事：

（1）新书之登录及公布。（小册子包括书内，下亦同）

（2）杂志之登录及公布。

（3）新增书之统计。

（4）寄赠书册之答谢及公布。

（5）本部各机关报告之检查保存。

（6）本部来往文件之掌管。（关系典书购书编目课者不属此。）

第五条　购书课承本部主任之命，司理左列各事：

（1）本校图书杂志报章之购买。

（2）送赠书册（卖品及非卖品）之征集。

（3）新出书目之征求。

（4）购书定单账目及函件之保存。

（5）购书统计之编制。

第六条　编目课承本部主任之命，司理左列各事：

（1）书籍、小册子、杂志、及图表目录之编纂。

（2）书目片之整理装制。

（3）图书年报之编辑。

第七条　典书课承本部主任之命，司理左列各事：

（1）参考料之指导及介绍。

（2）中外图书及各项杂志报章之收藏保存整理及装订。

（3）中外图书并各项杂志报章之借出及收还。

（4）借书账目之编存。

（5）借书逾限之催索。

（6）各书库及各阅览室之清洁秩序。

（7）各种图书杂志借出及阅览、月报及他项统计表之编制与保存。

（8）各项借阅书证之签给。

第八条　本部设装订室，司理本部书报之装订。

第九条　本部设打字室，司理本部书目书单及一切函件之打印。

第十条　本部所属各课得酌量情形设置领课一员，由一等事务员充任之。书记及装书匠打字匠得酌量事之繁简，随时增减。

第十一条　本部各项办事细则，另章规定之。

第十二条　本条例试行若遇有不适，得由图书委员会提议修正之。

第十三条　本条例经由行政会议通过后试行之。

校长钧鉴。图书委员会九年五月七日。图书委员长顾孟余，图书委员李大钊、马衡、孙国璋、陈世璋、陈启修、朱希祖。"

1920年5月10日《图书馆登录室第一部布告》《图书馆登录室第二部布告》《图书馆登录室第三部布告》。

1920年5月11日《本校之赴日考察团》中有考察图书馆的内容。"本校前届及本届毕业同学孟寿椿、徐彦之、方豪、康白情君等四人，同通译黄日葵君（本校预科同学），以北大赴日考察团名义，持有本校介绍书，于前月底赴日本调查大学学制、课程、图书馆、学生活动、青年思潮等。此行以一月为期，其一切旅费均由本校几位教授热心捐助……"。

1920年5月11日《图书馆登录室第二部布告》《理科图书阅览室布告》。

1920年5月12日、13日、14日《校长办公室启事》"欲购《租约与日本在中国之利权》者注意，南京中学校长张永训先生所译《租约与日本在中国之利权》，现有一册存图书馆阅览室，备众阅览。此书每本价洋一角，十份以上九折。如有愿购者请于本月二十日以前，将书价送交本办公室，当汇齐代购。附登张先生原函于后……"。

1920年5月12日《图书馆登录室第二部布告》。

1920年5月13日《图书馆登录室第二部布告》。

1920年5月14日《图书馆登录室第一部布告》《图书馆登录室第二部布告》。

1920年5月15日《图书馆登录室第二部布告》。

1920年5月17日《图书馆登录室第二部布告》。

1920年5月18日《图书馆登录室第一部布告》《图书馆登录室第二部布告》《图书馆登录室第三部布告》。

1920年5月19日、20日《图书馆通告》"近宁图书公司在本校陈列书籍纽约近宁图书公司代表密勒器俄君持来教科书籍多种，于十九日下午及二十日，在本校图书馆第五阅览室内陈列，以供众览。特此通告。"

1920年5月20日、21日、22日、24日、25日、26日、27日、28日《本校图书馆为比国鲁蕃大学代募汉文书籍启》"比利时的鲁蕃大学，毁于一九一四年战役的兵火，现在比国人士，打算重新恢复起来。关于此事，校长曾致函外交部，询问办法。外交部复函云：'陆子欣总长在比国时，已闻比和会代表丰定旭威 Von den Heuvel 君说起此事。比国人意思：要恢复他的大学藏书楼，要各外国人帮忙。陆总长于外交部方面，仅替他捐得《平定各匪方略》一书；随后又托商务印书馆张菊人先生以该馆名义捐送各书，中间闻有一部宋版孟子，最为珍奇。'云云。校长以本校对于鲁蕃大学的再兴，满抱同情，特嘱本馆一面由本馆检出复本汉籍及本校出版书报捐助该校；一面由本馆代为募集。本校同人，如有旧本或新书，愿捐赠鲁蕃大学的，请写明捐助者姓名，交本校图书馆登录课，以便汇齐寄去。此启。"

1920年5月20日《图书馆主任通告》"顷由刘君光一寄来纽约新学校章程并报告数册，已交本馆第三阅览室，有愿阅者，可到该室向管理人索阅。刘君来函附后：

馆长先生大鉴：敬启者，兹由邮局寄奉美国纽约新学校章程及报告若干份，以备北大同学欲来美国者之参考。该校以研究目前社会问题为宗旨，程度与毕业院等。校中教师不乏美国知名之士；半系美国东方各大学从前教员，因与办事人主张不同，而脱离关系者。母校同学如进纽约哥伦比亚大学，即有机会在该校兼习若干科目。下学期之新课程表尚未印就，现所寄上者，系去年及本学期所授科目，阅之当能得其大概。先生于收到此项章程时，请即置之阅书室内，以供众览，不胜感激之至。专上即请绥。刘光一谨启。四月十五日由纽约寄。"

1920年5月22日《北京大学图书馆二月份图书阅览月报》《北京大学图书馆二月份图书借出月报》。

1920年5月24日《北京大学图书馆杂志二月份阅览月报》《北京大学图

书馆杂志二月份借出月报》。

1920 年 5 月 25 日《北京大学图书馆杂志三月份阅览月报》《北京大学图书馆杂志三月份借出月报》《图书馆登录室第一部布告》《图书馆登录室第二部布告》。

1920 年 5 月 26 日《北京大学图书馆三月份图书阅览月报》《北京大学图书馆三月份图书借出月报》《图书馆登录室第一部布告》。

1920 年 5 月 27 日《北京大学图书馆四月份图书阅览月报》《北京大学图书馆四月份图书借出月报》。

1920 年 5 月 28 日、29 日、31 日《哲学研究所阅览室启事》"本阅览室因改编书目,诸君前借去书籍,务请从速缴还为盼。"

1920 年 5 月 28 日《图书馆登录室第一部布告》《图书馆登录室第二部布告》《图书馆登录室第三部布告》。

1920 年 5 月 29 日、31 日、6 月 1 日《图书部主任通告》"本馆书籍,经过一次改编目类、换贴号签,又经过一次迁徙,理应彻底清查整齐一下。兼想乘此机会,造出一份确实的统计表。自六月一号起,所有图书,一律停止借出,并望把借去的书,一概缴还,特此通告。九、五、二十八。"

1920 年 5 月 29 日《图书馆登录室第一部布告》《图书馆登录室第二部布告》。

1920 年 5 月 31 日《图书馆登录室第二部布告》。

1920 年 6 月 1 日《图书馆登录室第二部布告》《图书馆登录室第三部布告》。

1920 年 6 月 2 日《图书馆登录室第一部布告》《图书馆登录室第三部布告》。

1920 年 6 月 3 日《图书馆登录室第二部布告》。

1920 年 6 月 4 日《图书馆登录室第三部布告》。

1920年6月5日《图书馆登录室第一部布告》《图书馆登录室第三部布告》。

1920年6月7日《北京大学图书馆五月份图书阅览月报》《北京大学图书馆五月份图书借出月报》。

1920年6月8日《图书馆登录室第一部布告》《图书馆登录室第三部布告》。

1920年6月11日《北京大学图书馆杂志五月份阅览月报》《北京大学图书馆杂志五月份借出月报》。

1920年6月12日《图书馆登录室第一部布告》《图书馆登录室第三部布告》。

1920年6月14日《图书馆布告》"本馆第一阅览室暂充入学试验报名处之用，自十四日起，在第五阅览室阅览中文杂志，特此通告。"

1920年6月15日《图书馆登录室第二部布告》。

1920年6月16日《图书馆登录室第二部布告》《图书馆登录室第三部布告》。

1920年6月18日、19日《图书委员会启事》"兹定于下星期一（二十一日）下午四时在第一院接待室开会，请诸位委员先生届时到会为盼。"

1920年6月18日《捐赠杂志》"本校图书馆主任李守常先生，以大批旧杂志捐助本校图书馆，日本文者有太阳、支那、外交、雄辩、生活、向上、正论、新日本、洋及洲、东大陆、外交时报、经济论丛、六合杂志、东京评论、东方时论、中央公论、哲学杂志、日本浪人、东亚之光、国民评论、隔周杂志、洪水以后、第三帝国、日本评论、日本及日本人、世界之日本、伦理讲演集、国民经济杂志、国家学会、国家及国家学、社会及国家，和黎明会讲演等二百六十七册。中文者如雅言、楚宝、寸心等三十册。又小册十七册。刻已登录完竣，分存各阅览室云。"

1920年6月18日《图书馆登录室第一部布告》《图书馆登录室第三部布告》。

1920年6月21日《图书委员会启事》"兹定于本日下午四时在第一院接待室开会，请诸位委员先生届时到会为盼。"

1920年6月23日《北京高等师范学校图书馆讲习会简章》。

"第一条　本会以利用假期，讲习图书馆学，谋图书馆事业之发展为宗旨。

第二条　本会讲习事项，规定如左：

一、图书馆教育。

二、图书馆组织法及管理法。（学校图书馆、公共图书馆、儿童图书馆。）

三、图书馆编目及分类法。（学校图书馆、公共图书馆、儿童图书馆。）

四、课外实习。

五、临时讲演。（幻灯讲演。）

六、参观及调查。

第三条　本会讲习期日及时间、规定如左：

期日：八月二日起，二十三日止。

时间：每日午前八时至十一时。

第四条　本会讲习员姓名列左：但临时得加请中外名人讲演。

沈祖荣、戴超、李大钊、李贻燕、程时煃。

第五条　本会听讲资格，规定如左：但男女得共学。

一、从事于图书馆教育者。

二、中等学校毕业，有志研究图书馆教育者。

第六条　本会听讲费每人五角。

第七条　本会讲习地点，在琉璃厂本校内。"

1920年6月24日《北京大学教职员会总务会议启事》《国立北京大学本

科转学规则 九年六月二十二日评议会通过》。

1920年6月25日《第二院研究所阅览室启事》"李栖鹈、张金品、王继曾先生鉴：暑假期近，本阅览室急待清理各项书籍。先生由敝处借去各书，请即缴还，是为至盼。"

1920年6月25日《图书馆登录室第一部布告》《图书馆登录室第三部布告》。

1920年6月26日《图书馆登录室第一部布告》。

1920年6月28日《图书馆登录室第一部布告》。

1920年6月29日《图书馆登录室第一部布告》。

1920年6月30日、7月1日、7月3日《图书馆主任布告》"现在天气炎热，自七月一日起，本馆每日开馆时间，改为由上午七时至上午十时，余时及星期日，一概闭馆。九、六、三十。"

1920年6月30日《图书馆登录室第一部布告》《图书馆登录室第三部布告》。

1920年7月1日《图书馆登录室第一部布告》。

1920年7月2日、3日、5日、6日《图书委员会启事》"前本会发出空白购书单多张，请各位教员先生将应买书籍填入。现在还有几位没有填写，请即速写好，交到图书主任室，至盼至幸。九、七、二。"

1920年7月3日《图书馆登录室第一部布告》《图书馆登录室第三部布告》。

1920年7月7日、8日、9日《通讯图书馆启事》"本馆现已开办，新到英文书籍十二种，及中文书籍甚多，无论本校同学或校外一般的劳动者，皆可按照本馆章程，备保证金来借阅，本馆十分的欢迎！兹将英文新到书目列下：（共12种）中文书目太多不能尽录，另印有书目单，爱阅者，请函询本馆书记傅佐君取阅可也。本馆很欢迎各位热心的先生们捐助书籍，使一般劳动者和热心研究学问的同志，多一点智识。本馆地址暂设在：北大第一院二楼新闻研究会内。"

1920年7月7日、8日《通信图书馆募捐启事》（同4月12日）。

1920年7月7日、12日、13日、15日、16日《北大学生会平民夜校阅览室征书》"本校为增长学生智识，备将来社会改良的基础，现在扩充阅览室，但是因了经济和各方面情形，未能多备书报，殊为缺憾！兹特请求热心社会者，如有通俗书报，多多捐助，或系珍藏之本，倘能出借，亦所欢迎！九、七、五"。

1920年7月7日、8日《总务长布告》"各院阅览室现已暂行闭馆，馆内图书一概暂行移归图书馆，以便整理，此布。九、七、六"。

1920年7月7日《图书馆登录室第一部布告》。

1920年7月8日《图书馆登录室第一部布告》。

1920年7月10日《通讯图书馆鸣谢启事》"我们很感激下列各位先生们捐助书籍和金钱，特在日刊上发表，表示我们的欢迎和谢忱，……以后倘再有捐助的，再继续鸣谢。若蒙捐书，请交第一院二楼本馆是幸！倘有函件请寄本馆文牍员傅佐君。"

1920年7月10日《图书馆登录室第一部布告》。

1920年7月12日《通信图书馆新到书籍表（第二号）》其中也有关于俄国的书籍。

1920年7月12日《平民夜校启事》"本校阅览室，承奋斗社赠《奋斗杂志》四册，新生活社赠《新生活》五十册，特此声谢。九、七、八"。

1920年7月13日、14日《通信图书馆鸣谢启事（二）》。

1920年7月13日、14日《互助团启事》"本团昨天晚上常会决议：凡本团团员在通信图书馆借书，只收保证金，以资流通金融外，所有租费，一律兑除，以示优待，特此通告团员各位周知。"

1920年7月13日《图书馆登录室第一部布告》。

1920年7月14日《庶务部杂务课报告》中图书主任、图书登录室等使用的材料。

1920年7月15日《平民夜校启事》"本校阅览室承实话社赠阅实话报一份；庄尚严先生赠书报数种；徐宝璜先生赠中西书籍十四种，谨此鸣谢。九、七、十五。"

1920年7月15日《通信图书馆鸣谢启事（三）》"本馆新蒙下列各位先生捐赠各种书籍，特此鸣谢！……"共14种。

1920年7月16日《平民夜校启事》"本校阅览室承李有度先生捐赠少年中国一册，又承陈用才先生捐赠实业浅说二十五册，卫生要义一册，合此申谢！九、七、一五。"

1920年7月16日《图书馆登录室第一部布告》《图书馆登录室第三部布告》"本馆兹承马夷初先生惠赠庄子考证（天下篇）二册，苏甲荣先生惠赠北京晨报（八年十一十二月九年一二三四五六月）全份，特此申谢"。

1920年7月17日《通信图书馆鸣谢启事（四）》"本馆很感谢：陈映璜先生赠人类学一本、朱谦之先生赠现代思潮批评一本、区声白先生赠进化杂志二本、撤废势力范围论一本、各国世界语报五十本、新生命三本、La Plus forte Garantie de la Societe des Natians 一本、The Peking Leader 一本、吴康先生月捐大洋五角、区声白先生月捐大洋一元。本馆是用通信的方法来借书的，但恐怕有的先生们想参观和面商事情，所以现在特请几位同志轮值，在本馆来接待，倘有与我们接洽的，请按下列时间到来是幸！若平常的就请用通信就行了。星期一、星期三、星期五，每逢这三天自上午八时至十时。"

1920年7月17日、19日《校长启事》"谨启者，本校因扩充图书仪器之设备，拟向国内外募集款项。兹定本月十九日星期一晨八时在第一院接待室，邀集各行政委员会长及总务委员讨论进行办法，务请届时贲临。蔡元培启。

七月十六日"。

1920年7月20日《通信图书馆鸣谢启事（五）》。

1920年7月20日《图书馆登录室第一部布告》。

1920年7月23日《图书馆登录室第一部布告》。

1920年7月24日《通信图书馆启事》。

1920年7月24日《图书馆登录室第一部布告》。

1920年7月26日《通信图书馆启事》。

1920年7月28日、29日、30日《对于改良北京大学图书馆的意见》刘复。

1920年7月29日《平民夜校鸣谢启事》"敬谢：蒋梦麟先生赠新教育三本……北大图书馆赠书一百三十九部共二百二十六本，九、七、二十八。"

1920年7月30日《校长布告》"七月八日评议会通过研究所简章，特宣布之，此布。

研究所简章

（一）研究所仿德美两国大学之Seminar办法，为专攻一种专门知识之所。

（二）研究所暂分四门：

（一）国学研究所。（凡研究中国文学、历史、哲学之一种专门知识者属之。）

（二）外国文学研究所。（凡研究德法英俄及其他外国文学之一种专门知识者属之。）

（三）社会科学研究所。（凡研究法律、政治、经济、外国历史、哲学之一种专门知识者属之。）

（四）自然科学研究所。（凡研究物理、化学、数学、地质学之一种专门知识者属之。）

（三）研究所，不另设主任，其研究课程，均列入各系内。

（四）研究所之阅览室，并入图书部。

（五）各学系之学课有专门研究之必要者，由教员指导学生研究之，名曰某课研究；并规定单位数。例如：康德哲学研究，王守仁哲学研究，溶液电解状研究，胶体研究，接触剂研究。

（六）各种研究，在图书馆或实验室内举行之。

（七）指导员授课时间，与授他课同样计算。

（八）三年级以上学生，及毕业生，均得择习研究课。"

1920 年 7 月 31 日《通信图书馆鸣谢启事（六）》。

1920 年 7 月 31 日《图书馆登录室第一部布告》。

1920 年 7 月 28 日刘复的《对于改良北京大学图书馆的意见》。（按：此为笔记，非原文）

该文写于 5 月 26 日，此时刘复正在英国伦敦大学留学，他对大英博物馆的图书馆已经有了较为深刻的感性认识，虽然他对于该馆在管理的一些细节上还不是很清楚，加进去了一些个人的想法，但是他的意见书表达了他想要借鉴英国先进的图书管理经验帮助李大钊来改善北京大学图书馆的真切愿望。

刘复首先对写作背景做了交待，指出自己并不是研究藏书学的人，但知道图书馆是北京大学的第二生命。他说，"我的朋友李守常先生，自从做了图书馆主任以来，没有一天不是很诚恳、很刻苦的想法改良；而且还曾经开过几次会议，请校内几位注意收藏事业的教员，帮同他设法改良。然而到今天，还没有很大的效果。因其如此，所以我虽然不是个研究藏书学的人，也要就我的一知半解，略略贡献一些意见。"

刘复的意见大体上分为三个方面：采购、收藏与编目、阅览，也就是他说的藏书事业的三个层次，但他认为采购既有容易的一面，有钱就能买，又有复杂的一面，必须经有专门学识的人审查才能买，所以他不打算详细讨论这个方面，而只详细讨论后两个方面。由此我们可以看出，在他看来，买书仍然不是图书馆所能独立负责的，图书馆的核心任务还是收藏、编目和阅览。

关于收藏与编目，他认为这是密切关联的两件事，面临着共同的困难。就收藏方面的困难来说，因为图书馆的藏书是随时增加的，他认识到藏书无论是固定排架还是分类排架，都不可避免地面临着困难："若是把现有的书，尽现有的书柜装满了，将来再有了书，放在什么地方？若是把现有的书分成许多类，每类占柜若干，再有许多空柜放在旁边，预备安放将来增加的书，那么这空书柜的多少，我们预料得定么？若是仍旧不敷用呢？若是永远用不着呢？而且书库里放了许多空书柜，在形式上固然不好看，在事实上也太不经济，难于办到。"刘复在这里提到的这个问题一直困扰着图书馆界，即使是今天，我们还在不停地花费大力气进行倒架，其目的也仍然是试图解决这样一个困难。就编目方面的困难来说，"就是藏书的全目，永远没有编好的一天。"当然，对于这个困难，我们现在已经安之若素了，因为已经习惯了面对每天都在增长的藏书，而不再有这样一个奢求，去试图编制一本藏书的全目。

在提出问题之后，他试图解决问题，"关于这一个困难问题，想来各国的藏书家一定早已研究了许多办法出来，可惜我没有读过藏书学的书，我竟完全不知道。"尽管不清楚理论上的解决方案，他仍然就自己在大英博物馆图书馆所见的藏书方式，详细阐明北京大学图书馆应该采取什么藏书方式。当然，如果他当时能进一步去询问一下大英图书馆的图书馆员的话，他的解决方案也许能够更有意义。

他看到，当时大英博物馆，藏书总数四百万部，每年平均添加三万部，书架连接起来，总共有四十六英里长。然而要看哪一本书，可于不出二十分钟之内看到。虽然他们运送书籍使用一种电机，特别迅速。而检查如此容易，年年添书也不觉得有困难，则其编制法，实在大有可以斟酌采用的价值。

他的藏书方案，概括起来说，分为编号法和收藏法，其中编号法分为两步，第一步是给每本书一个永久的固定位置，这个位置由若干个由大而小的物体组合而成的号码所决定的（包括书库、书柜、书柜的层级、书的部、部下分函、函下分本，分别用不同的编号来标明：书库是壹贰叁、书柜是一二三、书柜的层级是abc、书的部数是123、书的函数是Ⅰ、Ⅱ、Ⅲ，书的本数是i、ii、iii。由此可见刘复已经掌握了层累制书号组成的原理）。第二步是在书目上写明该书的位置，书目记载的内容是"某某书 某某著 某年刻（或某年某某校本）玖．五．c．20．"一看就知道这部书在第九库、第五柜、第三级、第二十部。"从前所用的方法，在书背上写了许多什么门、什么目、什么什么……实在全无用处。只需贴一个'玖．五．c．20'的纸条，使找他的时候，可以一找就找到，归还的时候，不至于放错地位，就够了。"

他在收藏法中提到了两种做法，和我们在藏书整理中常常说起的"一刀切"、"细分类、粗排架"的意思非常相近，可见他对于藏书整理是精心思考过的。

关于"一刀切"，他说，"对于处置原有的书，这是很容易的，只需在着手整顿的一天，就把已有与未有中间切断一下""我们从前所有的书，是分类收藏的，虽然其中也有些谬误、有些笑话，然而究竟并不甚多。只需有三五个人，费一两礼拜的功夫，翻检一下，就可以完成校正。校正之后，就可以划出几个书库来，把这项旧书尽数装满。装的时候，自然要依着已分成的类。"

关于"细分类、粗排架"，他说，"书籍的分类，在目录上是可以分得完备的；在藏放处，只能求其近于完备，断断不能有绝对的完备。其主要原因就在于版本的大小。"

接下来，刘复又提到了书标和穿孔卡片（只不过其小孔在左侧）。他说，"照前述的方法，我们一面把书籍装在柜里，一面就预备两种纸条：甲种是很小的，只有七八分长、二分高，上面写着'玖．五．c．20''玖．五．c．21'等号码；乙种最好用印名片的硬纸做，以长二寸半、高一寸半为度。"他指出因为藏书的寿命是无尽的，所以在每本书上要贴4个甲种纸条（书标），分别贴在书脊的上端、下端、书里的第一页和书里的末一页。乙种纸条（穿孔卡片）是预备编目用的，上面记载号码、书名、著者、出版年月及版本、备注。左方一个小孔，是预备积多了可以用绳穿起来，不至于遗失。

对于新到的图书，他主张不分类，直接按照买进的先后或版本的大小或收藏的便利，当天就将其放入书柜，同样准备甲乙两种纸条，只不过采用不同的颜色。过若干年后，对这些新到的图书再统一整理一次，此时再分类、再划分出几个书库，仿照处置原有图书的办法，将其作为永久收藏，同时将两种纸条的颜色也换过。

他认为自己这种分时间段切割藏书的做法有三利一弊：一利是一看某书的号码，就知道某书放在什么地方，即使每天有五百个人到图书馆看书，懂得号码的校役就可胜任图书收发的事情，可以让书记腾出工夫去干别的事情。二利是图书馆一直都有一个完全的书目，图书馆中，没有一部书目以外的书。当天买进的书就能借给人看，而没有书积存在编目室里。三利是永久部分的书，可以永久不去翻动，临时部分的书，也只需几年翻动一次，省去了许多无谓的工作（也就是我们所说的倒架工作）。一弊就是同类的书可能被分在好几个不同的书库里，这样一个人若要把这一类的书全部看一看，就需要跑上好几个书库。不过如果编目变得完备的话，就可以完全不成问题。

他的论述中，还为我们保留了当时北京大学图书馆借书的情形，他说，图书馆的通例，除参考书及常用书放在阅览室中，许看书人自己翻阅，不加限制外，无论何书只许借条子借阅，由馆员按条借付，决没有许多借书人挤到书库里去随便翻阅之理，而当时北京大学图书馆却常常出现这种情形，因为目录不完备，才不得不如此。不过他紧接着解释说，北京大学图书馆毕竟与公众的图书馆不同，若是有人出于必要，到书库里去翻检翻检，也尽可以不必完全拒绝，由馆员带他同去。不过这是偶然的特别的事，就请他多走几个书库，也不算什么。

在编目方面，刘复认为一个图书馆一定要有三种目录。

第一种是总目，专供馆员调查书库用的。只需准备一二份就够，可以抄写，不必印刷。从其格式看，更像是我们所说的个别登录账，内容有流水号、图书馆的号码、书名、作者、版本。他指出这样的总目，不但便于馆员检查书有无散失，而且可以知道全馆的书共有多少部、多少本。

第二种是检目，专供已经知道了书名或者著者姓名的人使用。这种目录的编制法，对于中国文字的图书来说，可以依据电话号码簿的方法，以书名或著者姓名第一个字的笔画多少为标准；对于西文来说，可以依据原有字母或者罗马字为标准。在这里，刘复不仅指出了排列顺序，还主张书名款目与著者款目混排，其他著录事项如一部书的卷数、出版年月、号码等只需一见于书名款目而不必互见于著者款目，以节省手续，相当于间接地提出了主要款目的概念。

第三种是类目，也就是分类目录，以供普通的翻检，也就是想要看某一类的书，但不知道具体的书名和著者时使用。他列出了这种分类目录的大纲：先分大类、在大类中分小类、在小类中依年代先后分列著者、在同一著者中依成书先后分列书名、在同一书中依出版之先后排列。著录项目要包括各书的卷数、号码、版本优劣、异同等等。使翻检"类目"的人不必再翻检"检目"，就能找到所需要的图书。

关于"检目"和"类目"的数量，他认为应该用铅字排印，预备几十份到几百份，以供大家翻检。可见，刘复此刻认定的这些目录仍然是书本式的目录，前面提到的穿孔卡片仅仅是为编目所做的准备，没有起到我们所说的卡片式目录的作用。

不过他强调说，"这种排印的书目，最要紧的一句话，就是要用活页本，不可以订煞。譬如检目，每一个字部排完了，下面就尽他空着，不必接排第二字部"。可见刘复的书本目录是经过改良了的，已经具有了卡片式目录的一些优点。

在讨论过藏书和编目之后，刘复进一步讨论图书馆组织之改良，他画出了一幅理想的关于藏书处组织法的图形，来表明他对图书馆藏书按类型进行划分、组织的设想。

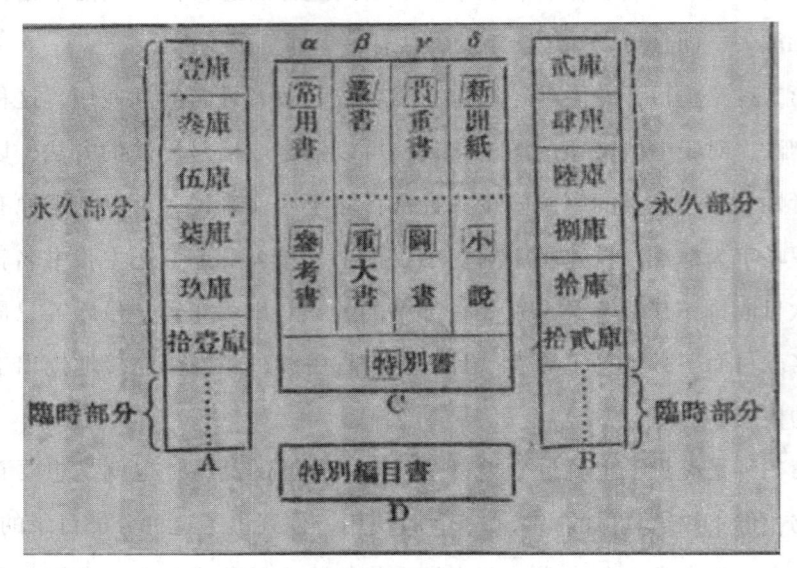

图1 刘复的藏书处组织法理想图

对于各类型的图书，他的设想实际上在后来很多图书馆的工作中都得到了运用与实现。比如针对"我们图书馆里原有的日报杂志，十种中几乎有九种不全，若有人要检查检查一年以前的报纸，简直要无从查起"的弊端，他建议日报杂志要订阅两份，一份阅览，一份装订保存，其价值与其他藏书相等。

对于丛书的收藏与编目他讲得更为详尽，对于一部丛书，他建议在"类目"中一书二见，在"检目"中一书四见，让人无论从哪个途径入手，都能找到所需要的丛书。

他用"D 特别编目书"指代那些不能用汉字和罗马字编目的书，虽然当时北京大学图书馆中只有周慕西书藏中的希伯来文圣经,以及一些日文书属于此类,但是他从发展的眼光指出,"我们决不能以为将来的图书馆,还永远是这样,所以这一个 D 部,是不能不有的。"

关于阅览。他主张将学校里各门研究所的阅览室取消,而把地方、办事人,和办事的精力都移挪出来,从而把一个总阅览室办好。

他引用吴稚晖先生曾对他说过的话,"一个公共图书馆对于一般的读书人,应当像富贵人家对待子弟一样——只须你肯来读书,不到街上去撒野,那读书方面的事,总可以料理得十分周到,十分完满,不使你有一些缺憾。"他认为北京大学图书馆的阅览室,设备实在是太不完善,故而他又画出了一个理想的阅览室图。

他率先提出了相当于师生阅览座位率的说法,"我们学校里教职员学生共计,目前已有三千多人,每年的递增率总在五百以上,那么,就照着我的图,设一百二十六个书座,再加上三十二个椅位,也不过每二三十个人里,有一个人有看书的地位。"他同时强调北京大学的三千多人,并不是三千多个路人,而是三千多个研究学术者,所以北大图书馆所设的座位,不能和一般公共图书馆一样。

他从进入阅览室开始,详细介绍了在阅览室看书的各个步骤和规定,我们猜测大概和当时大英博物馆的阅览室也差不多,学者在这样的阅览室里做研究,参考各种图书的条件的确是非常优越的。他认为有了这样一个理想的阅览室,"北大同人的读书兴味一定可以增加;北大图书馆一定可以发达",就可以取消借书出馆的制度,从而也消除借书出馆带来的各种弊端。

1920 年 7 月 30 日《文牍课九年七月二十三日收发文件事由单》"收文,无。发出文件共十三件。……一、请李大钊先生为本校教授聘书。一、请谭熙鸿先生为本校教授聘书。一、请齐昌豫先生为本校助教聘书。一、请吴康先生为本校助教聘书。一、请陈达材先生为本校助教聘书。一、请王峻先生为本校助教聘书。一、请顾颉刚先生为本校助教聘书。"

1920 年 8 月 2 日《图书馆登录室第一部布告》。

1920 年 8 月 3 日《图书馆登录室第一部布告》。

1920 年 8 月 7 日《庶务部杂务课报告》"敬启者，敝课前经庶务部部员会议决，凡关于本校各机关所用消耗物品，除登记簿册外，每届月终，须根据联单，逐一校对，并列表送登日刊，以期核实而昭郑重，兹将七月份各机关所用消耗物品列表如下：

七月分本校各机关所用消耗物品报告表（三续）（按：节选）

	品名	数量	品名	数量
图书主任	毛六行	一百张	大洋信封	一百个
	大洋信纸	一百张	小洋信封	一百个
	小洋信纸	一百张		
图书登录室	木戳	三块	宣六行	二百张
	五十方账	四本	毛六行	一百张
	紫印水	瓶	小信封	二百个
	大信封	一百五十个	铁锚皂	二块
	小羊豪	六支		
图书编目室	浆糊	五瓶	毛撢	二把
	粗皂	四块	洋火	二包
	茶叶	三十包		
售书处	毛边纸	六百张	浆糊	四瓶
	水壶	二把	毛巾	二条
	洋火	二包	粗皂	二块
	洋烛	二包	元笔	十支
	铅粉	四两	麻成文	一刀
	茶叶	一百二十包	白线绳	四两
	避瘟水	一磅	红印色	一盒
图书阅览室	红墨水	一瓶	毛边纸	一百张
	元笔	三支		

续表

	品名	数量	品名	数量
图书装订室	抹布	二尺	浆糊	四瓶
	双抄纸	六十张	胶水	二瓶
	洋火	一包	毛边纸	五百张
	麻绳	三轴	茶叶	六十包
图书收发室	铅笔	五？	粗皂	二块
	茶叶	一百二十包	橡皮	一块
	避瘟水	六磅		

……"。

1920年8月12日《筹办北京大学图书馆计划书》本校学生李良骥拟

● 募建北京大学图书馆计划书提纲

（一）机关之组织

（1）筹备处：主任一人、秘书二人、登录二人、书记二人、庶务二人

（2）各省募捐员

（3）募捐代表机关

（二）章程之制定

（1）筹备处组织章程

（2）募捐简章

（3）代表机关募捐简章

（4）奖励捐助办法

（5）筹备处办事规则

（6）筹备处会议规则

（三）事务之进行

（1）委任筹备员制定各项章程

（2）设立筹备处

（3）呈部备案并请行文各省

（4）函请京外各机关相助为理

（5）议定代表募捐机关，函请担任。

（6）委任募捐专员

（7）咨请交部及邮局总管处豁免捐赠北大图书馆书籍之邮费，或免十分之七邮费并请邮局代为保管。

● 北京大学图书馆筹备处组织章程

第一条　本处由北京大学委任组织之

第二条　本处暂设筹备员九人，但因事务繁简得随时增减之。

第三条　本处暂设筹备员如左

（一）主任一人（由北京大学委任之）

（二）秘书二人（由北京大学委任，或由主任保荐）

（三）庶务二人（同上）

（四）登录二人（同上）

（五）书记二人（同上）

第四条　筹备员之职务如左

（一）主任　对内总理一切事物，对外代表本处交涉一切事宜

（二）秘书　掌理文牍一人、收发文件一人

（三）庶务　掌理会计一人、掌理杂务一人

（四）登录　登录西文书籍一人、登录中文书籍一人

（五）书记　共掌誊录文稿

第五条　本处行政方针由筹备员全体议决之

第六条　本处之权利如左

（一）选任募捐员权

（二）给奖权

（三）函请担任募捐代表机关权

（四）惩戒本处职员权

（五）募捐权

第七条　本处职员除主任不称职，由北京大学撤换外，其职员得由本处职员会议三分二以上之可决解任之。

第八条　本处职员纯尽义务。

第九条　本章程得随时由职员三分二以上之同意修改之。

● 北京大学图书馆募捐章程

第一条　北京大学图书馆筹备处因补助直接募捐与募捐代表机关劝捐力之不足，并采私人募捐办法，以期普及。

第二条　因前条之目的，筹备处得酌设募捐员若干人，分派各省进行募捐事宜。

第三条　募捐员经筹备处之委任者，纯尽义务，并负热心劝导之责。

第四条　募捐员所募书籍及募款均以筹备处收据为证。

第五条　募得书籍由募捐员收存（因其多寡酌定办法），缴纳于筹备处。

第六条　募得款项由募捐员交当地募捐代表机关汇齐，缴北京大学会计课，更由会计课转知筹备处记入。

● 北京大学图书馆募捐代表机关简章

第一条　凡担任代表募捐各机关均定名为北京大学图书馆筹备处某地代表机关。

第二条　募捐之宗旨

（一）书籍　无论新旧及各国书籍。

（二）款项　不拘多寡数目。

第三条　代表机关应享之权利另定之

第四条　代表机关之权限如左所定：

（一）募捐员在代表机关境内得随时纠察之，以免流弊。

（二）募捐员在代表机关境内遇有出轨之事，得处罚之，但须先通知本校校长。

（三）募捐员捐得之书籍款项，得收管之，每月或每周将书籍汇寄于北大图书馆筹备处，款项则迳寄北大会计课，以凭稽核多寡给以报酬。

第五条　代表募捐机关之义务

（一）募捐员在代表机关境内须尽保护之义务。

（二）募得书款后须记明捐书款人之姓名地址以便将来本筹备处寄给正式收条及奖章、奖状。

（三）募得书款，代表机关有给临时收条之义务。

● 北京大学图书馆奖励捐助人办法

（甲）特别捐助书款

（一）凡藏书家或非藏书家，以及本校所学一切科学有关系之书籍赠与本校图书馆，其价额在五十万元以上一百万元以下者，本校可特建馆所珍藏并铸成捐书款人之铜像，或特别绘像立于书馆中，而该馆馆名即以捐书人之名名之，藉垂不朽，仍得请捐书款人为本校图书馆名誉主任，且可保送五人至十人入本校各科肄业，得免除学费，但以十次为限。

（二）以价值二十万元至五十万元之图书赠与本校者，亦可另建馆所陈列，其有待与第一条同，或请该捐书款人为名誉顾问，以便讨论本校图书馆如何扩张方法，并得保送免费入校肄业生五人，仍以十次为限，以示优待。

（说明）保送入校肄业之免费生，仍依入学试验规则施行，以昭公允。海外华侨除依上项办法外，并可再给与以相当之权利。

（乙）罕有书籍之捐助

（一）凡藏书家以绝版之书籍，其价在十万元以上二十万元以下，用私人名义赠图书与北大者，除给奖章奖状外，捐书人可保送五人至十人入本校肄业，得免学费以五次为限，并将捐书人像片放大，悬于藏书之所，该所即名为某赠与人之所。海外华侨得享上列之权利，或再特别优待临时由本筹备处酌定之。公众团体以图书赠与如上列价值者，除奖章奖状外，并赠本校出版之书籍各一部，若本校图书馆有五部以上，临时得选赠其一部。由友邦公众团体或私人赠与上列之价值者，亦与本国同享之权利。

（二）捐助书籍之价值在五万元以上十万元以下者与第一条同，其奖章奖状照第一条，应次一等保送入本校肄业免费生以二人至五人为限，其他与第一条同。

（三）捐助书籍之价值在一万元以上五万元以下者，其奖章奖状照第二条各项，减一等保送入校免费肄业生以一人至三人为限。

（四）捐助书籍之价值在五千元以上二万元以下者同第三条，惟照减一等保送入校免费肄业生以一人至二人为限。

（五）捐助书籍之价值在一千元以上一万元以下者照第四条，减一等共保送以一人为限。

（六）捐助书籍之价值在五百元以上一千元以下者，除给奖章奖状外，并得酌赠本校出版之书籍。

（七）捐助书籍之价值在一百元以上五百元以下者照第六条办理。

（说明）凡捐助本校图书馆之书籍，虽数十元亦悬像片于书库中，并给奖章奖状，以扬大名。又凡捐助本校图书馆之书籍册上均以活版图章印某赠与人之名于书面上。

（丙）普通捐助之书籍

（一）本款因书籍与本校所学一切科学用书之关系，故定特别普通两种，本校志在收罗书籍，虽普通书籍，能捐助在五十万元以上，或三十万元以上之价值者，本校亦依特别办法赠与以示优待。

（二）以五万元至十万元以上之价值书籍捐赠本校图书馆者，除给奖章奖状外，亦可保送一人至五人入本校肄业，免除学费，但须以入学试验规则为准，并可请捐书款人为本馆顾问。

（三）一万元至五万元以上者，第二条减一等外，亦可保送一人至三人入本校为免费肄业生。

（四）五千元至一万元以上者，照第三条减一等外，亦可保送一人至二人入本校为免费肄业生。

（五）一千元至五千元以上者，除给奖章奖状外，或临时再酌赠相当之权利。

（六）五百元至一千元以上者，照第五条办理。

（七）数十元至五百元以上者，照第五条办理。

（说明）本办法由第二条起，之保送入本校为免费生者，均以一次为限，但华侨与友邦及有特别情形者？筹备处有给相当之权利与捐书款人之权。

（丁）著作者捐助自己出版之书籍

（一）捐助自己出版之书籍者，除给奖章奖状外，本校图书馆得特别优待，准其入本校图书馆阅览各种书籍，以资鼓励，但书籍不得借出，并须以本校图书馆发给证书为凭。

（二）著作者居住外省之赠与者，除给奖章奖状外，亦特别优待，特许该著作者选择本校已出版之书籍相赠，但不得超过著作者赠与书籍价值之上。

（三）如第一条第二条有特别情形者，本筹备处得临时酌给相当之权利，以报著作者捐书之美意，其他不得援此为例。

（戊）代筹款项或筹款而购书籍赠与者

（一）凡代表机关劝捐书籍之价值或款项在一百万元以上二百万元以下者，除给奖章奖状外，并可另建馆所陈列，其图书馆之名即为某处代表机关某劝捐人之图书馆，其劝捐经理人，亦可享（甲）项第一条之权利以资鼓励。

私人劝捐与上列之数目相等者，亦可同享上列之权利。

本校教职员及学生队或他校代为劝捐如上列数目者亦同。

（二）劝捐之数在一百万元以上一百五十万元以下者，其权利得与（甲）项之第二条同。

（三）劝捐之数在五十万元以上一百万以下者，其权利得与（乙）项之第一条同。

（四）劝捐之数在二十万元以上五十万元以下者，其权利得与（乙）项之第二条同。

（五）劝捐之数在十万元以上三十万元以下者，其权利得与（乙）项之第三条同。

（六）劝捐之数在十万元以下者，本校为特别优待起见，其权利得与（乙）项之第三条同。

（七）劝捐之数在五万元以下者，均由（丙）项之第四条起至第七条办理。

（附注）凡友邦及华侨与本校教职员及学生等均如以上办法所定条文实行办到，皆得享上列各条之权。

凡各书局捐赠书籍之价值在（甲）项者照（甲）项办理，及在（乙）（丙）（丁）各项者，均仿此。

捐巨数之款人，得为本校图书馆筹备处之名誉监察人，实行稽核，以示公允，而昭信用，倘有作弊情事，各捐款人可指出姓名，先通知本校校长后，再诉诸法庭，以维持公益之基础，殉情者与作弊者同罪。

本校学生队组织法，俟筹备处成立后再行另定章程办理。"

1920年8月12日《通信图书馆鸣谢启事（八）》。

1920年8月14日《通信图书馆鸣谢启事（九）》。

1920年8月14日《图书馆登录室第一部布告》《平民夜校阅览室承……

统此致谢!》。

1920 年 8 月 20 日《平民夜校启事》"敬谢，朱谦之先生赠：……"。

1920 年 8 月 20 日《国际大学计划书》。

1920 年 8 月 21 日《临时国民大会提案七条》。

1920 年 8 月 21 日《本校新闻》"十四日上午八时许，北京高等师范图书馆讲习会来本校图书馆参观。先后到者约七、八十人，由询问处招待，导往参观毕，复由本校图书部主任将图书馆之沿革及组织为简单之说明。至十一时而去。"

1920 年 8 月 21 日、26 日、28 日《图书馆布告》"近日暑气渐退，本馆为便利阅者起见，自八月二十三日起，除上午七时至十时开馆外，下午二时至五时一并开馆，此白。九、八、二十。"

1920 年 8 月 21 日《图书馆登录室第一部布告》。

1920 年 8 月 26 日《通信图书馆鸣谢启事（十）》。

1920 年 8 月 26 日《校长布告》中《庶务委员会报告书》"兹将本会历次议决关于本校房屋之分配事件报告于后：

关于第一院房屋之分配议决如左：

（甲）第一层楼

（一）现为书法研究会之房屋改为图书部新设购书课。

（二）现为出版部主任室杂务课课员住室及新潮杂志社，均改为书库。

（三）本楼西头浴室东面之书库，及东头浴室西面之日报资料搜集室，均逼近蒸汽管，极不适宜，兹将原有书库腾出一间，作为阅书报人饮水室，其日报资料搜集室则改为图书部办公室。

……

（丙）第三层楼

……（二）史学阅览室取消，改为法文学系教授会。……

（戊）关于研究所阅览室等待研究所办法重订后再议。

关于第二院房屋之分配议决如左：

（一）旧有储藏室（现为洪字号之寄宿舍）一律恢复。

（二）固有中文藏书楼楼下（现为储藏室）改为物理学化学数学地质学四系教授会及研究所，楼上改为书画法研究会。

（三）固有西文藏书楼（现为储藏室）改为仪器标本室，旧有收发讲义室（现为出版部）之全院房屋，并改为博物标本室。

（四）旧有国史馆（现为书法研究会）改为第二院阅览室。

（五）旧有第二院中院西头，现在之仪器室改为教室。

（六）旧有第二院校长室改为校长休息室及校务会议室接待室。……六月十八日

俄文系成立应将第一院第四层西首之研究所事务室改为俄文学系教授会（此项变更系八月二十一日第四次临时会议决）

庶务委员会 委员长马叙伦、委员周象贤、沈士远、徐宝璜、罗惠侨、马裕藻、朱锡龄、陈怀、钱稻孙。"

1920年9月4日《通信图书馆鸣谢启事（十一）》。

1920年9月4日、7日《图书馆布告》"近日暑气渐退，本馆为便利阅者起见，自八月二十三日起，除上午七时至十时开馆外，下午二时至五时一并开馆，此白。九、八、二十。"

1920年9月9日《图书馆登录室第一部布告》。

1920年9月11日暑假结束开学第一天，13日《图书馆布告》"本馆自九月十一日起上午八时至十二时，下午一时至六时，晚间七时至九时照常开馆，此布。"

1920年9月11日《图书馆登录室第一部布告》。

1920年9月13日《平民夜校阅览室致谢》。

1920年9月13日《图书馆登录室第一部布告》。

1920年9月14日《平民夜校阅览室致谢》。

1920年9月14日《图书馆登录室第一部布告》。

1920年9月15日《平民夜校阅览室致谢》。

1920年9月15日顾颉刚著《重编中文书目的办法》"中文书籍的旧分类，固不能不改，但创作新分类，也不是可以仅据原有书目意想从事的。我想这事应当分作三个步骤：

第一步——拆散丛书，和单行本的界限打通，以一种书为一单位。同时，一人拿书名的画数，编辑《书名目录》、一人拿姓名的画数，编辑《著者目录》，本校图书馆有丛书二百种，以每种平均两天拆完计算，须一年许。当拆散时，酌行编目。编目的时候，当常注意于书籍的内容，及分布别类的方法。

第二步——依年代源流上面，编辑《学派书目》，随时留心各种学说的出入关系，以备编辑《分类书目》之用，这件事情，大约也须一年。这目编好后，于各种学术史的参考上，有很大的便利。

第三步——拿许多书籍都约略看过了，他的部类也确实可指了，然后再编《分类书目》，再与西文书打通界限，制为《合目》，这件事大约自一年至二年。

这种办法，多则四年，少则三年，必能有一惬心贵当的中文书目出来。

以上四种书目之外，再可编一《待访书目》。我前四年曾草《清代著述考》二十辑，将各人所著的书不分存佚，一律都收，我想现在编辑书目，也可照此办法。编《著者目录》的第一步，拿各人的著作，只要可以考见的，都抄集拢来，编《著者目录》的第二步，才分为两种：一种是本馆所有的《著者目录》、一种是本馆应当征求的《待放目录》。这么一来，现在没有的书，也可按部就班去采访，不致冥搜盲索了。此外再有几件编目时应备的事情：

(一)须将所有的目录书籍安置编目室中,倘须备阅览室中的检览,则每种均嘱购书课复购一部,以便应用。其现在未购得之书目,亦由编目课开单觅购。

(二)编辑《著者目录》时,需用年表传记年谱等甚多,亦应择要留存编目室,宽其存置之期。

(三)丛书以外的单行本,须嘱典书课,按次交到编目室,每日以十种为断,以备检视内容,不致有误出误入之弊。其已检视的书籍,亦逐日送还典书课。

(四)用笔画分目,需用纸本甚多,请嘱杂务课预备红格本一百册。

(五)拆散丛书时,须令钉书人到编目室装订,以便同人随时照顾,并分配册数。

(六)刻一格版,先印五千张,印阴版,空阳面,以备记载,并钉成后,备检之用,式如下:

备注	出版年月	出版地	册数	卷数	门类	年代地域	著者姓名	书名	号码	前半页空去

"。

1920年9月15日《图书馆登录室第一部布告》。

1920年9月16日《通信图书馆启事》"(一)本馆新添:告远东少年二册、谁是共产党二册、一个兵的话二册、中华教育界二册、克鲁泡特金的思想一册、新俄国之研究一册、安那其主义讨论集一册、马克思共产党宣言一册。（二）敬谢：郑阳和先生赠：托尔斯泰号一册、新的小说一册、新人一册。"

1920年9月16日吴康著《重编中文书目的办法》之商榷。

吾友顾君诚吾拟了一篇《重编中文书目的办法》，载在昨日日刊，我读了之后，觉得其中尚有待商榷的地方，兹写出给诚吾参考，并供阅者诸君的研究：

第一步拆散丛书的办法，我非常的赞成。前曾与友人戴礼君谈过，以为本校图书馆的丛书，虽为数不多，也已有二百多种，如能有一种完善的编目出来，定能供给许多用处，不幸没有这种开宝藏的钥匙，把许多秘籍珍本锁在那黑密室的"贵重书库"里头，让给那般蠹鱼去领略他们的滋味，真是"埋金于地，用非其所"的啊！

至于编目的办法，于《书名目录》《著者目录》之外，宜加编一《丛书总目》之外，每一丛书里面有多少种，都把他依此列出，以存其真，以备参考。如《春在堂全书》里面的《群经平议》《诸子平议》《李氏六书》里面的《藏书、焚书、说书》……

1920年9月16日《庶务部杂务课报告》"八月分本校各机关所用消耗物品报告表（四续）"里面有图书主任、图书登录室、图书编目室、售书处、图书阅览室、图书装订室等。

1920年9月16日《图书馆登录室第一部布告》。

1920年9月17日《平民夜校阅览室致谢》。

1920年9月17日《图书馆登录室第一部布告》。

1920年9月18日《开学演说录》"陈衡哲先生演说词"中提到对于北大的三个希望，"第三，希望大学的图书馆，可以一天完备一天。因为现在的学问，样样应该实验。科学的实验，是在实验室。那历史是过去的事实，不能把秦始汉武请来给我们试验。所以他的实验，止有靠着图书馆了。"

1920年9月18日《图书馆登录室第一部布告》《图书馆登录室第二部布告》《图书馆登录室第三部布告》。

1920年9月20日《图书馆登录室第三部布告》。

1920年9月21日《图书馆登录室第一部布告》《图书馆登录室第三部布告》。

1920年9月22日《图书馆登录室第一部布告》。

1920年9月23日《平民夜校阅览室启事》《通信图书馆启事》。

1920年9月23日、24日、27日、29日《图书部通告》"本年阅书证业经印就,自九月二十四日起,各系学生诸君可于图书馆办公时间内,持收费条到图书馆收发室领取新阅书证,所有旧阅书证一概作废。自九月二十四日起,按章可以出借之书籍,照常出借。但望按期归还,以重公益。九、九、二三。"

1920年9月23日《图书馆登录室第一部布告》。

1920年9月24日《平民夜校阅览室启事》《通信图书馆启事》"本馆现在因要迁移及开课在即,暂行停止办公时间。待将来迁妥及另定时间,再行通告。请阅书诸君原谅!"

1920年9月24日《图书馆登录室第一部布告》《图书馆登录室第三部布告》。

1920年9月27日《图书馆登录室第一部布告》《图书馆登录室第三部布告》。

1920年9月28日《平民夜校启事》《平民夜校阅览室启事》"敝校阅览室在暑假中成立的。当时蒙诸位先生热心,捐助了多少书报杂志!现在开了学,特再申前请,向北大教职员、同学征求书籍。凡有关平民教育的出版物,请多多捐助!若系珍藏之本,倘可借存的,敝校亦所欢迎!九、九、二九。"

1920年9月28日《图书馆登录室第一部布告》。

1920 年 9 月 29 日《图书馆登录室第一部布告》。

1920 年 9 月 30 日《图书馆登录室第一部布告》。

1920 年 10 月 1 日《注册部通告》"李大钊先生担任史学系唯物史观研究，自来周始授课，此布。"

1920 年 10 月 1 日《图书馆登录室第一部布告》。

1920 年 10 月 2 日《图书馆登录室第一部布告》《图书馆登录室第三部布告》。

1920 年 10 月 2 日《平民夜校阅览室鸣谢赠书启事》。

1920 年 10 月 5 日、6 日《图书委员会启事》"兹定于本月六日（星期三）下午四时在行政会议开会，请各位委员先生按时到会为盼。委员名单：顾孟余、李守常、叶瀚、马衡、陈启修、陶履恭、朱希祖、陈世璋、孙国璋。"

1920 年 10 月 6 日《平民夜校阅览室鸣谢赠书启事》。

1920 年 10 月 6 日《通信图书馆启事》"本校现已迁入本校第二院内，（其所在地即前第一寄宿舍宇字号内），有事与本馆接洽者请赴该处。本馆现拟编制本馆图书目录，凡借本馆图书者，请将所借图书暂且退还本馆；俟目录编就，本馆即将借者前借之书一一寄还原借者，其借者所借书籍在寄回本馆编目之时间内不取赁费，务望借阅诸君在一礼拜内将所借之书寄还本馆为祷。本馆有关于无政府主义的美术明信片数种，欲得者可以寄邮费来索取，邮费分为两种：在本京欲得该项明信片者须寄来邮费（按：缺字）分，其在京外者则须寄来邮费二分。一九二〇十、四。"

1920 年 10 月 6 日、7 日、11 日《图书部典书课通告》"兹经杜威博士陈衡哲教授指定伦理学教育学历史三科参考书籍三十一种，陈列本课第四阅览室，备供浏览，书目列左：

（一）杜威博士指定本科学生伦理学参考书籍：……

（二）杜威博士指定本科学生教育学参考书籍：……

(三) 陈衡哲教授指定预科学生历史参考书籍：……九、十、五"

1920年10月6日《图书馆登录室第一部布告》。

1920年10月7日、11日、12日《图书部购书课启事》"近来敝课接到注册部交来各教员所开购书单，皆系仅开书名，向各处询问有无，每致迁延时日，且书名虽同，而内容或异，买后每有错误，以后务请将书名著者经售者三项连同开清，则买时既可迅速又无错误。此启。九、十、六。"

1920年10月7日《图书馆登录室第一部布告》《图书馆登录室第二部布告》。

1920年10月11日《图书馆登录室第二部布告》《图书馆登录室第三部布告》。

1920年10月12日《平民夜校阅览室启事》。

1920年10月12日、13日、14日《赠阅书报启事》"湖南人近来大闹"自治""联邦""省制宪法""绥地带"等等，一切内情，很注意的价值，我现在特设法预订湖南周刊及长沙通俗日报数十份，按期分送各留心湖南事件者。凡想得这种出版物的，请到本校第一院号房签名，并请查照那签名簿上的办法。罗敦伟启。一九二〇十、十。"

1920年10月14日《蔡元培启事》"本届评议会选举……"。

1920年10月14日《旧书流通处启事》"现欲征求马叙伦先生所著庄子义证天下篇一册，有愿出让者，请到出版部售书课接洽。十月十二日"。

1920年10月14日《图书馆登录室第一部布告》。

1920年10月15日《图书馆登录室第一部布告》《图书馆登录室第三部布告》。

1920年10月16日《图书部启事》"现在罗素教授来华，本处谨将所有教授著作书籍，揭载于下，以便同学诸君参考。……"共7本。

1920年10月16日《本校新闻》"昨早十时许，国会议员唐乾一先生及湖南女教员唐群英女士来校参观，由询问课招待导往第一院图书馆及各处参观一周，并在历史教室听课一时而去。"

1920 年 10 月 16 日《图书馆登录室第一部布告》。

1920 年 10 月 18 日《蔡元培启事》"元培出京在即，谨于十八日以校长职务交与代理校长蒋梦麟教授，特此布闻。"

1920 年 10 月 18 日《世界语研究会阅览室布告》。

1920 年 10 月 18 日《评议会通告》"十月十六日评议会议决事件应行公布者如左：（一）每次评议会开会，于会毕时，应决定应行公布之决议及不应公布之决议。（二）本届组织、预算、审计、出版、仪器、图书、庶务、聘任，各委员会委员，由校长推定，提出名单，业经评议会通过如左：……图书委员会委员：顾孟余（长）、李大钊、陈世璋、叶瀚、陶履恭、陈启修、朱希祖、孙国璋、马衡……"。

1920 年 10 月 18 日《图书馆登录室第一部布告》。

1920 年 10 月 21 日、22 日、23 日《图书部典书课启事》"敬启者，凡以校内各机关名义来敝课借书者，此后均请经手人附加署名，藉昭慎重，否则概不出借，希亮察是荷。九、十、二十。"

1920 年 10 月 21 日《平民夜校阅览室启事》《通信图书馆启事》《世界语研究会阅览室布告（十）》。

1920 年 10 月 21 日《图书部典书课通告》"陈衡哲教授指定历史研究科中欧交涉史的参考书十种，存本课第四阅览室，以供浏览，书名是：……还有别的书，以后再随时登出。九、十、二十。"

1920 年 10 月 21 日《参观记》"十八日下午二时许，河南商城中学校教员梅琳、向展中、汪传?、吴克中诸君来校，其意专在参观本校图书馆，由询问课招待随即带往各阅览室及书库阅览一周而去。"

1920 年 10 月 22 日、23 日、26 日、28 日、29 日、30 日、11 月 1 日《北

京民国大学征书启事》"敬启者，敝校自改组以来，遇事力求整顿，今幸粗具规模，校中设有图书阅览室一所，派人专董其事，惟创办之初，图书甚形缺乏。欲即由校中购置，则力有未逮，若不设法搜求，则于学生自修诸多不便。海内不乏大雅鸿博关心文化，凡以图书杂志惠赠敝校者，极所欢迎。或有珍藏善本不欲割赠而暂托敝校保存，尤当加意爱护，给与收据，存书人需用时，可以随时取回。敝校学生既受无穷之赐，而原书主人仍不失所有权利，是一举而数善备焉。想亦诸君子之所乐为赞助者也。如有向敝校惠赠或惠存书籍者，请交北京大学日刊课胡祖植君转交为荷。此希公鉴。九、十、十九。"

1920 年 10 月 22 日《平民夜校阅览室启事》。

1920 年 10 月 22 日、23 日《图书部典书课启事》"郭景谊、梁焯章先生鉴，执事前由敝课各借去法律及法理（830 B2.2，830 B2.1）书一册，迄未交还。现在校中急需此书，请掷交敝课，实所感盼，此致，顺候台祺。九、十、二一。"

1920 年 10 月 22 日《更正》"迳启者，敝课昨日送登之通告内，有错误之处，请更正（一）中欧交通史，不是交涉史，请改"涉"为"通"……典书课启。"

1920 年 10 月 23 日《图书部典书课通告》"陈衡哲教授续行制定历史研究科中欧交通史的参考地图二种，（均附图说），仍存本课第四阅览室，以供浏览，地图是：（一）中国历史战争形势全图（950 1.1 1，2）（二）中华民国历史四裔战争形势全图（950 2.1 2.2）。九、十、二二。"

1920 年 10 月 23 日《袁同礼君自旧金山寄蔡校长函》"孑民先生尊鉴。去月十一日行经檀香山曾上一片……又晤该校（按：夏威夷大学）图书馆主任 Miss Clarh E. Howenway，据称该馆成立已历数载尚未藏有中国书籍，自当广为搜罗，以期完备。同礼允代改（按：应为"致"）函母校，将各种出版物寄赠一分，并请女士将该校印刷品迳寄母校图书馆，藉资交换。先生接此信时，当可收到矣。兹将该校通讯处列后，请将校中出版物按期邮寄该校，无任盼切。今日安抵旧金山，明后日拟参观加利福尼亚及斯丹福两大学及各公立图书馆，约月杪可抵纽约。此上敬送道安。袁同礼谨上。守常先生同此。九月十八日寄自旧金山。夏威夷大学通讯处……"。

1920年10月23日《蔡校长在话别会之演说词》"……我这次出去，若是于本校不免发生困难，我一定不去，但是现在校中组织很周密，职员办事很能和衷，职员与学生间也都是开诚布公。我没有什么不放心的事了。……

本校图书馆甚不完全。蒋先生筹划在第一院空地建筑一所大图书馆。但是经费不够，政府不能应给，只好向各方面捐款。华侨方面，我们也要他们认负一点。他们时常有信来，要我去到南洋，并且很有些华侨子弟到此地来旁听。我回来时候，一定要到英属、荷属……各处去看看，可以募点捐款。

退还庚子赔款，各国都很有此意，但不过因经济关系，他们好多已经列入预算。美国和中国的日亲一日，就因为他退了赔款，办着清华的前时候，李石曾、陶孟先生俩和南京高师的郭秉文先生，在各国曾经谈起过了。我们能够收回，一面扩充国内的高等教育，一面培植留学人才，也很好！他们教我亲自和各国政府再商量商量，这也是我要做的……"。

1920年10月23日《图书馆登录室第一部布告》《图书馆登录室第二部布告》《图书馆登录室第三部布告》。

1920年10月25日《图书馆登录室第一部布告》。

1920年10月26日《图书馆登录室第一部布告》《图书馆登录室第二部布告》《图书馆登录室第三部布告》。

1920年10月27日《平民夜校阅览室启事》。

1920年10月28日《世界语研究会阅览室布告》。

1920年10月28日《平民夜校阅览室启事》《通信图书馆启事》。

1920年10月29日《庶务部杂务课报告》"九月份本校各机关所用消耗物

品报告表（续）图书主任……图书登录课……图书编目室……售书处……图书阅览室……图书收发室……图书购书课……"。

1920年10月30日《图书主任启事》"近来旁听生诸君要求和本科生一律借书的很有几位，此事俟交图书委员会议决后再为通告。九、十、二九。"

1920年10月30日《图书部典书课启事》"陈衡哲教授兹又指定《中国历代舆地沿革险要图》四幅，为中欧交通史参考用的地图，仍存本课第四阅览室，以供参考。

福建同乡会公鉴，本校第一院四层楼西边南头之房，现经庶务部指拨本部作政治学系演习参考室，查该室内，贵会尚有寄存各物，希于一二日内移去，以便迅为布置，而利进行。此致，顺候台祺。九、十、二九。"

1920年11月1日《图书馆登录室第二部布告》《图书馆登录室第三部布告》。

1920年11月2日、3日、4日《通信图书馆启事》"本馆自迁移以来已经月余，一切事项均停止未能进行，现内部业经布置就绪，已于本月一日照常开馆，每日下午四时至六时均有职员办事，有借阅书籍者，请亲往或通函第二院宇字号本馆接洽为盼。十一、二日。"

1920年11月3日《图书馆登录室第一部布告》。

1920年11月4日《图书馆登录室第一部布告》《图书馆登录室第三部布告》。

1920年11月5日《图书馆登录室第一部布告》。

1920年11月8日《平民夜校阅览室启事》《通信图书馆启事》。

1920年11月8日《图书委员会启事》"兹定于本月八日（星期一）下午四时在第一院接待室开会，请委员诸先生按时到会为盼，委员名单：顾孟余、李大钊、陈世璋、叶瀚、陶履恭、陈启修、朱希祖、孙国璋、马衡"。

1920年11月8日《图书部典书课启事》"陈衡哲教授兹又指定中欧交通

史的参考书二种：（一）诸蕃志（二）元也里可温考（载东方杂志第十五卷一至六号内）二者仍存本课第四阅览室，以备披阅。九、十一、五。"

1920年11月8日《图书馆登录室第一部布告》《图书馆登录室第二部布告》《图书馆登录室第三部布告》。

1920年11月9日、10日《图书部第二院典书课启事》"关于理工科书籍均由一院移来本课（书法研究所旧址），现已布置完妥，自十一月九号起，开始阅览，此布。九、十一、八。"

1920年11月10日《平民夜校阅览室致谢》。

1920年11月10日《图书馆主任布告》"一、各学生到馆借书，务请携带借书证，无证者概不借予。二、学生诸君得否借出单本书籍，及旁听生诸君得否与正科生一律借出书籍，均须经评议会修正借书规则后，再行布告。三、现经图书委员会议决，学生译书不得借用馆中书籍，应由译书者自行购买。四、近来有因馆员不借予书籍（照规则不能借出者），或借书时索借书证，致有强行持去或肆口漫骂者，此种举动，于双方人格，校中秩序，均有妨碍。幸诸君注意！"

1920年11月12日《图书部典书课布告》"陈衡哲教授托李守常先生借来大秦景教流行碑一份，作中欧交通史参考之用，仍存本课第四阅览室，惟陈至期限，至下星期六（本月二十日）为止。九、十一、十一。"

1920年11月12日《图书馆登录室第一部布告》。

1920年11月13日《世界语研究会阅览室布告》。

1920年11月13日《庶务部杂务课报告》"十月份本校各机关所用消耗物品报告表（续）……图书馆典书课……"。

1920年11月13日《图书馆登录室第一部布告》。

1920年11月15日顾颉刚著《图表编目意见书》"（一）本校所有图表，原未编目，仅将册幅较小的，编入书籍里头。这个标准，很不恰当。现在编纂图表目录，应将书库中所有图表，统行取出，编在一起。

（二）本校书籍都以"文字别"分架存储，这个办法，施之于书籍则可，施之于图表就很困难。因为图表里边有没字的，如器物图、暗射地图；有几国文字对照的，如风景画及外国出版的中国地图；有几国文字杂糅的，如瑞士地图；要去勉强归在那一国文字之下，都是不可能的。所以我想图表只要分类编纂，在每一件的底下，注明他的文字。

（三）图表与书籍的分类，似不便一致：因为像哲学，书籍里有而图表里便没有；像风景画，图表里有而书籍里便没有。我想拿图表分成十类，如下：

甲类——数学、物理

乙类——天文

丙类——地理。专记地之形状的。

丁类——地文、地质、矿物。

戊类——古生物、植物、动物、生理、言语、医学。

己类——工艺、农业。

庚类——历史、历史地理、古物、名人像片。

辛类——社会调查、教育、度量衡、交通。

壬类——风景画、风俗画。从前拿风景画编入字画里，很不对。

癸类——美术作品。

以上也可适用十分法，再分出许多小类，如美术作品就可分为图画、书法、雕刻、建筑等等。

（四）本校所有图表，已装裱的约一千种，未装裱的有二三千帧，非专设一室庋列，不便于整理检阅。应请指定一室，做安放图表的地方。

（五）从前安放图表的插架，太宽太大，实不适用；用了这种东西，只能弄乱，不会清理。应请定做书柜二个，轴架十个。轴架的式子，齐昌豫君已在理科方面定做枪架式，但所占地位较多，现在图表既众，恐非一室所能容置。查士鉴君拟用层梯式，改竖插为横搁，每架约可安放六十轴，其式如下：

木须坚实，须阔。每根上各钉铜钩三十个，高七尺、宽三尺、阔一寸。上面板一方，预备粘胶记；宽三尺，高四寸、厚一寸。两面中间，用高联，可以折叠。预备移动。

书柜式子，须横竖格子较多，而又可以抽拆的，以便分类隔开。遇有不便者，可以打通几格为一格。这样一来，高低大小不等的册本，都可以放在一起了。样如下图：

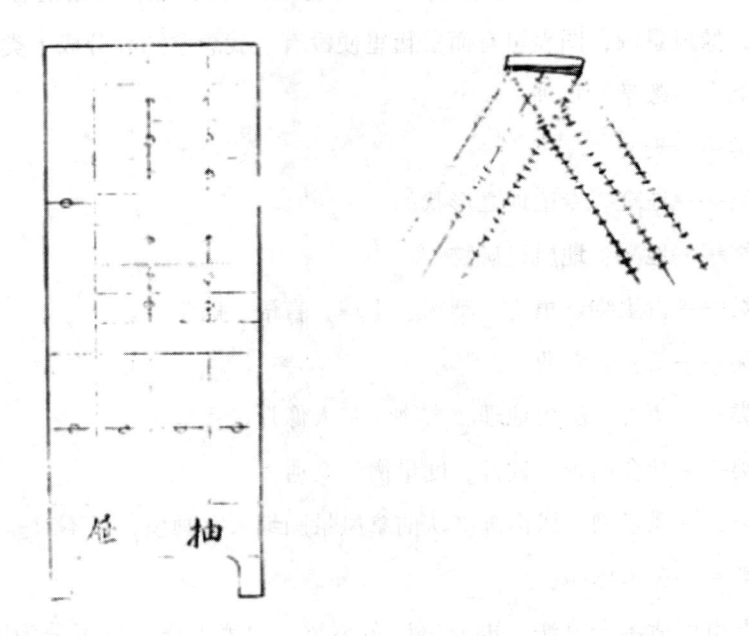

图　顾颉刚设计的轴架和书柜

格上有圈的，须做活的，预备可抽拆。高七尺、宽四尺、深二尺五寸，每块板厚五分。

大概架子一座约十元，如不用铜钩价可较贱。柜子一座约二十元，总共一百四十元。如本校经费不给，可逐次添置，每月做二个。

（六）图表未装裱的，不易检阅，只能暂不编目，若统行付装，恐学校之力有所不及，拟每月付装一百轴左右。如力尚不可，至少每月须装五十轴左右。否则货弃于地，经年闲置，不能过问，实在是最可惜的事情。

（七）现在查得有东三省铁路图六七百张，日本学校构造图数十本，暗射图十数本，都未盖本馆藏书图记，想系从前寄售没有完的。现在需款添备器具甚亟，拟请将此项图件，发至出版部售书课，拿极廉的价值卖去。如东省铁路图，与近日时局甚有关系，以一张一毛钱卖去，如得卖金，也可得六七十元。托售书课每收得十元即送会计课，俾即可定做书柜或轴架。九、十一、九，顾颉刚"。

1920 年 11 月 15 日《图书馆登录室第一部布告》《图书馆登录室第二部布告》《图书馆登录室第三部布告》。

1920 年 11 月 19 日《世界语研究会阅览室布告》。

1920 年 11 月 19 日《图书馆登录室第一部布告》。

1920 年 11 月 20 日《图书馆典书课布告》"德文系参考室附设于东方馆内（第一院第一层第十四号），雷兴教员已检出德文书二百余册，庋藏室内，备供参考，阅览时间，每日下午一时至六时。

陈衡哲教授兹又指定 The Cambridge Modern History vol. VIII（The French Revolution 920 C2.8）一书，仍存本课第四阅览室，作预科西洋近百年史之参考书。九、十一、十九。"

1920 年 11 月 20 日《袁同礼君致蔡校长函》"孑民先生尊鉴，上月十八日抵旧金山，曾上一书，谅达座右。同礼在金山时，曾到各大图书馆参观，以加利福尼亚大学之图书馆设备最为完备，洵为美国学校图书馆之模范。在金山小住数日，即来纽约，哥伦比亚大学已于九月二十二日开学，同礼现入本科第四年级，明夏即可在此毕业。明秋再入阿尔班拿之图书馆学校 Library School of the University of the State of New York, Albany, N. Y. 此校入学资格极严，非得有学士学位不能入也。北大同学在哥伦比亚大学者有十余人之多？预科同学雷君国能今夏在乌斯德大学毕业后即来此研究国际公法，上月中国学生年会举行国语演说竞赛，雷君得首奖，颇为母校增光。先生赴法行期已定否？闻里昂大学中国部也已成立，中法学术界得互相联络，于两国学术之发展裨益非浅鲜。余俟续陈。敬颂道祺。袁同礼谨上。十月十六日自纽约。通讯处。

T. L. Yuan

714 Livingston Hall

Columbia University

New York City, N. Y.

U. S. A."

1920 年 11 月 22 日《十一月十六日中法两国人士公鉴蔡孑民先生（华法教育会来稿）》"严外交总长的演说辞……蔡先生为吾国学界之明星，中外所共仰……

法公使的演说辞……国立北京大学从创始到现在已有二十二年了，在这二十二年中，他不知遇见了多少困难，然而他始终能战胜这些难境而使他本身能巍然独立于今日，这是于贵国前途的发展有非常之重要及幸福的。校长先生你的同事贵校的生物学教授谭先生新近写了一部法文的北大记略，我读之非常得益。……"

1920 年 11 月 23 日《庶务部杂务课报告》"十月份本校各机关所用消耗品报告表（续）"中有图书阅览室、图书购书课。

1920 年 11 月 23 日《图书馆登录室第一部布告》。

1920 年 11 月 24 日《平民夜校阅览室鸣谢》。

1920 年 11 月 24 日《总务处启事》"本校经费支绌异常，此次所领部款，除发薪及开支办公杂费等项外，仅存一千三百余元。此款只能留备日用，其他不急之需，暂从缓办，以免困难而资维持。此启。"

1920年11月24日《图书馆登录室第二部布告》。

1920年11月25日《图书馆登录室第二部布告》《图书馆登录室第三部布告》。

1920年11月26日《通信图书馆启事》。

1920年11月26日《图书馆登录室第一部布告》。

1920年11月27日《丁绪宝君自芝加哥致图书部主任函》"敬启者，日前何硕民先生（在Purdue大学习机械工科）来言去年九月在University of Illinois时，彼校图书馆交换部（Gifts and Exchange）James Bennet Childs君言其馆长（Phimeas Lawrnece Windsor）颇愿以其馆中重复之书（Duplicates，即同一种书有数本一样者）易换中文的书，为将来添设中国文科之预备，彼时以未悉北京情况，详细条件未曾谈及。顷北京大学图书馆有扩充之计划，可否由大学图书馆在中国征集中文书籍与之交换，似较自置为合算，如愿进行此事者请示知，以便转达Univ. of Ill. 再行与之交涉，先此奉闻，希复，即请北京大学图书馆馆长先生大鉴。前北大学生丁绪宝，九年十月二十四。"

1920年11月27日张西曼《扩充俄文图书之意见书》"俄文班之成立，已二载有余。综计本预西科之学额，已有六十余人之多。而将来之发展，因时势的要求，自未可量。唯是研究一国文学，必深资乎参考，而参考又必藉乎图书，此图书之设置势必周且备也明矣。本校图书馆，除中文书籍不计外，而所藏之英文书籍，已达二万余册。德文书籍，亦且近万。而法日书籍，亦已稍具规模。反观俄文书籍则何如？除前数年为人所捐赠，而与文学绝不发生关系之俄都植物园报告几厚册，与夫数本述里海等处之鱼类之书籍外，只有一本安德列野夫之《七绞犯》心理小说。以视英德文字之图籍，实未免相形见绌。倘不急起直追，则难免于精神的粮储绝粒，而知识的饥荒形成。不揣简陋，敢纾管见，纳诸四款，以备采择。

一、征集。在此项办法中，有三种手续，即是用图书馆的名义，分致公函与（一）俄国名流（二）各俄国图书馆，请其直接的或间接的捐助。但对于后者，不妨附一自由的而非具体的交换条件，即遇将来该馆拟添设汉文图书部时，本馆亦可量力捐赠并代为募集。并（三）在俄国报纸上，宣布征集图书的趣旨，以对于俄国社会，作普遍的征求。二、印刷。日前，不佞曾与本校印刷所之经理郝君作一度之接洽。其结果只认有采购俄文铜模的必要。每副铜模，包含有阴阳文与斜草三种字体，每种复有上下盒的区别，即字体之大小是。再加之各种符号，则铜模之总数，应有三百余颗。但俄文字母，有三十有六，连同符号，应具四百左右之铜模。据郝君言，英文铜模全副之价值，在七十圆以上百圆以内。准此以推，则俄文铜模全副之代价，至多当不能超出一百五十圆也。并且备有铜模，自行铸造，则铅字之成本，较之市货，可节省三分之一。即使铅字遇有损坏，或印刷的范围偶有扩张时，尽可自由的随时补制。初不必动辄出外添购，反受限制，复多滥费。而且本校印刷技师中，已有数人曾在本京俄国教会附设的印刷的内服过务，所以校中只要备有俄文铅字，轻车熟路，已是无须另行招聘捡字排版的人。至于校对一层，鄙意初期可请教员或优级学生轮替担任，如职事繁重，则添聘一二人主理之可矣。三、采购。俄文日报杂志，以及新出刊的，与夫征集未得而应行采购之书籍，应请校中酌筹一部经费，陆续择要添备。四、借用。除第一第三两项办法外，倘有缺乏或无处采购而在所必需之书籍，或短篇名著，可就近向俄国图书馆（天津上海等处）或私人作短期之商借而转印之。以上所举，虽不详尽，而蠡测所得，或有进行之必要。其中征集一项，似稍欠迂阔，但就校中经济状况而论、势亦不得不出于此途。急效虽难期、而小补终可望。至于印刷一项、只须采购铜模一副、其余均可就印刷所原有之规模。费用既轻、操办亦易、是固扩充俄文图书的进行中一连带的要箸也。九、十一、二十四日拟。"

1920年11月29日《图书馆登录室第一部布告》《图书馆登录室第二部布告》。

1920年11月30日《通信图书馆启事》《平民夜校启事》。

1920年12月2日《平民夜校启事》。

1920年12月11日《图书馆典书课通告》"兹将本校所有关于俄国问题之参考书籍二十三种，陈列本课第四阅览室内，以备同学诸君披阅，书名是：……"（共23种）。

1920年12月11日《致全国父老兄弟诸姑姊妹劝捐启（学生李良骥谨拟）》"全国父老兄弟诸姑姊妹公鉴，顷者国立北京大学有筹设大图书馆之计划，意在萃全国之力，立百年之基，其事甚盛，其业甚宏，良骥敢掬个人愚诚，为我全国最亲爱之父老兄弟诸姑姊妹略陈之。夫国于大地，必有与立，道德为首，政治次之，而道德政治之所由产生，所由滋长，其源则一系与文化。文化者何？乃先民之所贻，藉言语文字以保存之者也。我中国之建于世界，既四千年于兹矣，国力虽极弱，国用虽极贫，然尚能峙然立于亚东大陆，不至为安南朝鲜之续，而外人亦不敢遽存蔑视之念，要皆受历代文化之赐。顾今者人人尤闻皇帝朝代之思想，而乏社会国家之观念，是则保存文化之学者，不能辞其咎也。盖或则秘密而不宣，或则顾盼而自得，深闭固拒，一若恐一己之智识，受夺于他人。驯致养成一班人民顽固之心理。而在上执政者，又欲藉此以愚民，而为子孙立万世之业。呜呼，此专制流毒，影响及于文化，遂至互为因果也。年来欧化东渐，始知我国学术……"（按：原文还很长）。

1920年12月13日《图书馆登录室第二部布告》《图书馆登录室第三部布告》。

1920年12月14日《图书馆登录室第一部布告》。

1920年12月15日《图书馆登录室第一部布告》《图书馆登录室第二部布告》。

1920 年 12 月 16 日《图书部购书课启事》"启者，前经柴春霖先生委托代购之 Hazeni Modern European History 业经到校，由出版部代售，每部价洋四元，希即持价往取可也。九年十二月十五日。"

1920 年 12 月 16 日《图书馆登录室第一部布告》《图书馆登录室第二部布告》。

1920 年 12 月 17 日"今日为本校二十三周之生辰，苏君甲荣、谷君源瑞将本校最近状况，及统计汇集成帙，作本校日刊纪念号，以示庆祝。本校自成立以来，迭经变故，而至今犹岿然独存；忆往事之艰难，策将来之努力。此宜庆祝者一也；本校新组织于今岁立案，正式宣布成立，虽草创而未备，愿进步之无穷。此宜庆祝者二也！爰志数语，以为纪念。蒋梦麟识。"

按：从目录看有"校歌""国立北京大学略史""现行组织""图书馆""仪器室""学科课程""体育（现时的组织）""学生生活及活动""出版品""修正旁听生章程"。

《国立北京大学略史》"……以景山下马神庙四公主府为大学基址，即今之第二院也。将原设官书局及新设译书局并入，置仕学院……"

《图书馆》（又叫《国立北京大学图书馆概略 一八九八— 一九二三年》，有单行本，二者内容稍有不同，本文以《日刊》为准，后者在《北京大学图书馆九十年记略》附录中有。）

"前清光绪二十四年（1898 年），大学初立，校内附设译书局，始行购置中外书籍，但此不过供编译之用而已。光绪二十八年（1902 年）正月，续兴大学，乃设藏书楼，调取江、浙、鄂、赣、湘等省官书局各种书籍，并购入中西新旧书籍藏之。是为本校图书馆之始基。

二十九年（1903 年）先后派人赴南方，采办书籍，所以汉籍甚多。三十年（1904 年）四月，由外务部领得《图书集成》一部。七月，巴陵方大登氏捐赠所藏书籍，计值银一万二千一百九十余两，其中多有由日本佐伯文库等收还之珍本。本校图书馆中之汉文书籍，方氏所捐实占一大部分。周慕西博士捐西文书一千二百二十七本。阪谷男爵捐东西文书，共一百八十八本，亚当士教授捐西文书，一千零四十五本。周博士所捐之书，以宗教、哲学为主。亚当士教授所捐之书，以地质学类为主，均为特别藏置，以作纪念。后复历年递增，现在合本校自置者与捐赠者，汉文书共有十四万二千一百一十五本，西文书共有一万七千四百八十五本，日文书共有二千四百三十一本，总计有十六万二千〇三十一本。

馆址旧设在第二院后院，民国七年八月，第一院落成，乃迁来第一院，几占第一层之全部。设有五阅览室、十四库。图书主任下分登录、编目、购置、典藏四课，并附设打字处、装订处。职员约二十人。

目录以杜威十进法为基础，而按本馆所藏书籍之情形，略有变通。分为总类、哲学、宗教、科学、工艺、美术、言语、文学、社会、史地十大类，拟先编制三种简片目录：（一）以类别者；（二）以著者姓氏字母顺序别者；（三）以书名字母顺序别者。第一种业已编成，第二、第三两种，亦在进行中，俟简片目录编成，然后印成册本。惟中文旧书，尚仍从前经、史、子、集四大类之旧贯，将来亦拟试行改编分为：（一）以类别者、（二）以著者姓名首字画数别者、（三）以书名首字画数别者三种。惟以分类法尚在讨论中，故未能克期进行。

第一阅览室置汉文杂志；第二阅览室置各种日报；第三阅览室置西文日文杂志；第四第五阅览室专阅览书籍。

杂志：中文者，新旧共有三百七十余种；西文者，新旧共有百七十余种；日文者，新旧共有四十八种。日报：中文者共有三十余种；西文者亦有数种；日文者有二种。

每日开馆时间：上午八时至十二时、下午一时至六时、晚则七时至九时；星期日亦不闭馆，职员轮流值班。值班者次日休息一日，俾得补足星期日之休息。

购书程序：先由图书委员会向各系教授征集应购之书单，再向图书馆检查本馆是否已有是书，如系本馆未备之书籍，即行文图书委员会审查，委员会认为有购置之必要，即由购书课购买。从前并未确定每年购书之款项，本年度预算划定每年以六万元，专供购置图书仪器之用。

现在馆址，亦属迁就之计，原来第一院之建筑，意在充寄宿舍之用，今以用作图书馆，不甚相宜。且图书馆日渐发展，房间亦不敷用。现已决计在第一院大操场，建一宏阔之图书馆，经费则以募集义捐充之。将来特设募捐委员会办理此事，目前以旱灾兵燹，故暂缓举行。惟国外方面，已有本校西教员卜思及蔡校长先后赴欧美著手募集。"

1920年12月18日、20日《图书部通告》"年假期近，兹自本月十九日起停止借书，诸君已借各书，统希掷还，藉资结束，是所盼祷。九、十二、十六。"

1920年12月23日、24日《图书部布告》"年假期内，除星期日、本月二十五日云南倡议纪念日、十年一月一日新年，循例停止阅览外，每日上午九时至十二时，下午一时至五时为阅览时间，在假期内，图书概不出借。九、十二、二一。"

1920年12月23日、24日《图书部典书课启事》"迳启者，年假期近，借出各书，须即结束，后列诸君，务希将所借图书掷还，实所至盼。此致顺候学祺。九、十二、二一。"后附70人名单。

1921 年

1921 年 1 月 13 日《庶务部杂务课报告》"十一月份本校各机关所用消耗物品报告表"中有"图书主任、登录室、编目室、售书处、阅览室"。

1921 年 1 月 14 日、15 日《图书委员会启事》"兹订于十七日（下星期一）下午四时在第一院接待室开会，请各委员先生按时到会为盼。"

1921 年 1 月 14 日《本校新闻》"天津南开大学教职员率领学生二十余人来本校参观，对于本校之组织及内部办事之手续询问颇详。在第一院参观注册部、图书馆及各教室后，即分为二班，一班由询问课带往第二院，一班由询问课请斋务课带往第一二宿舍，约二时方散。"

1921 年 1 月 14 日《图书馆登录室第一部布告》《图书馆登录室第二部布告》《图书馆登录室第三部布告》，最后"图书馆登录室布告，因他稿拥挤，多日未能登载；今决赶登，以清积搁，编者志。"

1921 年 1 月 14 日《平民夜校启事》。

1921 年 1 月 15 日、17 日《图书部布告》"近日天气严寒，校中于星期日不供炉火，第一院典书课兹定每星期日及星期晚馆，均暂停止阅览。此布。十、一、十四。"

1921 年 1 月 15 日《图书馆登录室第一部布告》。

1921年1月17日《图书馆登录室第一部布告》。

1921年1月18日《图书馆登录室第一部布告》。

1921年1月19日《图书馆登录室第一部布告》。

1921年1月20日《袁同礼君致蒋梦麟李守常两先生函》"梦麟、守常先生：上月寄守常先生一信，已收到否？闻孑民先生业已赴法！由梦麟先生主持校务。近想两先生健康、大学进步！罗素已抵中国，并任教席，闻之欣悦！同礼抵美以来，愈感经营本国大学之不可缓！年来出国留学者，不可谓不发达，此为过渡时代当然之现象。平情而论，以就学国外与在国内研究者相较，所多得者亦甚有限，而经济上则太不合算！况国内教育不发达，一经回国，最易与旧空气同化，然此仅就上等学生而言。至于宿妓涉赌之流，宁让其在国内沈沦，不必来此为外人藐视也！教育当局对于出国留学者，亟应加以取缔。愿先生能唤其注意！

美国出版界，异常发达，各种印刷品，一经出版，不久即告罄。同礼近索来此项出版物多种，不日即付邮，迳寄北大图书馆。外详单二纸（共十七机关之出版物，尚有数处未寄到，接到后再付邮），到时请照单查核是荷。

下列各机关之出版物，均极有价值，北大图书馆似宜购置。兹将其书目寄上：

1、Amercian Library Association

2、Amercian Seamlinatian Foundation

3、Rusell Sage Foundation

4、New-York Botauic Garden

"Soviet Russia"为苏维埃政府之机关报，出版地在纽约，每星期发刊一次，内中材料，颇多可取，前三卷现均可购到。去岁曾与申府兄提及，不知已购置否？来信附上。

纽约植物园愿与北大互换印刷品，但交换者只 Bulletin 一种，其余皆须用现款购置，请将北大印刷品寄去四五种，似不必寄全份也。其地址如下：

New York Botauic Garden

Bronx Park

New York N. Y. U. S. A.

上月美国东方大学图书馆馆长，在哥伦比亚大学，举行第八次年会，主席 F. C. Hicks（哥校法律图书馆馆长）嘱同礼赴会，并约演讲。是日到会者百余人，东方各大学图书馆长俱出席。同礼为之演讲"中国图书馆问题"约半小时，颇受欢迎，讲演毕，主席付诸讨论，殊获益也。兹将是日会序寄上。

美国图书馆协会于本月二十七二十八二十九三日，在芝加哥举行大会，讨论各种图书馆问题。书记 Bogle 女士来函，邀前往赴会，同礼以限于经济，已复函谢之。特寄上该会十一月份之报告书一份，大会讨论各问题，载之颇详。

去年东方大学图书馆馆长举行年会时，曾指定组织委员五人，Organiziny Committee for Cooperation with the Institute of International Education 其报告书五纸，又 Institute of International Education 之 Bulletin 两本，Announcement 一本，一并寄上。此种团体，北大亟应加入！报告书内所言之 Specific Union list，及 International Exchange of Duplicates，于北大均有莫大之补助！

Institute of International Education 成立仅年余，现由 Stephen C. Duggan 教授主持其事。东方大学图书馆馆长年会时，渠亦莅会。昨晚约同礼往谭，对于中国教育情形，多所垂询。曾为之详述北大近状，渠颇注意。并提及此间之 Carnigic Endowment 近将关于美国书籍多种"Library on American"赠与各国，（约值四五千元）法意希腊等国，均各蒙寄赠。如中国方面与之交涉，必不难获到，云云。同礼以为此种机会，万不可失！极愿为北大谋到此项书籍，但既非正式代表，殊难与之启齿！因念倘北大能给予一种名义，如图书馆代表之类，有此头衔，方易接洽，据 Duggan 教授言，无须何种手续，只须有政府及使馆公文证明耳。应如何进行？请议决后，速为示知为盼！

燕京大学副校长及教员二人均在此。Duggan 教授亦以此种书藏相告，恐不免"染指"之意！

华盛顿之 Government Printing office，为公家出版物分散机关，现下绝版者业已甚夥！如此时再不向其索取，以后补购，实为不可能之事！然亦须有一种名义，方能蒙其寄赠。

又华盛顿之 Smithsonian Institution 附设有 International Exchange，大学方面，前此有无接洽？请查明示下，同礼亦愿与之交涉也。

德国书籍，刻下不准出境。美国书价，今年亦复大增，售出价目，往往与订定价目不同。此时购书，与前数年金价跌落之时相较，无形中颇受损失。

母校近来有何新设施？愿闻其详！大学日刊及他项印刷品，能赐寄一份否？

适之先生日来谅已大愈，为念！望代致拳拳！

袁同礼 十二月九日夜。

附件之一

与"万国教育会"The Institute of International Education 互助合作之事，一九一九年十一月二十九日，东方大学图书馆员派定"组织委员会"之初次报告书 吴康译文

一九一九年十一月二十九日，东方大学图书馆员年会举行于哥伦比亚大学，于时"万国教育会"主干杜干 Stephen P. Duggan 教授发表一篇关于该会之演说。首言该会之缘起及其宗旨，继述其将与各处图书馆员为互助合作之计划，——

此种计划如付诸实行，则其益于诸国图书馆、图书馆员者，将与其促进该会之旨趣同也。下方所言，即其演说之结果，付诸公决，而为此年会所采用者也。

东方大学图书馆员年会决定愿与"万国教育会"为互助合作之事,用各种方法(如由改良美国图书丛刊,印行联合会表册,及其他方法等)以进美国对于各国了解之程度,关于此种互助合作之事,派定五人组一委员会与此主干商其进行。

再此委员会亦得加入其他图书馆联合会或图书馆研究会也。

以下组织委员会所派定者,临时主席,哥伦比亚赫克斯均 Mr. Hirks,勃朗辜白门君 Mr. Koopman,白稜士顿李奢逊君 Mr. Richardson,哈佛来尼君 Mr. Lane,与康奈耳奥士登君 Mr. Austen 是。此委员会自审其性质,亦属于临时者,深望合众国中能有较大之关于图书馆研究各机关之代表委员会起而代之也。此际其所计划应办之事约为:

(1)采纳杜干教授所提议几种特别关于互助合作之事。

(2)范围较大互助计划之提议。

(3)初次报告书之预备。

(4)公布全部计划书于诸图书馆员,俾其周知,为举行右表中所列各事,委员会于是报告以下进行。

第一,(甲)特殊联合表册

据各图书馆员之报告,知美利坚图书馆素少勾稽研究之事,即闻有之,亦鲜能设法使之大有裨利于吾人之所事也;以是之故,此会(指万国教育会,下同)乃将诸馆员所预制之联合表册刊而布之,而致力于备几考究之特殊范围内也。其利于此事之本身一事为麦芝女士 Miss Is Mindae 哥伦比亚大学参考图书馆员)所为统计??之初次表册,于是委员会乃安排(一)刊此表册为一种小册,(二)分布各处图书馆为登录对校及统计之参考、(三)报告表册之联合、(四)按联合表册之式重印此种结果成绩、(五)广布此种联合表册于各处图书馆,其印刷编辑及传诸布费,但由杜教授慷慨输捐,已无他虑。而编辑一职,将由麦女士独任其事云。

（乙）复本之国际的交换及大学出版物之利于交换者

"万国教育会"愿以互换复本及利于交换之大学出版物之法，任美国及外国各图书馆间之中介职务，委员会提议编入外国图书馆表，凡表中图书馆俱得函询：（一）其是否有复本及其他物愿与美利坚图书馆交换者、（二）是否有此种表册或愿制如此之表册。如得复信证明，便可汇集外国表册付印。而美利坚图书馆亦得受函询寄送同等应汇刊之表册也。第二步必为（一）由各相关国家曾通往来之各图书馆，对校此等表册、（二）由各国通都大邑及纽约蒐集各种载籍、及（三）装运此等书籍于其所欲至之地。

第二，此日，委员会拟提议将杜教授所述互助合作之方略详细规划付诸实行，即关于征集及完成美国各处图书馆丛刊物之互助合作之事也。

（甲）美国各处图书馆之总联合目录

其宗旨在刊印一种联合目录，其全部内容为（一）属于合众国大图书馆者，（二）属于较小而重要之图书馆者，以此致力于专门问题之研究焉。

据白稜士顿大学所印书名表册观之，即为此种目录之种种机械的困难及印刷之所费可以少减矣。

此际所宜注意之问题为（一）各图书馆自身关于编制丛刊蒐集之简名登录号须互助合作之事及（二）立一总事务所与职员部以收受、安排、编辑及印刷其集成之副本者。

（乙）专门联合表册

知总联合目录之不可一日无也，则有更直捷而次重要之计划即按文学专门之类别，依其题目或其款式，编制联合表册而刊布之是也。此种表册之每一种，俱为入于完全联合表册途程中之一阶级。本委员会欲测其范围之广狭，以哥伦比亚大学编目主任普丽史考德女士 Miss Prescott 之助制一美利坚联合表册之一种试验表，已在印刷中，以补一九〇六年约瑟夫逊君 Mr. Josephson 所制之不足者也。然此表去完全之程度尚远，此委员会且希望约君得被敦劝将其表册重编而付乎民也。

除现有之联合表册外，又计及其才及计划之联合表册焉。其中之主要者为北部中央各省《丛刊联合表册》中含鄂海阿、墨其根、印地安那、伊利诺、威士康辛、明讷琐达，及乃不剌斯加各处图书馆之定期出版物也。初次表册已半在印刷中矣。以此会（指万国教育会）之助力，不识合众国各处地方表册能一律编制否也？

今试将专门联合表册于该类中为最重要有兼国际的关系影响者，稍举一二示例，委员会乃提议以下各项：

一、国际法。

二、领事报告。

三、国外商法。

四、普通国外法。

五、国外记述（文件）。

六、国外教育报告。

七、国外贸易及工业报告。

八、关于拉丁亚美利加之原料。

九、国外新闻。

第三，此初次报告之目的不过欲于图书馆公布之前，参与此种计划，及刊录各图书馆联合会与各图书馆之与"万国教育会"有互助合作之事者。杜教授关于联合表册之贡献，不过扩张其印刷及销路而已。关于此种之填制编辑，太半须由其书籍列入表中之各图书馆为之。所有各处图书馆俱以乏资雇用额外添加之助手，颇感加入此种互助计划之困难。是故关于编辑表册之事，必有纯粹之合作机关为之；而于此委员会亦可明见此种事业之公款补助应入于"美国图书馆联合会"条目加增之常年预算表中也。为此之故，乃提议送说明书于委员会及杜教授（419W. 117th Street，New York City），俾彼等得并合为一种包罗较广之报告，此种报告，可由该委员会或得代其职较大之委员会编制也。

赫克斯（Frederick C. Hicks）临时主席、

辜白门（Harry D. Koopman）、

李奢逊（Ernest C. Richardson）。

1921 年 1 月 22 日《本校纪事》"民国十年一月十七日图书委员会第九次会议议决事项如左：

一、每月购书经费平均分配于十五系。

二、各系购书经费如按上项决议之平均分配数有余或不足时，得由图书委员会酌量调剂。

三、各系购买书籍，须由该系教授会开单交图书部，由图书部主任提交图书委员会审查。

四、各系教授如遇有稀见之图书认为立刻应买者，必须通知该系主任及图书部，由购书课自行购买，或与之同往置买。购买之后，须提交图书委员会审查追认。

五、各系研究所陈列之书籍概不出借。"

1921 年 1 月 24 日《图书馆登录室第一部布告》。

1921 年 1 月 25 日《校长布告》"评议会通过修正图书馆借书规则，兹特公布之。十年一月二十四日。"

修正图书馆借书规则

第一条　本校教职员正科学生及本校规程上所规定之各机关，向本馆借书，须持借书证或机关公函，用本馆定式之借书条，填具书名号码数年月日，并由本人或各机关主任签名，交付本馆存查。

第二条　借书人借书时须将借书证连同借书条留存典书课，俟缴还所借图书时再行取回。关于所借图书之责任，应完全由借书证上所记之人负之。

如在第一次借书未满期之前再借书时，须将第一次所借之书持往图书馆以资证明。

第三条　本馆藏书分贵重书类、通常书类二种，贵重书类，无论何人概不出借，通常书类除辞典字典外，俱可按本规则出借，但教员指定之参考书，若参考人甚众时，得由图书馆斟酌情形，暂不出借。

第四条　新到书籍若无复本，则自到馆之日起一个月内陈列馆内，供众阅览之用，暂不借出馆外。

第五条　本校规程上所规定之各机关及各教职员，每次借出图书，中文以五十册为限，西文以十册为限。本校正科学生，每次借出图书，中文以二十册为限，西文以二册为限，图书之装成幅帙者，以一幅或一帙为一册。

第六条　借书期限，教职员以十四日为度，学生以七日为度，俱从借书之日起算，但期满还书时，如无他人需用，可以换条续借。

第七条　无论何人借书期满不缴还者，除暂停其借书权外，并照下条规定征收违约金。

第八条　违约金之办法依左列方法定之。

（一）违约金率用累进法定之，每逾限七日递加违约金率一倍。

（二）在逾限未满七日以内，中文图书，教职员每册每日征收铜元6枚，学生每册每日征收三枚；西文图书，教职员征收铜元十二枚，学生征收六枚。在逾限未满十四日以内，中书，教职员征收铜元十二枚，学生征收六枚；西书，教职员征收铜元二十四枚，学生征收铜元十二枚。在逾限未满二十一日以内，中文图书，教职员每册每日征收铜元十八枚，学生征收铜元九枚；西书，教职员征收铜元三十六枚，学生征收铜元十八枚，以下类推之、

（三）违约金之征收，教职员或自交典书课或由薪水中扣除，学生于还书时随交典书课汇收，若学期终了，尚不缴还书籍及违约金者，下学期开始时，即停止其学生资格。

第九条　校外各机关如有以公函向本馆借阅图书者，本馆依其图书之性质，认为无何妨害，得贷与之，但该机关须派人莅馆，以本馆定式借书条填具书名号数，签名盖章并须于一定期限归还（期限由本馆临时酌定）。

第十条　借出之图书如有损坏时，须按其损坏之程度由图书馆酌定修补费，令借书人赔偿，在未赔偿以前，停止其借书权。

第十一条　借出之图书，如有遗失，应由借书人报告本馆，如其遗失，报告在规定之借书期内，应由借书人赔偿本馆所估定之代价，如已逾期，则除赔偿以外，并按第八条征收违约金。

第十二条　借书还书均于本馆开馆办公之时间行之。"

1921年1月25日《图书馆登录室第一部布告》

1921年1月26日《图书馆登录室第一部布告》

1921年1月27日、28日、29日、31日、2月1日《图书部通告》"修正图书馆借书规则业已公布，自本月二十七日起实行。凡在本月二十七日以前借出之图书，统限于二月十日以前交还典书课。自二月十日起，仍未归还各书，作为逾限，即照新章征收违约金。教职员借书，依据新章须用借书证，该证业已备妥，希于第一院典书课办公时间内，随时领取。十、一、二十七日。"

1921年1月28日《平民夜校启事》

1921年1月31日《图书馆登录室第一部布告》

1921年2月1日《课余闲谈》易道尊写。"整理图书馆的现状废除职员点名制"

"我对于本校的事情，有许多话要说，但因没有多的余暇，说不胜说，所以只得不说罢了。惟对于图书馆的现状和职员点名两件事，感受非常的苦痛和种种不便，万难忍受了，所以不惜牺牲两点钟宝贵的光阴，把我所经历的写出来，和主管的先生们及同学商量，希望有整理改革的一天，让我分开来说：

甲、整理图书馆的现状

我为什么要说整理图书馆的现状，不求根本改造呢？（一）因为我对于图书馆没有专门智识，不敢说；（二）即使我能够提出一个根本改造的计划，也难成为事实，因为校中没有钱。设图书馆原为大家看书方便起见，我的最小限度的希望也就是这个，只要图书馆名符其实，能让大家平平安安的在里面看书就得了。老实说以图书馆的现状而论，实在有图书馆里不能看书的苦痛。我因为寄宿舍里不能读书，迫于不得已，只好往图书馆走。但每每爽爽快快、高兴而去，总是头晕目眩、失望而归。所以令人至此，有几层缘故：

（一）同学多不讲究公德和公共卫生。常有移人正在阅览室低头看书时，猝然有人重步进来，乒乓一声，把书往桌上一掷，嚇得满坐的人一惊，大家都抬头向他行"注目礼"！还有许多人没有脱去乡村学究的习惯，拿着书就叽里咕噜的念起来，不管吵闹别人。一身好似得了疯症，也头动起来，脚踏地板，手扣桌子，的的卜卜，和和尚庙里诵经一般。最讨厌的就是一班乱吐痰的人，阅览室中备有痰盂，有痰不往痰盂内吐，硬要吐到地板上，这不知道是甚么意思；要请吐痰的先生们自己来答复？本来没有病的人随便吐口水，没有甚么要紧，不过有一点不雅观！但是惯吐痰的人多半是有病——不是受了寒，就是犯了肺病、结果不免妨害他人的健康。同学们，我知道各位并不是完全不讲公德，不过是被恶劣的习惯征服了罢！

（二）各阅览室中收拾不洁清，陈设不妥当。同学既多不注意卫生，负管理责任的人也不指挥校役洁清打扫，桌下泥沙，纸屑起堆，桌上灰尘随风飞扬，痰盂的臭气有时外闻。咳！这是读书的地方吗？恐怕读得书来身体就要害病！我以为各阅览的地板至少每星期须大打扫一次，把桌凳移动，用布帚饱浸水洗擦（平常听差只用不干不湿的布帚在空地随便擦擦，桌下不管）于每日开馆之先，小扫一次，将桌上的灰尘拂去；痰盂也须日洗一次，中置净水。最漂亮的是第四第五两阅览室中的桌布，白布变成黑色了，破烂不堪；用桌布为的是清洁雅观，既不清洁又不雅观，何不把他们取消？这两个阅览室的桌子也是不适用的，桌下横木太低，旁桌坐下，两足不能屈伸，真是受罪！最特出的是第一阅览室（中文杂志阅览室）中的桌凳的安置，凳子都是死死的钉住在地板上，距离桌子一尺多远，若是坐着凳子，又要依着桌子看书，上身须往前倾，和地平线成四十五度的角度！

（三）馆员不称职，不尊重馆中的秩序。进图书馆第一件叫人不满意的事，就是要一本书——有没有是另一问题——半晌不得到手。若是向各书库中新取某种书，当然要费点功夫去找，等一会儿，本不足怪，但常要一本前天用过的书，还搁在典书室，或要一本日常用的字典，把字号写得清清楚楚，请馆员先生拿一拿，也半晌都找不着；若是我们自己进典书室去，一望就得着了。这不知道是各位先生们不识外国字，或眼睛有近视的毛病？间空开晚馆时，我们按时而去，要等十分钟或一刻钟的功夫，馆员先生才来到。若是我们带了书出，还可以到第五阅览室（照例不锁门，很方便）去看；倘若没有带书，站着门外静候，真是叫人不耐烦。再则馆员先生喜欢谈笑，无事则花花絮絮，喋喋不休。有时借书的先生们，会着馆员，好像三年没有见面的老朋友，也要畅谈一番。（在阅览中好谈话，同学也多有这毛病。有的人长高声谈笑，旁若无人，我真佩服他们这种态度！）有一件显然的事实可以证明我这段话不虚，平常看书的人都不乐意在第四阅览室——典书课所在，而争向第五阅览室去，要等到第五阅览室没有空位了，才有人到第四阅览室去，因为第四阅览室实在特别喧嚷不堪，不能读书。我以为各位先生们和同学们真有话要说，或有朋友来会，就请到门外或接待室中去，好畅所欲言。还有一件小小的笑话，第三阅览室（外国杂志阅览室）某先生惯长叫听差买几个油炸鬼和烧饼，坐到室中吃，这也不免有一点搅乱他人的观觉。

以上所说的是第一院各阅览中的情形，至于第二院的阅览室又是怎么样的呢？其不卫生、无秩序、和第一院差不多。不过那地方天然的僻静得好，有一点乡村的风味，空气比较的洁清，但有一层讨厌的事实，就是后面住的听差，常常高声歌唱，乱呼乱嚷，尤以礼拜日为甚，只听得"新世界呀！""游艺园呀！""公园呀！"……在第一院听差的喧嚷也是有的。因为西楼下即听差的住所，长在图书馆门外跑来跑去，加以外面饭馆里包送听差面食的小孩闹得更起劲。这虽是些小事，为公安起见，也当稍加取缔才好。

对于图书馆的现状不满人的地方大概都说到了，要把他整理，也是狠容易的事，只要主管的先生们多负几分责任，同学们对于公共卫生秩序等稍加留神就得了。我写到这里禁不住要说几句公道话，就是本校图书部的职员比较起来还算肯负责任，事事都向着改进的路上走，管理也比较的得法，卫生状况比较各教室各斋舍及其他公共地方也好多了。举一反三，我狠希望各部主管的先生们，对于职分内的事，能够督率所部，竭力进行，那吗或者可以把目前这种涣散停滞、萎靡不振的环境改变。再我说的话免不了有言过其实或错误的地方，请各位先生和同学原谅（未完）一九二一、一、三一。"

1921年2月4日、5日、14日《图书部布告》"本月七日至十一日为春节假期，十二日为北京宣布共和南北统一纪念日，应均停止阅览。

借书限满之日，如值假期，典书课停止办公，不能缴还所借之图书，则应于典书课假后开始办公之日（本月十四日）缴还；即作为未逾限，而免征收其违约金。

凡在一月二十七日以前借出之图书，本限于本月九日以前缴还典书课；惟限满之日，适在假期内，特展期至十五日止。自本月十六日起，仍未归还各书，作为逾限，即照新章办理。十，二，三。"

1921年2月4日、5日《图书主任通告》"近顷有几位同学关于图书馆有商榷者数事，兹为简单答复于左：（一）第三院阅览室即将设置。（二）第一院典书课办公室与阅览室即行分开。"

1921年2月5日《袁同礼君致蒋梦麟先生函》。

"梦麟先生：

印度戴思先生 TaraKnath Das 为纽约 Friends of Freedom for India 干事，曾著 "Is Japan a menace to Asia?" 书颇负时望。日前约往晤谭，谓中印二邦文化上关系素深，徒以宣传无人，提倡乏术，驯至承学之士专已守残，沟通之道缺焉，不讲东方文明，日即衰微，良可慨也。为今之计，二国学者亟应互相联络交换知识，藉以发扬东方之文明，俾与西方文明相辉映，此诚当今之急务，不容忽略者也。余意中国大学于印度文明宜设专科，延聘名宿主讲，其中台峨尔者，当代大哲，久负重望，诚能延往讲学，东方文明之真谛不难由是而阐扬矣。台氏现寓纽约，君倘欲聆其言论乎？当以一言为介。同礼欣然承诺，翌日往晤台氏于 Algonquin 旅馆。台氏曰，中邦自欧化输入以来，固有文化湮而不彰，国华日消，民不知本，可慨孰甚。西方文明渊源，东亚治史学者颇能道之，方今欧美绩学之士研治东方文明者颇不乏人，而中邦学子反置国粹与不顾，不亦侦乎？故华人研究东方文明实较东（按：应为西）方文明为尤急。同礼乃曰，东方文明向以中国印度为代表，故印度文明宜为国人所注重，北京大学校长蔡孑民先生曩在欧洲专攻哲学有年，自任校长后，于哲学一科备极注重。杜威、罗素先后应聘而至，惟印度哲学一门创办伊始，规模未备，异日承学者众，自当力图扩充，顾讲座难得其人，必得学术湛深名重全球如先生者，主讲其中，方足以厌萃萃学子之望，先生以宣传东方文明为己任，倘蒙应聘前往，则国人之欢迎，当远在杜威、罗素之上矣。台氏曰：曩者芮恩施博士在北京时曾约余游华，以俗务缠身不克成行。余现为筹设印度大学游历欧美，意在躬访专门学者，以为异日担任延聘之准备。中印文化关系素切，印人研治中国学术自较西人为易，中华不乏博学知名之士，深愿晋接其人罗而致之。至研究东方文明，本余夙愿，有机缘自当本其所见与中华学者相商榷也。

鄙意北大现有杜威罗素担任讲演，西方文明自可窥见一斑。惟东方文明，阐扬亦不容缓，而堪胜此任者，求之今日，实非台峨尔莫属。台氏挟志游华已非一日，诚能延其讲学，则于东方文明自可收发挥光大之功（台氏于印度古来之宗教哲理援论间有错误，西方学者已有定论，惟延其来华，俾国人略知物质之弊害、国粹之当保彰，影响亦颇大也）。先生现方主持哲学一系，用特略陈鄙见，倘荷采纳，请即径函台氏接洽一切。台氏于本星期六赴康桥任哈佛大学讲演，月杪赴芝加哥，二三月间在西美各州演讲，四月间将有欧洲之行，应德法瑞典挪威各国大学之召，七八月间可返印度。其通讯处列下：

（法国） Mon. Rabindrauath Tagore

　　　　　 Cirele du Autoor du. Morrle

9 Quar du Quartre Aeptembre

Bombgne-sur-Seine France

（印度） Santini Ketaa P. O.

　　　　　 Bengal, India.

专此布达，顺颂教祺

袁同礼谨启一月六日自纽约

适之、漱冥两先生同此。"

1921 年 2 月 19 日《庶务部杂务课报告》"十二月份本校各机关所用消耗物品报告表"中有"图书主任、登录室、编目室、售书处、阅览室"

1921 年 2 月 19 日《图书馆登录室第一部布告》

1921 年 2 月 21 日《本校纪事》"本月十八日教务会议议决案件择纪于左：（一）图书部提议规定教员借用教本范围案。议决：以后教员借用教本，概由各系主任开单交注册部转交图书部。所谓教本，以现时教授、学生教员共用之教本为限。"

1921 年 2 月 21 日《图书馆登录室第一部布告》。

1921 年 2 月 22 日《图书馆登录室第一部布告》。

1921 年 2 月 23 日《图书馆登录室第一部布告》《图书馆登录室第二部布告》。

1921 年 2 月 25 日《图书部布告》"本月二十五（星期五）二十六（星期六）两日下午日馆及晚馆，均停止阅览。十。二。二四。"

1921 年 2 月 26 日《图书部布告》"本月二十五（星期五）二十六（星期六）两日下午日馆及晚馆，均停止阅览。十。二。二四。印度哲学参考室已布置在第四层楼第二十四号房。阅书时间：自每早十时至十二时又午后一时至四时止。每星期二三五，梁漱冥先生均在参考室备同学质询参讨。十、二、二五。"

1921 年 2 月 26 日《图书馆登录室第一部布告》《图书馆登录室第二部布告》。

1921 年 3 月 2 日《世界语阅览室布告》。

1921 年 3 月 8 日《图书部典书课启事》"敬启者，修正图书馆借书规则公布以前借出之中西文图书，前经通告限于二月十五日以前归还；自十六日起仍未归还各书，即照新章征收违约金。惟查前借各书，现时迄未归还者尚多，逾限已在第三星期以内，务希诸公迅为掷还所借各书，藉免违约金之负担与日俱增也，肃此只候台绥。十、三、七。"其中，陶履恭、李良骥等，共241 人。

1921 年 3 月 8 日《图书部第三院典书课通告》"第三院阅览室现已布置完妥，定星期四日（三月十日）开始阅览，时间，每日上午八时至十二时，下午一时至六时止，专备来馆阅览，概不借出馆外，特此通告。"

1921 年 3 月 11 日《陶孟和启事》"日前接到纽约国际教育局长达甘君（Mr. Dagyan）寄来克仑比亚大学奖学金表一纸及奖学金请求书二纸。合将二者交英文杂志阅览室，供有志赴该校留学者之参考。"

1921年3月11日《图书馆登录室第一部布告》《图书馆登录室第二部布告》《图书馆登录室第三部布告》。

日刊停刊。

1921年8月3日、20日《本刊启事》"本刊自三月十四日起，至七月二十七日止，中间因京师教育经费问题，停止出版。兹因该问题业已解决，本刊恢复原状？按照往年暑假期内办法，每星期出版一次，遇有要事，临时增刊；所有未经登完之稿，继续登载；其赠阅之报，照常寄送；订定者，计日推补。以每张铜元一枚计算，外加邮费半分。地址迁移，请速函知。特此谨启"。

1921年9月13日《庶务部杂务课报告》"十年一月份本校各机关所用消耗物品报告表"中有"图书主任室、编目室、一院典书课、二院典书课、阅览室"。

1921年9月17日《图书馆登录室第一部布告》。

1921年9月19日《图书馆登录室第一部布告》《图书馆登录室第三部布告》。

1921年9月20日《图书馆登录室第一部布告》。

1921年9月21日《图书馆登录室第一部布告》。

1921年9月22日《二十日欢迎蔡校长大会顾孟余先生之欢迎词》"略云：今天开会的宗旨是欢迎本校校长蔡孑民先生。回想这几年以来，蔡先生离校好几次，只是他这次离校与前几次不同。前几次他离校，都是因为偶然的事故；这次他离校，确是有一个计划，与本校前途很有关系的。他这次出去曾调查欧美许多国的学校，并且给本校图书馆募款。他现在回来了，正是北京教潮刚刚结束的时候，我们教育界经过这次教潮，已经精疲力竭，此刻看见他，恰似经过长期黑暗之后望见明星。

我想他一定可以给我们许多鼓励，振作我们的精神。我在今天这会，适有一种感想：我们中国历史上的大豪杰大贤哲原来很多；但是在近多少年来，人物却很缺乏。虽在最近几年，因时势的需求，产出多少人物，或是智识特长，或是富于进取思想，想为中国的人民开辟一个新生路。但是环境太坏，而我们当初期望颇厚的人，有许多都破产了。我此地所谓破产，是指人物的破产，精神的破产，主义的破产而言。固然斯宾塞说，在不完全的社会中，不会有完全的个人。但中国人才缺乏，不能不说是今日极大的危险。不过我以为如其有这种精神与主义不破产的人，当推蔡子民为第一。我们如果问他的精神与主义不破产的原因，我们便不由得想到我们中国人的一个性情上的弱点。这弱点是：迁就环境。迁就环境与适应环境不同。迁就环境是被环境征服。适应环境是以自己的意志利用环境征服环境。和这个性情相关的，是不愿看见世界上一切不协调的事。因为有这种性情，所以理论的科学决难发达，而创造事业的能力很弱。蔡先生的长处，就是一面他既是极爱和平的人，而一面他却敢看见世界上不协调的事，不怕与环境冲突。中国人常有的短处，急求成功与爱好虚荣，他又能免避，这是帮助他的精神与主义不破产的主力。故无论教育界，或一般人，对于蔡子民的期望很大。他这次去国，虽然遭逢不幸，教育风潮闹得若此之大，尤不幸的是蔡夫人去世，但蔡先生是抱乐观的一定能继续奋斗的。他回国未久，即到校视事，这就是他肯牺牲的表示。

我们欢畅之中，要祝先生的健康，并且请先生赐教。"

1921 年 9 月 22 日《蔡校长演说词》"兄弟这次出去，差不多九个多月。这中间学校里出了许多想不到的事情，我在外边，不能同诸位一样的尽责任，诸位偏劳了，不责备我。……

图书馆捐款的事，在美国的北大同学，很肯尽力。我自纽约到檀香山各处，对华侨也屡次演说，承他们各团体的领袖，都热心赞同，允代为募集。但现在还无成数。我想能捐到几十万，第一要紧，就是建筑图书馆的新房子，以能免火险为主。这一回罢课时期内，不是有人放火么？因这种房屋作图书馆实在危险得很。但是几十万元的款，不能全靠国外的华侨，还要在国内募集，我在外即闻本校教职员议决。捐罢课期内一个月的薪水给图书馆，我即以此到处告人，并且旧金山、檀香山的报纸也登载了。我很希望诸位即日实行，有了这个，我们向外人募捐，也格外好开口一点。

我今日想到的，不过这几件事，我谢谢诸位的盛意。"

1921年9月22日《庶务部杂务课报告》"十年二月份本校各机关所用消耗物品报告表"中有"二院典书课、三院典书课、装订室、购书课、阅览室、登录室、编目室"

1921年9月29日、30日、10月1日《图书部通告（一）》"本馆借出之书，通限于十月一日前缴还，其逾限者，并须缴纳违约金；自十月二日起，仍不缴还书籍及违约金者，并从前欠缴违约金而不缴纳者，即照修正图书馆借书规则第八条办理"。近300人。（借去书籍杂志未还名单及欠缴违约金名单，均见29日日刊）。

1921年29日、9月30日、10月1日《图书部通告（二）》"本学年学员借阅书证，自十月十一日起颁发。望诸君届时持本学期学费收据，到第一院典书课领取；惟数学、物理、化学、地质等系及工科借阅书证，在第二院典书课发给。旧借阅书证，一律作废。自十月十一日起，书籍照常出借。"

1921年9月30日《本校纪事》"美国国会图书馆派遣汉文书籍编目员卫德女士（Katharine H. Wead）到中国来研习汉文，并研究汉文书籍编目方法。本校于五月中旬接到金陵大学校长鲍文（A. I. Bowan）先生的介绍信云（依原信译出）'北京大学图书馆诸位先生：敬启者，华盛顿国会图书馆卫德女士此番到中国来，预备在金陵大学作一二年的中国文学的特别研究，并且帮助我们做汉文书籍的分类事业。她想在五月底或六月初到你们图书馆来参观，如承你们允许她看图书馆的全部工作，尤其是你们汉文书籍的分类方法，我们十分感激。卫德女士一二年后就要回到国会图书馆，在施文葛博士（Dr. Walter K. Swingle 国会图书馆汉文部主任）的属下，继续担任国会图书馆

所有汉文书籍分类的事情。你们对她招待指导的盛情，先此道谢。鲍文。一九二一，五，一六。'

六月中，卫德女士到校参观图书馆，其时正在罢课期中，办事方面无可见者，由图书部主任李守常先生导观各书库，并请其转达美国国会图书馆长卜提间博士（Dr. Putnam），请他把他们的书目片子，送给我们一分，又汉文书籍编目法亦请其向施文葛博士索寄一部。兹得来书云（金陵大学原译稿）：守常先生赐鉴：今夏道出燕京，备承指导，又蒙示以藏书，甚感甚感。随即致函国会图书馆馆长卜提间博士，转达足下拟索取该馆目录卡片之盛意，想彼现已有报命矣。至该馆中文部主任施文葛处亦已去函，请其将中文书编目法函致尊处，藉备参考。至尊处所有祁君著之中文书编目法，曾蒙允假给敝处一用，兹特请敝馆主任具函奉借，务希慨允，一俟译事告竣，立即奉还。此颂公绥。卫德谨启。一九二一，九，十七。又金陵大学图书馆主任刘衡如先生函一通，正式告借祁君所著中文书编目法。本馆已将此书抄本寄去矣。将来中美图书馆事业，如能由卫德女士的联络，收提携的功效，那是我们极盼望的事情。"

1921 年 9 月 30 日《地质研究会鸣谢启事》。

1921 年 10 月 3 日、4 日、5 日"本校图书馆编目课所编《英文哲学书目》现已出版，每册定价大洋二角，本校同学诸君，有愿购书者，均按七折收价，此白。出版部售书课白。十月一日。"

1921 年 10 月 5 日《庶务部杂务课报告》"十年三月份本校各机关所用消耗物品报告表"中有"一院典书课、二院典书课、三院典书课、登录室、编目室、阅览室"。

1921 年 10 月 11 日、12 日、14 日、15 日《校长启事》"本校教职员诸先生公鉴，据图书部报告，同人中有借阅图书馆书籍逾期未还并有积欠违约金等情，此事宜按本年一月修正之图书馆借书规则办理。诸先生中如有借书届期，务请早日交还，或欠违约金亦希照章缴纳，如一时不即缴纳，应由薪水中扣除，特此。谨启。"

1921年10月11日、12日《校长布告》"本年一月修正图书馆借书规则准学生借阅书籍，原为便利参考起见。近据图书部报告，学生借书不按定期交还及积欠违约金者甚多，登报催索亦复无效，似此情形，实与本校扩充图书馆计划大有妨碍，亟宜切实整顿，以维将来。关于此届借书不如期交还，及积欠违约金等情，容系新章实行未久，借书者或不熟悉，不无可原，兹决定通融办法如下：

（一）期限至本月十三日以前，凡借阅之书籍应交还而尚不交还者，照章停止学生资格。

（二）已将书籍交还而所欠违约金尚未缴纳者，亦限于本月十三日以前缴纳，如逾期不缴，应停止其借书期一年。十年十月八日。"

1921年10月11日《图书馆登录室第一部布告》《图书馆登录室第三部布告》。

1921年10月12日《航空署致本校图书馆函》"敬启者，本署以我国航空事业系属初创，为灌输国人航空知识，引起国人航空兴味起见，是以有航空月报编纂所之组织。自上年五月一日出版以来，业将第一卷月报八册赠送贵校在案。本年五月适届一周纪念，特征集国内航空专门人才及名人著作，并译述欧美各国航空最新图书，编印增刊号，与第二卷第五号月报同时出版，藉备赠送各界，兹检送贵校一册，以供披览。刻？下月报已出至第二卷第八号，贵校同人如需购阅，即希函订，俾便寄奉，倘能广为劝购，尤纫公谊，不胜盼祷。此致北京大学图书馆。计附航空周年纪念增刊号一册。航空署启。十月八日。"

1921年10月13日《袁同礼君致蔡校长函》"孑民先生钧鉴：（前略）加尼奇万国和平会捐赠该会出版书籍事，同礼曾与James Brown Scott博士接洽一次，均已妥协，该会董事会将于下月杪举行年会，博士谓，拟提出征求同意，想此为一种手续，当然可以通过。至于运费均可由斯密搜尼学院担任。国会图书馆捐赠之目录片，业与馆长接洽数次，已无问题，兹将馆中来信寄上，敬祈台阅。又契约一纸，特照其规定格式另纸缮出，请先生签名后，仍寄敝处以便转交为荷。目录片约八百六十余万张，检点清楚，需时颇久。内中有已绝版者，尚须重印，加以临时雇工，薪水共约八百元，此款亦由国会图书馆担任，馆长谓本年预算案已于春间由国会沟通，刻下颇难筹拨，明年预算案必能加入，而彼时目录片亦可清理告竣。明夏或明秋当可运京云云。因念一年之后，北大一切设施必可归复旧观，届时再运送计亦甚善。此项目录片须木箱三十只，转运费亦颇不赀，每木箱约费五六元（馆中可代做）加以运费保险费等等，恐非美金七八百元不办。每箱运费究须若干，俟返纽约询明，再以奉闻。全份运京后，以后出版之书片随时付邮（由斯密搜尼学院代寄）照章每星期寄二次，全份寄到后应以有抽屉之木箱装置之。每屉可客一千五百张，敝意为预防异日发展起见，每屉暂置一千张，共需八百六十屉，纽约图书馆用品社，Library Bureau 所制之木箱精美而耐久，以每架容六十屉者为最合宜，每屉按一千张计算共须十五架，每架一百九十三元七角五分，价，美金二千九百余元，加以运费，所费太巨。敝意不如照规定之尺寸，在京投标定制。前年同礼在清华时曾交裕源及义成两木厂定制出品，亦颇可用。一切详情先生便中与清华图书馆戴志骞先生一商为盼，此上，敬颂道祺。同礼谨上。八月二十五日寄自华京。附国会图书馆函一件 契约草稿一件。"

《国会图书馆致袁同礼君函》

"Letter from Mr. C. H. Hastings, chief, Card Divison, Library of Congress.

August, 13, 1921

Mr. T. L. Yuan

Catalogue Division

Library of Congress

Washington D. C.

Dear Mr. Yuan：

The librarian tells me that a depository set of our cards is to be sent to the National University of Pekin and has authorized me to arrange with you as to the details

The first thing to do is to forward the enclosed form of agreement to Chan cellor Tsai and ask him to copy it on his own letter-head, sign, and send it to the librarian on Congress.

It is a large task to get out one of those sets, verify it, and prepare it, for shipments, the money cost being about $800. I do not see how we could complete the task on this year's appropriation, but can assure you that by a year from the present date we will in all probility have the set ready for shipment,

Of course if one of the libraries that now have the set should surrender it, we would transfer it at once to the University of Pekin.

The set would of course need to be packed with care for such a long journey and I shall want to discuss this with you later. Should you leave the United States before the set is ready, please let me see you before you leave.

Yours very truly,

C. H. HASTINGS

Chief, Card Divison.

契约草稿

September 21, 1921

To the librarian of Congress

Washington, D. C,

U. S. A.

Sir,

In consideration of the deposit in the Library of the National University of Peking of a set of the printed cards issued by the Library of Congress, the Library of the National University of Peking hereby agrees to the condition under which such deposits are made, viz,:

(1) The cards shall be accommodated in suitable cases.

(2) They shall be alphabetically arranged.

(3) They shall be made accessible to the public.

It is further understood that the authorities of the Library of Congress are at liberty to discontinue the deposit at any time hereafter should its continuance appear to then to be contrary to the public interest, or injurious to the other service of the Library of Congress, or inconvenient.

Library, National University of Peking.
By ……
Chanceller."

1921年10月13日《中国文学系课程指导书 十年十月订》"科目、教员、单位"

1921年10月14日《东南大学校长致蔡元培函》"孑民先生有道，本大学业于上月二十六日开学授课，推念学子修学之道，课堂听讲之外，要须参阅群书，增益学识，是图书馆之设立，诚不容或缓，秉文尝以此事特聘专家，计书、绘图，估工约需十余万元，顾本大学创立伊始，经费奇窘，实无财力与兹居工，爰拟募集捐款充之。一昨晋谒抚万督军请为赞助，抚万督军念及渠为学生及教员时代，感受图书缺乏之痛苦，对于此举蒙禀陈其太翁孟芳先生,慨允独力捐建,惟捐数较巨,一时力有未逮,拟撙节廉俸,分期捐足,以竟全功。是其嘉惠士林,实无既极。现拟俟本大学正式开校之日举行图书馆立础纪念,特用专函奉达,想为台端乐闻,窃谓本大学承兹大惠,似宜由校董会备函伸谢,谨僭拟一稿,尘请察政此函,有修正处盼速赐示如荷。同意即不赐复亦可。合以附陈,祗颂道安。郭秉文谨启。附函稿一件。

附致齐督军函

抚万督军麾下,东南大学创立伊始,经费奇窘,以是对于学生最为需要之图书馆估计十余万元,无款未能兴工。謇等谬承教育部聘为大学校董,负有辅助之责,正拟筹募捐款,从事建筑。适接校长郭君秉文报告,敬悉此事已蒙麾下禀承太翁孟芳先生慨允撙节廉俸,独力陆续捐助东南学子,咸受沾溉,闻讯之余,曷胜钦感。用肃专函,藉申谢忱,幸希垂照,并请转陈太翁,祗颂勋安。张謇、蔡元培、王正廷、袁希涛、聂其杰、穆湘玥、陈辉德、余日章、严家炽、钱新之、荣宗敬、江谦、沈恩孚、黄炎培、蒋梦麟、任鸿隽谨启。"

1921年10月18日、19日、20日《图书部通告》"法语学研究所现已择定第一院四层楼第二号,自十月十八日开馆,除星期例假休息外,每日下午三时至六时自由阅览。特此通告。"

1921年10月21日《图书部布告》"按照十年一月二十四日公布之修正图书馆借书规则第八条第三项,学生借书"若学期终了,尚不缴还书籍及违约金者,下学期开始时,即停止其学生资格",本学期业经开始,而借书逾期限未缴还书籍并违约金者,及仅缴还书籍而欠缴该书逾限期间之违约金者甚多。前曾分别报告于校长,当经校长于十月八日布告通融办法二则"(一)限期至本月十三日以前,凡借阅之书籍,应交还而尚不交还者,照章停止学生资格,(二)已将书籍交还而所欠违约金尚未缴纳者,亦限于本月十三日以前缴纳;如逾期不缴,应停止其借书权一年。"至本月十三日止,其未缴还书籍并违约金者，及仅缴还书籍而欠缴该书逾限期间之违约金者，仍有多人。兹依十月八日之校长布告，将应行停止学生资格者，及应行停止借书权一年者名单，分别揭布于左：（一）应行停止学生资格者：（按：共72人）（二）应行停止借书权一年者（按：共69人）"。

1921年10月21日《经济学系选修科目指导书》。

1921年10月22日《图书部典书课启事》"（一）第一院典书课自本星期起，每星期日整理书库，停止阅览及借还书籍事宜。（二）古德语200 S1一书系许振寰君借去，在德文参考室阅览，该书在参考室内，为王君取去，并未交还典书课。本课公布欠书人名，系依据借书条，仍列许君之名，现由王君处查得原书，证明与许君无涉。"

1921年10月22日《平民夜校启事》。

1921年10月24日《图书部布告》"兹经柴春霖先生指定后列各书二十七种三十四本，为研究近百年史参考用；均置于第三院典书课，备借阅览，概不出借。书目：……"（按：包括英文题名、中文题名和索书号）

1921年10月24日《世界语阅览室布告》"本阅览室已择定第一院四层楼（东头一，第二十六号）。阅览时间：每日下午二时至八时（星期例假除外）。取书方法：由四层楼图书部职员向世界语参考室领取（照借书规则办理）。十，十月二十四日。"

1921年10月29日《世界语阅览室布告（一八）》"今收到：……"。

1921年11月2日《世界语阅览室布告》。

1921年11月3日、4日、5日《图书部通告》"哲学研究室设在第一院四层第十一号房每日下午由一时起至六时止开馆自由阅览。"

1921年11月4日《图书主任启事》"范时训、李逢时、李中安、张国祥、万文生、聂思敬诸君，鉴望于四日下午一时至四时间，来图书主任室一谈。"

1921年11月4日《庶务部杂务课报告》"十年七月份本校各机关所用消

耗物品报告表"中有：图书阅览室、一院典书课。

1921 年 11 月 5 日《北大平民夜校启事》。

1921 年 11 月 9 日、10 日、11 日、12 日《图书部典书课通告》"第一院第二院本课自本星期五（十一月十一日起），每晚七时至九时，订为阅览书籍时间；惟星期日及星期晚间，仍均闭馆。十，十一，九日。"

1921 年 11 月 11 日《校长布告（一）》"十一月九号本届第一次评议会决议事项应行公布者如左：……"《校长布告（二）》"本届本校各行政委员会委员兹已完全委定，其名单如左：……（五）图书委员会：顾孟余、李大钊、陈世璋、叶瀚、陶履恭、陈启修、朱希祖、孙国璋、马衡"。

1921 年 11 月 11 日《图书馆登录室第三部布告》。

1921 年 11 月 14 日《图书部通告》"法律学参考室设在第一院第四阶第六号房，自十一月十四日起，除星期日停止阅览外，每日下午一时起至六时止开室阅览，特此通告，十二日。"

1921 年 11 月 15 日《北大平民夜校启事》。

1921 年 11 月 17 日《发起马克斯学说研究会启事》。

"马克斯学说在近代学术思想界的价值，用不着这里多说了。但是我们愿意研究他的同志，现在大家都觉得有两层缺憾：（一）关于这类的著作博大渊深，便是他们德意志人对此尚且有"皓首穷经"的感想，何况我们研究的时候更加上一重或二重文字上的障碍，不消说，单独研究是件比较不甚容易完成的事业了。（二）搜集此项书籍也是我们研究上重要的先务。但是现在图书馆的简单的设备，实不能应我们的要求；个人藏书，因经济的限制，也是一样的贫乏，那么，关于书籍一项，也是个人没有解决的问题。

我们根据这两个要求，所以各人都觉得应有一个分工互助的共学组织，祛除事实上的困难，上年三月间便发起了这一个研究会。

现在我们已有同志十九人了。筹集了百二十元的购书费，至少要购备

《马克斯全集》英、德、法三种文字的各一份。各书现已陆续寄到，并且马上就要找定一个事务所，可以供藏书、阅览、开会、讨论的用。我们的意思在凭着这个单纯的组织，渐次完成我们理想中应有的希望。

现在谨致意校内外的同志们：盼望你们热心的赞助，并欢迎你们加入共同研究。今将我们暂拟的几行规约写在下面：

一、本会叫做"马克斯学说研究会"，以研究关于马克斯派的著述为目的。

二、对于马克斯派学说研究有兴味的和愿意研究马氏学说的人，都可以。做本会的会员。入会手续，由会员介绍或自己请愿，但须经会中认可。

三、研究的方法分四项：

一搜集马氏学说的德、英、法、日、中文各种图书；

一讨论会；

一讲演会；

一编译、刊印《马克斯全集》和其他有关的论文。

四、本会设书记二人，担任购置、管理和分配书籍事务。

五、会员有分担购置书籍费的义务。

六、本会书籍，会员得自由借阅，但须限期缴还。如会外人想借阅时，须经本会特别许可，并交纳保证金。

通讯处：（一）北京大学第一院王有德君

（二）北京大学西斋罗章龙君

发起人：高崇焕　王有德　邓仲獬　罗章龙　吴汝明　黄绍谷　王复生　黄日葵　李骏　杨人杞　李梅羹　吴容沧　刘仁静　范鸿劼　宋天放　高尚德　何孟宏　朱务善　范齐韩"

1921 年 11 月 21 日《图书部典书课启事》"兹承刘彦先生赠来自写的《太平洋会议中国提案商榷书》一百册，同校诸君，有欲阅此书者，可即来课领取。十一月一八日。"

1921年11月23日《马克思学说研究会启事（二）》"不论何人，凡愿加入本会者，请到下列三处接洽（通函接洽亦可）：北京大学第一寄宿舍李骏君、北京大学第一院王有德君、北京大学第一寄宿舍罗章龙君。"

1921年11月30日《图书部典书课启事》"陈少欧君：敝课有一函，致执事，因未详住址，无法投递，望即来收。十、十一、二八。"

1921年12月2日、3日《图书部通告》"政治系研究室设在第一院四层楼十四号，定于明日（十二月二号）开始阅览（时间每日下午三时至六时）特此通告。"

1921年12月7日《哲学研究室启事》"本室因阅书人数过多，致有时照顾不及，兹清查书籍全数，尚欠下列三本，诸同学中有持去检阅者，乞即日见还为荷！书名列下：

（100，F1）Introduction to Philosophy，by G. S. Fullerion，

（100，H2）The problems of Philosophy，by H. Hoffding，

（100，N2）Beyond Good and Eril，by F. Nietzsche."

1921年12月16日《图书馆登录室第三部布告》。

1921年12月17日《校长布告》"本月十四日本年第三次评议会常会议决案件应行公布者如左：一、新定本校研究所组织大纲案：议决，通过国立北京大学研究所组织大纲（一）本校为预备将来设立大学院起见，设立研究所，为毕业生继续研究专门学术之所。（二）本所分为自然科学、社会科学、国学、外国文学四门，由大学校长与各系教授会斟酌情形提交评议会议决设立之。（三）本所设所长一人，由大学校长兼任。……二、图书馆借书规则修正案（甲）第五条 改……各教职员每次借出图书，中国文者以三十册为限，外国文者以五册为限……（乙）第八条 第一项内改……每逾限七日递加违约金率一倍至该书原价之三倍为止，再不还书，停止其借书权至还书时为止，议

决：通过。……三、校长提出关于本校各会议如行政机关规则案。……四、校长提出教务会议提出本校毕业生在本校为讲师者一律改称助教兼讲师。议决：凡本校毕业生在本校为讲师者得称助教。附原案于后：

校长钧鉴：敬启者，本月二十三日教务会议有胡适教授提案"凡本校毕业生在本校为讲师者一律改称助教兼讲师"一件，业经通过，兹开具于左，敬请提出下次评议会。教务会议启。附胡适提议：请教务会议议决提出评议会，凡本校毕业生在本校为讲师者一律改称助教兼讲师。理由：教育部定章，官费留学生惟专门以上学校之教授与助教得免者，而讲师无此权利，故近年本校毕业生在本校为讲师者，多为资格所限吃亏不少，因此拟提议修正如上。五、校长提出体育委员会委员案……十年十二月十七日"

1921年12月24日《世界语阅览室布告》。

1921年12月26日、27日《图书部通告》"年假期近，典书课事务急待结束。自本月二十六日期，各图书停止出借及续借。其已借出之图书，无论已未到期，统望于年假前，一律缴还为幸。十，十二，二三。"

1921年12月26日、27日《图书部典书课启事》"Olgin, M. J. The Soul of the Russian Revoluation（930 01）一书，本课待用甚亟，望借阅该书者，迅为还来，不胜企盼。"

1922 年

1922 年 1 月 16 日、17 日、18 日《图书部通告》"一、第一院典书课各阅览室，第二院典书课，自本月十六日（星期一）起，照常办公。二、第三院典书课，合并于第一院典书课第一阅览室。三、年假前借出各书，统望即为缴还第一院典书课第一阅览室，以资清结，暂停续借。十一，一，十四日。"

1922 年 1 月 16 日《图书部第一院典书课各阅览室一览表》

室别	地址别	藏书类别	阅览时间
第一阅览室	第一层二十八号	国文书籍、日文书籍（日文法律书在第五阅览室）、中文地图	每日上午八时至十二时，下午一时至五时
第二阅览室	第一层二十九号	中外杂志	同前
第三阅览室	第一层三十一号	中外日报	每日上午八时至下午五时
第四阅览室	第一层三十四号	法文书籍、英文书籍、德文书籍、西文地图（社会、法律、政治、经济、年鉴、均在第五阅览室）	每日上午八时至十二时，下午一时至五时

续表

室别	地址别	藏书类别	阅览时间
第五阅览室	第一层三十五号	年鉴、英社会、英德法日之法律、政治、经济书籍、阪谷赠书	同前
注意	一、例假、星期日、晚间，均不开馆 二、关于自然科学之书籍，均在第二院典书课		

1922年1月17日《法国退款兴学消息》。

1922年1月19日、20日、21日《研究所国学门启事》"（一）本门现已正式成立。凡本校毕业生有专门研究之志愿及能力者，又，未毕业生曾作特别研究已有成绩者，皆可随时前来报名，俟会同有关系之教授会审查合格之后，再行将所研究之题目提出，按照研究规则到本门研究。（二）现在中国文学系史学系之参考室已归并图书馆办理。凡两系学生阅览书籍者，请向图书馆阅览可也。（三）本校教员如有愿在本门提出题目，招致研究员共同研究者，请随时通知是荷。（四）本所开放时间，每日上午九点至十一点半，下午一点半至五点。"

1922年1月23日、24日、25日《研究所国学门启事》"本学门通告成立之后，来所报名者多未提出题目，各项填记亦多未详备，以致无从审查。务请已报名诸君再行确实定题目，到所补填。如有著述，望一并交付，以便审查。本学门之设立，原为学者对于某种学问已有大体之了解，而怀有某部分之问题欲资探讨者，本学门以图书仪器及教授人材应其研究之便；初不在于泛论学术，如讲堂上课，但资灌输而已。所以提出题目，以范围愈狭，性质愈具体者为宜。如研究史事则指定何事或何期，研究文学，则指定何人及何类；而人事期类之间，又以能提出其研究之方法及目的者为善。盖以如此研究，方有相当之成绩可望。请到所报名诸君注意为荷。十一、一、二十一。"

1922年1月23日《中华教育改进社简单》共十八条，附中华教育改进社董事名单：蔡元培、范源濂、张伯苓、袁希涛、李建勋、黄炎培、汪兆铭、郭秉文。名誉董事：孟禄、严修、张謇、梁启超、张一麐、杜威、李石曾。

1922年1月24日《北大第二平民学校征书启事》"本校开学，现已月余，刻拟成立阅览室，为学生课余广见闻，增学识之一助。惟敝校经费，纯由现任教职员之北大同学担任，能力有限，一时实难筹集巨款，购置大批书籍。敬乞当代热心平民教育诸君子，慷慨捐助，俾得刻日告成，则感荷者固不仅敝校同人已也，入学平民，实利赖之。谨启。收书处：北大第三院本校教务处。第一斋龙业鼎（天三号）……"

1922年1月31日《图书馆登录室第三部布告》"夏元瑮先生惠赠"共17本。

1922年2月1日、2日、3日《图书部招用书记启事》"图书部拟用书记一名。有愿就者于二月三日以前，在第一院号房报名，以便定期来图书主任室面试。条件如左：（一）月薪二十元。（二）职务，在第三院阅览室司理书籍。（三）办事时间，每日上午八时起至十二时，下午一时至六时，星期例假休息。"

1922年2月1日《北大第二平民学校启事》。

1922年2月2日《北大第二平民学校征书启事》。

1922年2月2日《马克思学说研究会通告（三）》。

"会员公鉴：

本会正式成立，已经一月有余。其间经过新旧两个年关，耽误日子不少。故仅仅只开过两次讨论会，一次纪念会。起初会员虽不足二十人，现在已增至六十三人了。

本会成立之时，都讲实用，不事虚文，所以简章未定，至今尚付阙如。惟经一月余试验的结果，每次开会，例必有新会员数人加入，因此书记又不能不每次将本会议决几条实用的方法，当众重述一次。书记固不胜其麻烦，旧会员亦甚觉其讨厌。为免除这个困难起见，特详细通告于次，务希查照。

一、研究方法

（1）讨论会　每星期六晚七时开一次（准时到会，过时不候）。先由会员一人述释该题之内容及其要点，然后付之讨论。一次讨论不完，下次续之。

（2）讲演会　每月终开一次。暂时敦请名人学者担任讲演员，由书记负责接洽。俟本会研究确有成绩后，则完全自行担任。

（3）特别研究　完全由会员自动的自由组合，现已有了三个：

A. 劳动运动研究　由几个感觉此项知识之需要的会员组成的。每星期三晚集会一次。

B.《共产党宣言》研究　由几个感觉英文程度不佳的会员组成的，采此书为教本。每星期一、四、五晚请会员一人教授之。

C. 远东问题研究　材料分三种收集，英文的、日文的、中文的。已在酝酿中，尚未开会。

以上三个小组合，任何会员皆可随时加入。以后拟实行固定的分组研究如下：

第一组　唯物史观；

第二组　阶级斗争；

第三组　剩余价值；

第四组　无产阶级专政及马克思预定共产主义完成的三个时期；

第五组　社会主义史；

第六组　晚近各种社会主义之比较及其批评；

第七组　经济史及经济学史；

第八组　俄国革命及其建设；

第九组　布尔什维克党与第三国际共产党之研究；

第十组　世界资本主义国家在世界各弱小民族掠夺之实况——特别注意

于中国。

但会员研究,选一组选三四组或全选皆可,只要力量来得及。请即来函认定,以便刻期着手实行,至要至要!

二、入会手续

得会员一人以上之介绍,或径函及亲至本会接洽,本会亦得酌量请其人会。

三、会费

(1) 常费 每年分二个学期,每学期缴常费五角,皆于开学时缴纳。

(2) 买书费 由各人自由量力认捐,认百元亦可,十元八元亦可,不认一文亦可。又认十元以上者,书籍所有权或归公或归私,可由认捐者自愿决定。

四、借阅书报的时间及手续

阅书时间 每日下午四时至八时开馆,惟星期日则在上午八时至十二时。

阅书手续 向值日员领取,不限册数。

借书手续 向图书经理员交涉,借期至多不得过一星期,但得图书经理员认可得连借。惟大本书籍暂不出借。

五、职员

本会为办事便利起见,暂设四种员:(一)书记;(二)庶务并会计;(三)图书经理。以上三种为公举固定的。(四)值日员。此一种为挨次轮流的。兹将此届公举固定的三个职员姓名、地址开列于下,有事可向他们接洽。

书记 黄绍谷(住井儿胡同十二号)

庶务兼会计 李骏(住东斋天八号)

图书经理 范鸿劫(住西斋黄三号)

六、附白

这个通告,极其重要,希望会员各买一份,免得本会再付油印。"

1922 年 2 月 3 日《图书馆登录室第三部布告》"何基鸿先生惠赠：……"（按：书刊共 207 本）。

1922 年 2 月 3 日《北大第二平民学校启事》。

1922 年 2 月 4 日《图书部主任通告》"本部招用书记一名，曾经登布日刊，现在报名者已有多人，望即于二月六日下午二时至四时间来本校图书主任室面试。此白。"

1922 年 2 月 6 日《马克思学说研究会通告（四）》"本会现已有英文书籍四十余种。中文书籍二十余种，兹报于下：

社会主义丛书

Communist Manifesto（Marx and Engels）

Socialislm. Utopian and Scientific（Engles）

The Books on Socialist Philosophy（Engels）

The Poverty of Philosophy（Marx）

The Origin of Family（Engels）

The Infantile Sickness of Leftistien Communism（Lenin）

The Proletarian Revolution（Lenin）

共产党宣言（陈望道译）

阶级斗争（恽代英译）

马克思资本论入门（李汉俊译）

马克思经济学说（李达译）

社会主义史（李季译）

乖土会问题详解（李季译）

经济丛书

Wage，Labour and Capital（Marx）

工钱、劳动与资本（袁让译）

历史丛书

Revolution And Counter Revolution（Marx）

The 1 8th Brumaire of Louis Bonaparte rMarx）

The Civil War in France（Marx）

俄国问题丛书

劳农会之建设（列宁著）

讨论进行计划书（列宁著）

杂志报章

Soviet Russia（苏维埃俄罗斯）

Asia（亚细亚）

Weekly Review of the Far East（米勒评论）

The Communist International（国际共产党）

大陆报、共产党、新青年、先驱、工人周刊、劳动周刊、济南劳动周刊、长沙工劳周刊、晨报、民国日报、时事新报、申报、广东群报、时事月刊、妇女声。

以上各书，或系会有，或系私有，皆有符号，归众共览。尚有四、五会员出金购买一百四十元之英德文书籍，当不久可到。并告。"

1922年2月8日《图书主任通告》"本部招用书记，承诸君来馆面谈，不胜感谢！现已聘定前在本馆服务甚久之卢遇庚君，以资熟手，其余诸位，俟后有相需之处，再为函聘可也。"

1922年2月16日《图书馆登录室第三部布告》"夏元瑮先生惠赠……"。

1922年2月16日《庶务部杂务课报告》"十年九月份本校各机关消耗需用品（七续）"其中有：图书主任室、一院典书课、二院典书课。

1922年2月16日《北大平民夜校启事》"敝校为扩充图书馆筹集经费，特于二月二十六日（阴历正月三十日）假北大第三院大礼堂举行游艺大会，除展览学生成绩外，并有音乐武术新剧等项，票值极廉，北大教职同学诸君届时务希惠临指教一切。……"

1922年2月17日、18日《马克思学说研究会通告（五）》"本会开第一次公开讲演会，不论会员或非会员，皆欢迎自由来听。

讲演人——李守常先生

题目——马克思经济学说

地点——北大第二院大讲堂。

时间——本月十九日（星期日）下午一时起。"

1922年2月18日、20日《研究所国学门启事》"本门现将本校所藏之古器物及金石甲骨拓本陈列于一室，以为考古学研究室之预备，并请马叔平先生主持其事。此启。"

1922年2月18日沈兼士的《整理国故的几个题目》"……（2）分类书目提要。说明：研究学问，必有赖于图书馆；而图书馆最大之作用，则在于书目。有良好之分类书目，及精细之提要，然后可以引起研究者触类旁通、左右逢源的兴趣。这是帮助自动研究的唯一方法。分类书目及提要的办法，第一要打散丛书。依各书的内容性质来归类。兼跨两类或三类的，不妨互见。第二古人文集笔记中之有关学术的部分，宜分其性质，作成提实（要？）。亦不妨各类互见。编纂书目虽然是图书馆的职务，但也是研究国学中的一个重要题目，不妨由图书馆和研究所国学门两方携力同作的来做，或者比较的容易成功。"

1922年2月20日、21日、22日《图书部典书课通告》"（一）本课第一二三院各阅览室，自下星期一（二月二十日）起，每日上午八时至十二时，下午一时半至六时为阅览时间。星期日及例假，照章休息。（二）第三院阅览室所备图书，仍不出借。十一，二，十八日。"

1922年2月20日《图书馆登录室第三部布告》，夏元瑮、胡适赠书，"北京国立法证专门学校图书馆惠赠：中国各省图书馆概况一览一册，特此声谢。"

1922 年 2 月 20 日《庶务部杂务课报告》"十年九月份本校各机关消耗需用品（八续）"其中有：三院典书课、登录室、编目室、阅览室。

1922 年 2 月 21 日《研究所国学门布告（二）》"兹承钱玄同先生惠赠唐写本唐韵一册、沈兼士先生惠赠唐写本切韵三种一册，特此声谢。十一，二，二十。"

1922 年 3 月 2 日、3 日《通信图书馆执事先生》，北大戏剧试验社向通信图书馆借用藏书室一间。

1922 年 3 月 8 日《图书主任启事》"陆侃如君鉴，有事须面谈，望于本日（三月八日）下午四点钟至五点钟间来第一院图书主任室一谈。"

1922 年 3 月 9 日、10 日、13 日、14 日、15 日、16 日、17 日《研究所国学门启事》"本学门博采书籍以资研究，现在设法征求私家所刻书籍及藏书家目录，本校同学中如有所知，乞通信见告，毋任盼感。"

1922 年 3 月 11 日《图书馆登录室第三部布告》，夏元瑮赠书。

1922 年 3 月 17 日、18 日、20 日、21 日、22 日、23 日《研究所国学门征书启事》"本学门欲购全份国粹学报一部（自乙巳年起至辛亥年止），如有愿出让者请函致本所（北京大学第一院四层楼），价值若干，希并示及。"

1922 年 3 月 17 日《北大平民夜校启事》。

1922 年 3 月 20 日《北大平民夜校启事》。

1922 年 3 月 22 日《马克斯学说研究会通告一》《马克斯学说研究会通告二》《马克斯学说研究会特别通告》。

1922 年 3 月 23 日《北大第二平民学校启事》。

1922 年 3 月 24 日《图书馆登录室第三部布告》夏元瑮先生惠赠。

1922 年 3 月 31 日《图书部典书课通告》"（一）本课第一二三院各阅览

室，于春假期内每日上午八时至十二时为阅览时间，下午闭馆。（二）凡已借出各书，无论已未满期，统望于四月一日以前缴还，以资清结。自本月三十一日起，图书概不出借。（三）星期日及例假，停止办公。"

1922 年 4 月 11 日《本校留美毕业生丁绪宝君致校长函》"校长先生：为芝加哥大学复本公牍事（美国各州公牍 State Dernments）。

去夏，校长过芝后，何思源先生曾函达，拟向芝校索赠上项公牍，北大是否愿要？得后嘱进行。当于九，九，十二面见芝校校长，Indoon 同时递一正式公函。用代表北大同学会名义何思源及生签名，芝校校长允与图书馆商后作复。于九，十一，二十二函询一次。得复言公牍系由美国国会图书馆寄来，函询该馆允否转赠，尚未得复。后于十二——半得信，该馆允赠。宝当同芝校图书馆员往看公牍，该员估计装箱寄费约七八百元美金。

九，十二，二十八留芝同学聚齐，将该公牍之州名种类抄一份，本拟分类誊写，同学均课忙，于十，二，十八开同学会时，议决：即将原稿寄上，并附左列意见：

1. 该复本公牍以议会记录及各委员会报告居多。读议会记录有可知通过议案时议会之原来用意。于美国法庭解释法律时有多少用处。于中国则用处不多。各种委员会报告，多属一时一地一事的记事。异时异地，无多价值。

2. 该公牍不完全（有此无彼，种类、年限上不完全）。

3. 据 1、2 理由，到会同学多数以为北大值不得运这种东西回去，如以七八百元美金择买重要书籍，可更有价值。

4. 将所抄要目寄上，请北大为最后决定。

母校决定办法后，请即速示知（并请汇款），以便运寄，或通知芝校不要该项公牍。

此间同学于去年秒，组织一芝加哥国立北京大学同学会，以（1）增进友谊（2）砥砺学行（3）辅助母校发展为宗旨。对于学之砥砺，则每次开会，会序第一即为会员就所学演讲。精神很好。对于行之砥砺，虽有具体？要，尚无实在办法。校长如能予以训导，或不独在芝同学之幸也。此请道安，鹄候复示。学生绪宝鞠躬。十一，二，二十。

再者，北大出版品如日刊月刊各种杂志纪念册北大生活……可否寄赠芝校一份？如能将该出版品寄美国大的大学各一份更好（共寄一二十校）。"

1922 年 4 月 14 日《图书馆登录室第三部布告》"本馆兹承夏元瑮先生惠赠：……李守常先生惠赠……"。

1922 年 4 月 14 日《北大平民夜校启事》。

1922 年 4 月 17 日《研究所国学门布告》"兹承马叔平先生赠谭隐庐书目一册、顾颉刚先生赠说文通俗二册、王荣佳先生赠广东图书馆目录一册、浙江公立图书馆赠书目一册又年报一册又重订浙江公立图书馆保存类目录二册、河南图书馆赠书目十册又章程一册、直隶省立图书馆赠阅览室章程一份、广东图书馆赠书目三册、岭南大学图书馆赠中籍目录一册又纪事一册、泰东图书局赠书目一份、国粹学报社赠目录一份、中华书局赠目录一册。特此声谢。四月十五日。"

1922 年 4 月 17 日《图书馆登录室第三部布告》。

1922 年 4 月 20 日《为清室盗卖四库全书敬告国人速起交涉启》"顷见上海三月二十六日《时事新报》及北京各报登载：'兹据日人方面消息，安居乾清宫之宣统，本年十六，已与蒙王之女郭佳氏订婚，本年秋间即须举行大礼。然因措办经费毫无所出，清室优待费又拖欠不发，遂拟将储存奉天之《四库全书》以一百二十万元之价出售。一以稍苏积困，次亦以为宣统结婚经费，曾特派某某向驻京各国使署询有无买主。最后闻得日本宫内省前因法国购得朝鲜《四库全书》之一部分。甚为珍重，颇羡之，久欲得中国之《四库全书》，以壮日本观瞻，某某乃与日本驻京公使署接洽，请其购买奉天之《四库全书》，日使署当即电本国，宫内省以各国均欲得此世界珍宝，今乃送上门来，大喜过望，大有无论如何必须到手之意，现正在秘密交涉之中云．'一节，令人不胜诧异之至！

查《四库全书》，本有七部：即文渊，文津，文溯，文澜，文源，文汇，文宗是也。今惟存文渊，文津，文溯，文澜，四阁之书。然文澜所藏，已非完善。惟文渊，文溯，文津三阁岿然独存。今文津已归京师图书馆。文渊尚在文渊阁中。文溯于民国三年政府曾派员将原书运京，由内务部派员点收，度藏于保和殿中。今爱新觉罗溥仪京胆敢私行盗卖与外国人，不但毁弃宝书贻民国之耻辱；抑且盗窃公产；于刑律之条文；同人等身属民国国民，为保存我国文献起见，断不容坐视不问，兹拟请北京大学速函教育部，请其将此事提出国务会议，派员澈底清查，务须将盗卖主名者，向法庭提起诉讼，科以应得之罪。并将原书全部移交适当机关，妥为保管。再查照优待条件，爱新觉罗溥仪本应迁出大内，移居颐和园中。至于禁城宫殿及所藏之图书古物，皆系历代相传国家公共之产。其中如文渊阁四库全书之类，尤为可宝。四座成书，文渊最早，惟文渊为最精。其他文溯、文津、文澜三阁之书，不但字迹潦草，且卷数亦不甚可靠。——亟宜一律由我民国政府收回筹设古物院一所，任人观览。如此办法，既足以供研究学术者之参考，亦可使帝制余孽稍戢敛其觊觎侥幸之逆谋，准理酌情，实属两当，特将此意公布之于国人。凡我同志，其共图之。

中华民国十一年四月一日

沈兼士、沈士远、单不庵、马裕藻、朱希祖、马衡、钱玄同、周作人。"

1922 年 4 月 24 日、25 日《马克司学说研究会图书馆通告 第二号》"会员诸君：你们借的书报杂志均请即日归还，因为本会新到英文书籍七十余种，杂志十余种，并德文书籍杂志七八十种，所以要从新编号，以便检查。"

1922 年 4 月 24 日、25 日《马克司学说研究会图书馆通告 第三号》"会员诸君：此后图书馆阅览时间，除日曜日外，每日自四时开馆，至六时闭馆。"

1922年4月25日《北大第二平民夜校启事》。

1922年5月2日《研究所国学门主任启事》"启者：查本学门研究规则三条，"研究生须将关于研究之经过及其成绩，随时报告；以便在本学门所办之杂志中发表，或刊入丛书。"现规定于每学期之终，报告成绩一次。本学年研究员务请于暑假前将研究之经过及其成绩，报告至本学门，以便汇齐交委员会审查。

研究员对于本学门之设备及阅览图书方面，倘感有缺乏或不便之处，请随时函告，以便逐渐改良。是为至盼。十一、四、二十六。"

1922年5月4日《马克思学说研究会通告》。

1922年5月8日《图书馆登录室第三部布告》。

1922年5月9日《研究所国学门布告》《平民夜校启事》。

1922年5月13日《研究所国学门布告》。

1922年5月15日《东南大学致校长函》"孑民先生大鉴：敬启者。本校图书馆前荷齐督太翁孟芳先生慨助经费业已开始建筑，预计明春可以竣事。馆内应备图书，除随时设法购置外，拟并从事募集，以期博采广搜，得臻完备。其购书经费，拟募集捐款充用，以补学校财力所不及。兹特拟定募集图书及募集图书经费办法六条，公启一通，备函送上，请烦察阅教正。启后拟借重校董诸公鼎名，庶登高之呼，其响易应，可否敬邀惠允，至祈示复，俾便遵行。祇颂台安。郭秉文谨启。十一年四月十九日。

附募集图书及募集图书经费办法并公启各一份

国立东南大学孟芳图书馆募集图书启

敬启者：窃惟书籍之用，胜于象犀之珍，图史之功，当与日月并寿。然徒侈曹仓之富，不示诸人，矜邺架之藏，未公诸世，则历久而饱蠹鼠，将损坏而鲜存。不幸而罹兵燹，更摧残之殆尽，此古今人士所以不惜出私家所储藏，供多士之浏览也。矧近征岛国，远览西邦，莫不府辟琅嬛，光辉奎壁。

通巴陵地道，龙威之宝籍森罗，登宛委峰巅，轩帝之玉书晒晬。规制既崇于虎观，珍藏何减于鸿都。人以植学为美谭。俗以输公相矜式。诚足扬学海之波，壮人文之盛矣。本馆既蒙齐督军禀承太翁孟芳先生慨出巨资，独力捐建，然刘略班艺、王志阮录，以及海外之专书，山中之秘籍，尚须搜集以广流传。又精本书籍，更须景印，期多多益善。将来卷帙之富，随中西出版以增加，签帕所标，较东南金箭为尤重。在校内师生，参考授受，由此而益明。在校外士庶，研摩教育，缘兹而普及。现馆础既立，建筑力求完善，内可容十万余册。备设保火险机，无叶少蕴焚弃之灾，胜孔氏壁皮藏之固。国内不乏藏书之家，奖学之士，倘愿割爱转赠，或捐资购备。本馆当视若奇珍，置同鸿宝，藉以发挥文物，嘉惠士林。兹拟捐赠图书办法数条，附列于后，以彰盛德，而留纪念，邦人君子，幸垂鉴焉。

名誉校董 齐燮元

校董 袁希涛、严家炽、黄炎培、蔡元培、陈辉德、江谦、荣宗锦、张謇、穆湘玥、沈恩孚、王正廷、余日章、蒋梦麟、聂其杰、钱永铭、郭秉文

募捐图书办法

国内外热心教育之士，有愿捐资购书或赠送书籍者，本馆订下列纪念办法数条，以志高谊。

甲 捐资或赠送贵重书籍数在一万以上者，本馆为特辟一室，以捐资或捐书者别号名之。

乙 捐资或赠书数在二千元以上者，将捐资或赠书者等身照片悬挂室中。

丙 捐资或赠书数在伍佰元以上者，本馆将捐资或赠书者小像悬挂室中。

丁 捐资或赠书数在一百元以上者，本馆将捐资或赠书者姓名汇镌铜牌嵌置壁上。

戊 凡捐资购书或赠书者，本馆将捐资或赠书者姓名载入书内。

己 凡以名人未刊著述或海内孤本寄存本馆，当负保存之责任。"

1922年5月15日《研究所国学门布告》。

1922年5月16日《平民夜校启事》。

1922年5月17日《法文系戏剧门研究书目录》。

1922年5月19日《北大第二平民学校启事》。

1922年5月23日《平民夜校启事》《北大第二平民学校启事》。

1922年5月25日《呈请教育部拨历史博物馆所藏清内阁档案为北京大学史学资料文》"窃惟史学所重，犹在近世史，良以现代社会，皆由最近世史递嬗而来，因果相连，故关系尤为密切。……由史学系、研究所国学门组织委员会，率同学生，利用暑假停课之暇，先将目录克期编成，公布于世，以副众望；然后再由专门学者鉴别整理，辑成专书……"

1922年5月26日《北大平民夜校启事》《北大第二平民学校启事》。

1922年5月27日《教育部指令第九九九号》教育部复准将明末及清代档案拨校编辑目录，等到编好之后，仍将原件送还。

1922年5月27日《北大平民夜校启事》。

1922年5月30日《平民夜校启事》。

1922年6月1日《研究所国学门布告》"本门本学期所购图书之目录，宣布于下：……"

1922年6月2日《研究所国学门所购图书目录刊误》。

1922年6月6日《研究所国学门布告》。

1922年6月7日《北大第二平民夜学校启事》。

1922年6月9日《留美北大同学康白情孟寿椿两君致蔡校长函》"陈述发展母校之意见：预科改良问题，发达女生问题，团结同学感情问题。"

"（上略）前者此间同学会开会，有关于母校发展之问题数则，经众讨论之结果，谨依公意陈备查阅。

（1）预科改良问题。同学一致请特别注重外国文。朱相吾君并提出四条意见。

（甲）读书室之设置。备置一定之教科书参考书讲义等于其内，使学生自由阅览。但只许入内读书，不能借书。其益有三：（子）穷苦学生，可免无力购书之苦。（丑）学校可少印讲义分派全数学生。（寅）养成学生到图书馆读书之习惯。白情谨案，加省大学图书馆之读书室有四种，其作用各有所宜，特附陈其略，藉供参考。（一）阅览室（Reading Room）。分类编号，陈列各种最普通之书报于其内，然略带可以求专门之性质。各种字典及百科全书之类亦公然陈列，任人自由阅览。（二）期刊室（Periodic Room）。陈列各种新出之定期刊物，如年报季报月刊日报等。其隔年之期刊，则编订成册，陈列于他一室内。均任人自由取阅，不加限制，惟不得携出大阅览室之外耳。（三）专用书储藏室（Reserved Room）。各科各班现用之参考书教科书等，均按班分别陈列于室之一方，以短栅间之。此中存书，不得随意借携出外。学生读书，从一端入栏，自由检查，写好借书券，从他一端验明放出。每次借书限于一本，日内必须归还……。（四）研究室（Seminar Room）。此惟毕业生有之。四年级学生得特许者，亦得入内看书。其书均为各科各班之高等专门书籍，不得借出。

……即请道安！学生康白情孟寿椿谨白。五月二日……"

1922 年 6 月 10 日《图书馆登录室第三部布告》。

1922 年 6 月 10 日、12 日《平民夜校启事》"钱君衍林现已返里，图书馆指导交吴君晓坡代理，庶务交牛君云峰代理，业已交代清楚。"

1922 年 6 月 14 日、20 日《图书馆通告》"暑假伊迩，本部典书课事务急待结束，自本月十五日起，第一二院各阅览室，概行停止出借图书；其已借出者，无论已未到期，统限于暑假前缴还，是所企盼。十一、六、十三日。"

1922 年 6 月 17 日《北大平民夜校启事》。

1922 年 6 月 19 日《研究所主任沈兼士先生致校长函》"……搬运历史博

物馆档案，已于今日下午搬运完毕……沈兼士。六，十七"

1922年6月20日《研究所国学门布告》。

1922年6月20日《图书馆登录室第三部布告》。

1922年6月20日《李长春君由加利福尼亚致校长函》"孑民校长先生：母校图书馆募捐事，自先生回国后，迄未进行。一由此间国民党注全力于筹款北伐，二由于华盛顿会议期间，诸同学皆努力为外交奔走，也未遑及此。故众议展至今夏着手进行。生与黄君剑农当然为诸同人执鞭前驱，惟其中尚有种种困难之处，敬为先生一详陈之。明德学校（旧名尚志）经费奇绌，早在洞见之中，月入只有百元，现有教员三人，每人不过三十余元。加以购书及交友等费，又比平常工读学生为多。其何能支？况唐人街附近教堂三处，都设有汉文学校，他们因为有教会补助，故收费廉（每月一元）而设备好。本校则收费重（每月四元）而课程较严，在此黑暗的社会，其何能与之竞争？故今春以来，学务不但没有扩充，反日形减缩。若不速筹底款，断难维持。故拟今夏和剑农向南美各国一行。因美国各城镇华侨虽都热心公益，但以向之捐款者太多（月必数起），实有疲于供应之势。去冬为留美学生后援会事，生与剑农竭全力仅募得千余元。而金山，芝加高，纽约各大城，或仅得一二百元，或竟一钱不名，其故可以想见。反之南美洲各国，侨胞如墨西哥古巴巴拿马等国，侨胞为数甚众，殷实纯朴，且以越境困难，故向彼募捐者甚少。故春等决计向彼处进行，但以责任所关，生与剑农，又势须为母校图书馆努力，而时间上名义上，都难以同时并举。春等之意明德学校筹款事不若母校图书馆之名义正大，乐捐者多，故宁愿专为图书馆募捐。拟恳先生将我二人在南美各国经手募捐项下，捐以百分之二十补助明德学校。此不但春等之希望，实亦罗省侨胞教育兴废之所关。

先生自掌北大教务，即以新文化运动相号召，不但北大同学，服膺实践，海内之士莫不景从，剑农其一也。罗省明德学校其精神及成绩之佳，凡远近来参观者，皆为称赞。甚有谓为加省唯一的主张新文化的学校。生固不敏，若剑农者其牺牲奋斗之精神，实为同人中所罕见，彼曾遇许多较好的机会，卒不忍中道舍去，困顿居此。春为个人求学计，亦当早往东美，而为同情心所感化，不能不暂留。盖我辈甚愿以先生之心为心，以先入地狱为己任？者也。况剑农非与北大有若何关系，而甚热心为北大服务，替北大宣传，较诸同学，殆尤过之。今者，彼以受旧社会及经济之压迫，其三年来苦心经营之学校，及在美洲文化运动之大本营，竟将倒闭，吾人何忍不加援手乎？生前者为华府会议曾与黄君往南加各城镇向侨胞演讲国事，于长？辈之心理，及劝募之方法，所得甚多。大抵事之成功，总以鼓吹舆论入手。自去冬以来，纠合同志，除每星期在唐人街为露天演讲外，更刊行杂志一种，命名《罗华》，在已先从事鼓吹图书馆之重要。下月尚出《图书馆号》，专载各国图书馆之状况……，俾人民得以观感焉。（中略）

若蒙先生慨然允诺，敬乞专函委我二人为南美各国募捐员以昭信用。再者，关于领护照请介绍书，皆需时日，倘先生同意，乞早日示知为荷。肃此敬禀，祗颂君安。门生李长春鞠躬 五月十五日。"

1922年6月23日《图书部通告》"一、本部第一二院典书课各阅览室，阅览时间，于暑假期内，订为每日上午七时至十一时，下午闭馆。星期日及例假，照章停止办公。二、第一院第一阅览室，特别阅览室，德文阅览室，第三院阅览室，因清查书籍，均行停闭，惟遇有缴还图书者，仍旧接收。十一、六、二二。"

1922年7月1日《研究所国学门通告》"本学门自成立以来，所抄录编辑校勘之书籍一览表：……"

1922年7月1日《六月二十二日》"收到文件共二件：一、教育部发新元史一部指令。一、京师图书分馆送长期赠览券三十张函。"

1922年7月1日《胡绥之先生与校长书》"孑民先生侍右久未趋聆……顷

见报载历史博物馆所存有清内阁档案已运至贵校研究所预为编史之计……"

1922年7月8日《第三十三次总务委员会议纪录 七月五日下午四时》"出席委员：谭熙鸿、李大钊、沈士远、李辛白、余文灿、胡春林（斋务课事务员）、黄世晖（会计课事务员）、周同煌（文牍课事务员）。谭君熙鸿主席。议决：一、暑假期内，全校各机关公共办公时间，定为每日（除星期日外）上午九时至十二时。二、下学年第一学期收费时，旧欠未清者，不收新费。三、学生借有学校图书仪器未还者，凡毕业文凭，毕业证书，学年修业证书，及洋文成绩证书，均不得给予。"

1922年7月8日《罗家伦致校长函》"……今请言北大图书馆募捐现状。此事在东美已开始进行。开始在纽约一埠于两星期内已募集美金四千元左右，尚在进行；其他各埠，当次第出发。领袖一切，为先生特派之梅挺献兄。此事延误至今，前函已略有所述。尸其咎者，实为卜思君。彼于来美以后，伦敦促之者不知若干次。其时彼身旁还有款项。伦时在普林斯顿亲来纽约助其接洽组织，而彼迁延谓须候先生至，先生至矣，当时华侨欢迎热度最高，先生动身赴芝加哥之时，正东部最好动手捐款之会，而彼又误约不动。以后为去年暑假之时，伦在绮色佳又数以快信促之，彼每来函必托故，且谓无款开始。去年秋间开学，伦转入纽约哥大，其时国内正汇来学款英金三千元，伦与段周康汪诸兄商量，提出五百元，为北大图书馆募捐开办垫款，经一致赞成，以告卜思，彼又托故迁延不动，未几而华盛顿会议开会，彼赴华盛顿做一小跑腿通信员，而大众目光又不集中于此事矣。梦麐先生来美，本可于捐款事有所帮助；乃开会时在华盛顿事忙，而会后又因恐有其他特别事故而急于赴欧，虽匆促出于预计，然未始不望捐款之急切进行，以此属望于各方面也。梦麐先生去后，卜思更毫不过问。今年四月安良工商会开全美恳亲会于费城。先生尤忆去年六月初在该会大楼欢谯会上，马素君演说谓'前次广东一医院贵会尤捐美金五万元，何况全国文化最高机关之北京大学'而该会执事者有人应曰'不只五万'之言乎？此间同人尤忆及此事。以为恳亲会正该会通过重大议案之时，机不可失。卜思既不问，无法相强。乃为同学会商请梅挺献兄，以特派员资格与同学会名义，共同进行；梅君有法定之权力，同学会兴以道德的实际的辅助。适逢梅君被推为纽约中华公所总会会长，对于华侨声誉大盛，进行必为便利。于是以梅君及同学会名义，公请安良工商会会长梅宗尧君为东美募捐委员会会长，其余两重要团体之人为副会长，马君及纽约领事为名誉会长，积极进行，以捐取安良大宗捐款为第一步。遂以委员会及同学会名义并请他方面有力人物，致函恳亲会。梅宗尧君颇有热心促成此事，但欲得该会多数同意，梅君以为须请马素君与施肇基君同来演说，或以示无分南北，促成教育事业之意。讵料马君已允，而施君官僚身份太重，声称此事与彼无关，经安良会及同学会再三函请，均不肯屈驾。其实同学会苟不欲尽一分促进国内学术事业之责任，为我们国内有志读书而苦无书读的同学多买几本书读，则殊不屑作函以恳官僚也。此事经此一度耽延，而该恳亲会随即开过，殊抱遗憾。其时适值袁同礼兄接孟余先生来信，嘱调查图书馆建筑之形式与设备，知大学急于进行此事，款更不可缓。乃于五月初由梅君及同学会同人公谦梅宗尧君，行授会长典礼，兼商议进行，结果甚好。安良会于恳亲会虽不及作总捐款，但各分会均能极力认捐；议定先在中华公所开一大会，当场捐定若干，再分路分家进行。爰于五月十四晚间在中华公所开会由两梅君及同学会雷国能君演说，当场认定美金一千九百元，其中由中华公所独自认捐者一千五百元，结果极好。次日分头捐得者又一千余元（安良本身尚未捐）。连日更有进行，顷未见梅君，不知确数。近日各报由同学鼓吹，声气甚盛。殷实商家均由委员会同学会单独去函，并请马君去函。现在期望于纽约者在美金一万元以上。又幸今年更来三位广东同学，均非常热心，沿家搜集，希望更大，明日同学会同人拟请此数位同学欢谦，藉商假期内之进行。现在最尽力者为梅挺献、雷国能、杨振声、段锡朋、冯友兰、保君建及其余诸君。至于一切详情，募捐委员会及同学会不久即有正式报告也。

此次事件，给吾人以极大教训。即（一）凡事只要有人肯去做，大小不可知，没有不见成效的；（二）用外国人不可靠，用外国中等以下的人更不可靠，中国的事，靠中国自己的人去做，中国民族的命运，也独有中国自己能够挽回。设此事先生于不在美时添派梅君而诸同学不过问，将不知何时实行也。（西美募捐事，康孟诸君亦正在进行，想另有函达。）愚见以为，大学用外国人最宜审慎。不但此事，即前次派赴英国某君均可为叹？。请外国教授当请真正学者讲学，不必再请中等以下外国人教书及任任何职务。先生以为何如。

近来大学有何发展否？甚念，望时赐教言，不尽。学生家伦谨白。五月二十五日。

梦麐先生不知已回国否，甚念。适之、孟余、孟和诸先生处问好，此信请交一阅。"

1922 年 7 月 15 日《校务纪闻》"本校前由历史博物馆运来内阁档案，兹经整理委员迭次会议，拟定今年暑假期内整理暂行之办法，分列如左：……"。

1922 年 7 月 15 日《农商部地质调查所公启》"迳启者：所标本陈列馆及图书馆准于七月十九日至二十五日公开展览，俾资参考，贵校诸君如有欲研究本国矿产矿物岩石化石等类，及阅览该项图书者，请于公开期内，自上午九时至十二时惠临为荷。此致北京大学校。农商地质调查所启。七月十三日。本所地址西城丰盛胡同三号。"

1922 年 7 月 22 日《驻纽约总领事张祥麟君公函》"迳启者准五月十一日函送华侨学生入学特别办法嘱转达等，因当经本总领事馆将该办法油印分送本埠及芝加哥波士顿费拉德费亚等处中华公所收阅矣。再筹设北京大学图书馆募捐一事，由梅宗羲君等毅力推行并蒙推举祥麟为名誉会长，自当竭诚赞助。现在纽约侨众捐助尚属踊跃，其他各埠亦经募捐团分途前往劝募，谅将来捐数结果必甚可观也，兹特附闻，此复国立北京大学。张祥麟启 十一年六月十三日"

1922 年 7 月 29 日《整理档案会布告》《整理档案第二次公布》"兹将本校整理内阁档案等件，自本月二十一起，至二十七日止，所有分类择由，（择由另有详细之登记）编定号数者，略举各类之总数，宣布于左：……"

1922 年 7 月 29 日《驻金山总领事叶可樑君公函》"敬启者，领本省罗生埠医学博士 Dr. Herbert 拟将其十余年所存之医学文报移赠我国之医学校或藏书楼，曾经函商敝馆，经告以北京国立大学校正在力谋推广藏书楼，想必极愿承受，兹得复函赞成移赠贵大学，预计装箱运费约须美金数十元，兹将该医士原函抄寄呈阅伫候示复为祷，此上北京大学校长。驻金山总领事叶可樑谨启。十一年六月二十二日，附一件（Dr. Herbert 来函）

Consulate-General of the Republic of China

San Francisen California.

Dear Sir：……"

1922 年 7 月 29 日《罗家伦君致校长函》"孑师尊鉴：前上一函，详述图书馆事，想邀察纳。此事日来正积极进行。纽约方面则正在游说大商家；波士顿方面则于日前由梅宗尧君及同学薛修君前往矣。同学有薛谭南君者，粤人，今年来纽约，知华侨情形，于捐款事复热心奔走，于前途大有裨益。（按：以下与图书馆募捐无关。）……六月十五日"

1922 年 8 月 5 日《整理档案会第三次公布》"兹将本校整理内阁档案等件，自七月二十八日起，至本月三日止，所有分类择由，（择由另有详细之登记）编定号数者，略举各类之总数于左：……"

1922 年 8 月 12 日《整理档案会第三次公布 续》。

1922 年 8 月 19 日《图书馆登录室第三部布告》。

1922 年 8 月 19 日《整理档案会第五次公布》。

1922 年 8 月 26 日《整理档案会第六次公布》。

1922 年 8 月 26 日《整理档案会启事》。

1922 年 9 月 2 日《档案会第六次公布》。

1922 年 9 月 9 日《西美北大图书馆募捐委员会孟寿椿君等致校长函》太不清楚共 2 页。

1922 年 9 月 9 日《整理档案会第七次公布》。

1922 年 9 月 16 日《整理档案会启事》"本会整理档案成绩，向定每星期六公布一次，兹为便于稽考起见，改编为报告书，凡经整理之件，皆择录事由，最重要者抄录全文，分类宣布；于日刊第四版印成书页式，以便剪订保存，特此奉启。"

1922 年 9 月 16 日《朱相吾孟寿椿两君致校长函》"子民校长先生，自图书馆捐务开办以来，旧金山方面现正积极进行。一面由募捐委员会派出各处劝捐员以资督促，生等被派赴钵仑、舍路、温哥华、域多利亚等处……（住 Hotel Orogon）即往晤梅伯显巫理唐、梁淑卿诸君，备蒙赞助一切，惟梅君因不在埠未遇，由伊子启明君（北大同学）代为接洽，随即于三十日邀集各方领袖开茶话会，讨论进行方法，并由启明君代表伊父当场捐助美金五百元以资提倡，随巫梁等君亦各捐五十元。次日即沿门劝捐，又捐得数百元，连前适逾千元。在此捐务繁多，商务凋零之际亦算难得。巫梁诸君见告，如欧战期间来此募捐，不难得三千元也，侨民几尽属关东人，多以政治关系之影响，遂致减少捐助北大之同情，此亦捐款不易得手之一原因，加以近来堂门之风尚未止息，捐款前途受此阻者亦不少。然吾人总须尽力？去，不能多所顾忌也。生等明日即离此去舍路，此请教安。学生朱相吾、孟寿椿谨上，八月一日。"

1922 年 9 月 16 日《黄培鈇君致校长函》"子民校长函丈：（中略）此间募

捐我北大图书馆成绩颇佳，蒙侨胞诸君及各位同学鼎力相助，筹得美金约千圆之谱，募捐时值逢范静生先生过罗生调查农业教育，对于此举向美中侨胞极力鼓励，昨得卜技利康白情兄来书云旧金山附近一带，侨胞极之踊跃乐捐，约得五千元左右，同学等昨派李长春兄前往墨国古巴及南美等处劝捐，将来成绩想定优美也。（下略）受业黄培鈌谨禀。十一年八月十五日美洲罗生省住址如下：W. W. Wang, 1019 W. Pioo Street Los Angeles, California."

1922年9月16日《北京大学整理清代内阁档案报告》

1922年9月23日《图书馆登录室第三部布告》"本馆兹承吴兴刘氏嘉业堂惠赠，由上海商务印书馆转来"共53册。

1922年9月23日《袁同礼君致校长函》"孑民先生钧鉴：上月来华京，曾收到尊处电，汇美金一千元。惟迄今未奉手示，不识此款是否作为目录片运费之用，念念。

国会图书馆赠送之目录片，现正在检点中。今年年终即可运到。全份截至今年七月所出之书为止，约九十六万余张。七月以后出版者按月付邮一次。运送时需定制木箱，每箱容十六屉，每屉容一千八百张，共需三十三箱。每箱约五六元，拟由汇之一千元内拨出二百元为定制此项木箱之用。

同礼又特请其将各书片俱按字母顺序排列。各屉前后次序，均以号数注明，故运到后便可应用，省却第二次之检点。

运送事曾与此间之斯密搜尼安学院接洽，已允代为转运，此院设有国际交换部（International Exchange Service）专分散各国政府之出版物。今书片既系印刷品，故无须另？运费也。

大学方面既将此款省下，同礼即以购置图书学之书籍，特奉上书单十一纸，倘荷赞同，即希示复，并将原单寄下，以便择要添购，无任盼切。

书片目录箱，即可着手定制，去秋曾寄上国会图书馆所拟图样一纸，尽可仿照其规定之尺寸也。兹附上说明书一纸，以备参考。

大学图书馆募捐事，赖同学大家努力，一切进行尚属顺利。近日又由纽约华侨在中国城演戏，惟恐所入不多耳。华昌公司及广东银行为此间之大商，同学对之希望甚奢，乃仅捐百元，殊令人失望。闻一切详情已由募捐委员会报告，兹不复发？此上顺颂道履。袁同礼谨上。七月三十一日自华盛顿。秋间通讯处 New York State Library School, Albany. N.Y, U.S.A."

1922年9月23日《北京大学整理清代内阁档案报告》。

1922年9月30日《教育部训令第二一二号 令北京大学等八校》。

1922年9月30日《北京大学布告（一）》"本校定于十月二日开学，是日上午九时教职员暨学生务全体齐集第三院大礼堂行开学礼，此布。十一年九月二十七日……"

1922年9月30日《北京大学整理清代内阁档案报告》。

1922年10月3日《北京大学整理清代内阁档案报告》。

1922年10月4日《北京大学整理清代内阁档案报告》。

1922年10月6日《本校二十五周始业式之演说词》中《一、蔡校长的开学词》品青记。

"今天是本校第二十五年开学日。本校的宗旨，每年开学时候总说一遍，就是'为学问而求学问'，这个宗旨的说明，旧学生当然屡次听过，新学生也许在印刷品上看到，不用多讲了。现在我把学校给学生研究学问的机会说一说。

研究学问，要有基础，预科就是确定基础的时代。我们为改良预科起见，特组织一个预科委员会。不但课程有点改变，就是管理上也特别注意；把宿舍划出一部分让给新生，给他们便于自修自治。本校没有力量建筑广大的宿舍，使全体学生都住在宿舍里，实是一件憾事。但本年已添设了第四宿舍；并为女生设一宿舍；其余只可逐渐设法了。

为研究学问计，最要的是实验室。在这经济最困难的时候，我们勉强腾出几万元，增设物理、化学、地质各系的仪表标本，并修理实验室、陈列室，现在第二院已有与前不同之状。

为研究学问计，最普遍的是图书馆。近年虽陆续增购新书，但为数尚属有限；虽有建筑适宜图书馆的计划，而至今尚不能实现，美洲各处的北大同学会，募捐甚力，时有报告，载诸《日刊》。若在国内同样进行，必有成功的一日。

年来大家对于体育都很注意，不过由学生自组的体育会，成绩还不很昭著。从今年上半年起，渐改由学校组织。现在分为学生军与体操两部，学生军一部，已请富有军事知识的百里先生担任导师；体操一部拟请由美洲新回来之周思忠先生担任。无论那系学生，此两部中必须认定一部，作为必修的功课；均需用心练习，不能敷衍了事。

科学的研究，固是本校的主旨；而美术的陶养，也是不可少的。本校原有书法、画法、音乐等研究会，但因过于放任，成绩还不很好。今年改由学校组织，分作两部：（一）音乐传习所，请萧友梅先生主持。（二）造形美术研究会，拟请钱稻孙先生主持。除规定课程外，每星期要有一次音乐演奏会，与美术展览会，以引起同学审美的兴味。

为毕业生再求进步计，更设研究所。现在已设立者为国学门，一年以来，校勘《太平御览》，已将竣。把历史博物馆所藏的清代内阁档案，渐渐整理出来。其较有价值的，已在日刊宣布。又承罗叔蕴、王静庵两先生允任导师。对于古物学，将积极进行，保存搜集，都是现在必要的任务。至于自然科学、社会科学、文学等三种研究所，我们也要预备起来。

至于研究学问，当然要有专门教员的指导。本校现又新聘教员几位，当为诸生介绍。又适值本校名誉博士芮恩施先生来京，本日允到校演说，尤是同人所欢迎的。"

1922年10月6日《北京孔德学校启事》："敬启者：敝校图书馆，前承北京大学图书馆及教职员先生惠赠书籍，无任感激！惟以成立伊始，需用图书异常缺乏，素仰诸先生热心教育，以后凡适用于中小学学生书籍，倘蒙陆续捐助，尤所盼祷！十一，十，四"。

1922年10月6日《北京大学整理清代内阁档案报告》。

1922年10月7日、10日、11日《图书部通告》"本部典书课第一二三院各阅览室，除特别阅览室及德文阅览室阅览时间候另规定外，自十月十一日起，每日上午八时至十二时，下午一时半至六时为阅览时间，星期日及例假休息。

本学年借书证，自十月十一日起颁发。学生诸君届时务持本学期学费收据，到第一院典书课第一阅览室领取；惟数学、物理、化学、地质等系及工科；甲部预科借阅书证，在第二院典书课发给。旧借书证一律作废。自十月十一日起，书籍照常出借。

第一院特别阅览室，德文阅览室及第三院阅览室书籍，概不借出。十一，十，四日。"

1922年10月10日、11日、12日《组织北大同学会缘起书》"北大为全国最高学府，开办迄今二十余年，四方来学者日益以众；现时人数将达三千，可谓极一时之盛矣。夫以经济多士，萃集一堂；研究学术，砥砺德业。本互助之精神，作他山之攻错。彼此情意，实有联结之必要。……（三）改进校务：北大之留学海外者，现已在各地方组织同学会。对于报告校闻，协助校友及本校图书馆捐款之募集，均已积极进行。而国内乃尚无何等组织，以为海外同学会之大本营，对于本校之改良及建设，如图书馆基金之募集，校舍之迁移，以及教授上训育上之改进，均尚未有共同努力之表示。若能合全体同学与教职员而为有系统之组织，以尽力于本校，则本校前途之发展，必且无量。此亦同学会之不可不速为组织者也。……发起人 蔡元培及本校同学。"

1922年10月12日《北京大学整理清代内阁档案报告》。

1922年10月13日《上海筹赎胶济铁路委员会来函》。

1922年10月13日《北京大学整理清代内阁档案报告》。

1922年10月14日《北京大学整理清代内阁档案报告》。

1922年10月16日《北京大学整理清代内阁档案报告》。

1922年10月17日《图书馆登录室第三部布告》。

1922年10月17日《图书部典书课第五阅览室启事》"启者：本室曾经借出英文社会学一类书籍，现因编目需用，请诸君送还一阅即可再行借出，切盼！切盼！"

1922年10月17日《北大学生读书运动会启事》。

1922年10月17日《北京大学整理清代内阁档案报告》。

1922年10月18日《朱逷先教授等致校长函》"孑民校长先生：本校讲义印刷费岁达一万余元，然图书扩充费为数甚微，现在学校既决定收纳讲义费，我们为学校计、为学生计，谨向先生提议将所收讲义费，尽数拨归图书馆，供买学生各种参考书籍之用。此种办法，学校既可增加图书支出，学生亦可减少买书费用。将来学校图书充足，学生外国文程度增加，即可完全废除讲义，是否可行，敬请裁夺。王世杰、沈兼士、朱希祖、丁燮林、李书华、沈士远、周览同。十一，十，十六"

1922年10月18日《校长复朱教授等函》"逷先、雪艇、士远、巽甫、兼士、润章，诸先生公鉴：奉惠书皆以所收讲义费尽数拨归图书馆供买学生各种参数书籍之用，甚善甚善，谨当照行。此次征收讲义费，一方面为学生恃有讲义，往往有听讲时全不注意，及平日竟不用功，但于考试时急读讲义等流弊，故特令费由己出，以示限制。一方面则因购书无费，于讲义未废以前，即以所收讲义费为补助购书之款，至所以印成小券不照他校之规定每学期讲义费若干者，取其有购否自由之方便。彼等若能笔记，尽可舍讲义而不购也。附闻。并祝公绥。蔡元培敬启。十月十七日。"

1922年10月18日《北京大学整理清代内阁档案报告》。

1922年10月19日《本刊特启》"兹因本校事务进行上发生障碍,各机关停止办公,本刊自明日起,停止出版。十一年十月十九日。"

《北京大学全体教职员暂时停止职务宣言》

《李守常启事》"鄙人已随同蔡校长辞职,即日离校,此白。"

《蔡校长辞职呈文》"呈为呈请辞职迅予派员接替事。窃元培自任北京大学校长以来,六年于兹。时值政局不靖,社会骚动之际,影响及于学校。菲材重任,时虑陨越。然犹勉强支持者,以移风易俗,非教育不为功。近年来,以多数职教员之助力,对于整饬校风、提高程度等项,正在积极进行。上届评议会开会议决,以本校经费支出,此后所发讲义,须一律征费,以备购买参考书籍之用。乃一部分学生不加谅解,起而反对。经元培一再明白解释,该生等一概置诸不理。本月十七日下午,有学生数十人群拥至会计课,对于职员肆口谩骂,并加恫吓。及元培闻风到校,该生等业已散去。十八日晨,复有学生数十人,群拥至校长室,要求立将讲义费废止,复经详为解释,而该生等始终不受理喻。复有教职员多人出而劝解,该生等威迫狂号,秩序荡然。此种越轨举动,出于全国最高学府之学生,殊可惋惜。废置讲义费之事甚小,而破坏学校纪律之事实大,涓涓之水,将成江河,风气所至,将使全国学校共受其祸。言念及此,实为痛心。此皆由元培等平日训练无方,良深愧惭。长此以往,将愈增元培罪戾。迫不获已,惟有恳请辞职,迅予批准,并克日派员接替,不胜迫切待命之至。

谨呈

大总统

教育总长北京大学校长蔡"

《本校全体职员临时大会纪事》"自昨日上午发生骚扰后,校长总务长及庶务出版图书三部主任相继辞职。全体职员当即在第一院接待室召集会议,到会共六十余人，共同议决自十月十九日起暂行停止办公。一面向校长辞职，一面照去年辞职时期维持会办法，由全体职员分班到校轮流查看校舍，以防不虞。"

1922 年 10 月 25 日《本刊启事》"本刊自本日起，照常出版。十月二十五日"。

1922 年 10 月 25 日《蔡元培启事》"辞职教职员诸先生公鉴：十八日因少数学生暴动，元培辞职离校，诸先生亦同日辞职，然仍照常维持校务，使全校学生不致因而荒业，感荷热诚，岂惟元培一人。但元培辞职之呈，政府既坚决退回，而学生中，除最少数者外，均已照评议会提出办法签名声明，对于暴动，实不赞成，并以全体名义致函元培及诸先生，申述诚恳挽留之意。元培对于大多数之学生，不忍忽然置之。谅诸先生亦同此意。元培现已回校视事，敬请诸先生亦即取消辞意，俾全校恢复原状，不胜企祷。十一年十月二十四日。"

1922 年 10 月 25 日《袁同礼君致校长函》是关于清代档案整理的看法的。

1922 年 10 月 25 日《北京大学整理清代内阁档案报告》。

1922 年 10 月 26 日《研究所国学门布告》。

1922 年 10 月 26 日《北京大学整理清代内阁档案报告》。

1922 年 10 月 27 日《北京大学收支各款数目表》中华民国十一年一月分收入合计是 287949 元，订购图书仪器及消费公社印刷课之垫款等项共计 50317 元。中华民国十一年二月分收入合计是 119993 元，订购图书仪器及消费公社印刷课之垫款等项共计 57337 元。中华民国十一年三月分收入合计是 134232 元，订购图书仪器及消费公社印刷课之垫款等项共计 57305 元。

1922 年 10 月 28 日《北京大学收支各款数目表》中华民国十一年四月分收入合计是 144744 元，订购图书仪器及消费公社印刷课之垫款等项共计 62161 元。中华民国十一年五月分收入合计是 119753 元，订购图书仪器及消费公社印刷课之垫款等项共计 63098 元。中华民国十一年六月分收入合计是 212096 元，订购图书仪器及消费公社印刷课之垫款等项共计 69488 元。

1922 年 10 月 28 日《图书馆登录室第三部布告》。

1922 年 10 月 30 日《北京大学收支各款数目表》中华民国十一年七月分收入合计是 113514 元，订购图书仪器及消费公社印刷课之垫款等项共计 71003 元。中华民国十一年八月分收入合计是（按：此处无统计）元，订购图书仪器及消费公社印刷课之垫款等项共计 75337 元。中华民国十一年九月分收入合计是 283930 元，订购图书仪器及消费公社印刷课之垫款等项共计 77281 元。

1922 年 10 月 31 日《北京大学整理清代内阁档案报告》。

1922 年 11 月 1 日《图书馆登录室第三部布告》。

1922 年 11 月 1 日《北大第二平民学校启事》。

1922 年 11 月 1 日《北京大学整理清代内阁档案报告》。

1922 年 11 月 2 日《北京大学整理清代内阁档案报告》。

1922 年 11 月 3 日《北京大学收支各款数目表》中华民国十一年十月分收入合计是 261112 元，订购图书仪器及消费公社印刷课之垫款等项共计 80311 元。

1922 年 11 月 3 日《北京大学整理清代内阁档案报告》。

1922 年 11 月 4 日《北京大学整理清代内阁档案报告》。

1922 年 11 月 6 日《北京大学整理清代内阁档案报告》。

1922 年 11 月 7 日《北京大学整理清代内阁档案报告》。

1922 年 11 月 8 日《书业团体来函》关于邮费涨价。

1922 年 11 月 10 日《校长布告》"十一月七日本届评议会第一次常会议决事宜应行公布者如左：本校总务处设立财务部案……"。

1922 年 11 月 15 日《中华教育改进社公函》"敬启者：本社为提倡学术促进教育起见，于本年四月间由本社董事熊秉三先生等上国务院一函请豁免图书仪器关税。十一月八日接国务院公函云'凡学校购办图书仪器，无论运自外洋，或购自本国，均准豁免海常关税及内地一切税釐，以两年为限，即自本年十月十六日起至十三年十月十五日止为免税期限。惟此项图书仪器须由各学校呈经教育部或各省教育厅核填护照，俾资护运，其个人购运者不在此例。'按此事于各校购买图书仪器颇有关系，将本社上国务院原函及国务院复函并列于后，以供专览。专此并颂教安。中华教育改进社启十一月九日。附上本社呈文一份，国务院来函一份

附本社呈文

呈为便利学术研究鼓励教育考察，请予豁免图书仪器关税及酌量发给免费车票事，窃以为教育之最要工具厥惟图书与仪器。本国出版新书现在尚乏佳本，而仪器制造尤形幼稚，故学者对于图书仪器之须仰给于外国输入者为期当必甚久，就图书而论，年前金价较低，学子已难支持近来金价高昂更属困窘，观其现状，则数人合购一教科书者有之，乘他人空闲借书阅读者有之，终岁无书读者亦不乏人。教科书且然，参考书之有力购读者更如凤毛麟角。至学校方面，经费累月不发，能购图书为教员学生之共同参考者实不常见。教员本身赡养已难周顾，加以书价奇昂，多数不免有学术饥荒之感，减轻书价即所以促进文化，此书籍关税所宜豁免者一也。……"

1922年11月20日《图书馆登录室第三部布告》。

1922年11月20日《北京大学整理清代内阁档案报告》。

1922年11月21日、22日《图书部主任通告》"兹因本校图书部组织，将有所变更，故须将所有图书清查一次。自星期一（十一月二十日）起，第一二院典书课各阅览室暂停出借图书。其已借出者，均望于借书期满日归还，以资清理。一俟新组织确定后，再行照章出借。十一，十一，二十。"

1922年11月21日《图书馆登录室第三部布告》。

1922年11月22日《本校二十五周年纪念筹备委员会启事》。

1922年11月22日《研究所国学门布告》。

1922年11月22日《顾孟余教授等拟设社会科学记录室公函》"校长先生：敬启者，前年评议会决议，本校应设立社会科学研究所；惟本校图书，异常贫薄；一切可供专门研究之材料，如各种国内外统计，公牍，学术期刊之类，尤形缺乏。此种贫薄缺乏状况，一方面既呈为教员选择教材之阻碍，一方面即为社会科学研究所不能设立之原因。本月十七日孟余等集议，金以为本校应即成立社会科学研究所筹备处，即由该处筹设一种'社会科学记录室'（即各国大学之 Archive），一面购置本国，西洋及日本等国社会之定期刊行物，一面设法搜集其他研究材料。预计办理此事，必需相当房间一二间，并需开办费（供立时购置各种期刊之用）四百元，及每月经常费二百元。用是函请。先生审量是否可行；如邀允许，并乞转知各关系处课办理为祷。专此静候时安。顾孟余、燕树棠、周览、王世杰、何基鸿、陈启修。十一，十一，十七。（右函已经校长复以'款可照发，请即进行'。云云，附志于此。）"

1922年11月23日《研究所国学门布告》。

1922年11月23日《北京大学整理清代内阁档案报告》。

1922年11月24日《蔡校长在北大史学会成立会的演说》"前几天本校成立了一个化学研究会，今天又是史学会成立的日子，这种自动的研究学问，吾觉得非常高兴。诸君须知世界上一切事物的进化，离不开历史，并且是没有止境的。从前欧洲的人以欧洲为天下，中国的人以中国为天下，所以研究历史的，也只是一部分，不是全世界的。后来渐渐进化，知道空间有五大洲，时间有四五千年，历史的范围，是大而无边。而有人类以前的历史，还是不能知道。有人类以后的历史虽是很多，但是他的内容，也有许多真伪难明的地方。譬如我国自有《尚书》以来，数千年的历史是连续不断，历史的品类是很多的，真伪难明的地方也是不少。又如埃及、希腊、罗马的历史，是断续不连的。现在吾们要想补这种缺点，最要是发掘地中所埋没的史料，考察地质上的事实，拿来证明过去历史的真伪和补充历史的不足，这就是史学家的责任。

从前国史馆附在本校的时候，凡遇着暑假、年假等假期，各省的人回去，都要托他们搜集史料，将有关历史的东西，也一并调查得来，预备在史学界上有所贡献。后来可惜国史馆离了出去，这种办法就停顿了。

至于整理历史材料的方法，如从前的人所著《文献通考》等，大都不甚完全。又如马骕做的《绎史》，专收集秦以前的材料，方法很好，但是也就没有什么发挥的地方。现在诸君整理史学，搜集材料，固属最要。吾的意见，秦以后还要将时代分开。由诸君联合起来担任，譬如某数人担任研究和搜集某某一时代的史料，也是很要紧的。

现在吾们要考历史上的朝代、官名、地名和人名等，最好要做一部历史大词典。但是这部大词典，不是几个人所能成功的，总要含多数人的能力，分门别类，纂集起来，将来或有成功的一日。从前国史馆已经着手进行，到了停顿以后，还有一些稿子，遗留在图书馆里面。

我想诸君若要做这部大辞典，必定觉得干燥无味的。所以诸君不能用聪明的功夫，总要用一种笨的功夫，不折不挠，有始有终，如清朝的汉学家然。此外如掘地发藏，搜集古物，凡可以为史料的，诸君须要努力做去才好。

现在史学会成立了，吾希望诸君集合多数的力量，来整理数千年的历史，得寸进寸，得尺进尺，做些实实在在的事情。这是吾的意见。"

1922 年 11 月 24 日《北京大学整理清代内阁档案报告》。

1922 年 11 月 25 日《本校二十五周年纪念筹备委员会第二次会议纪事》"一、查本校第一次开学为前清光绪二十四年即戊戌，即西历一八九八年，推至本年十二月十七日，为本校第二十五年之成立纪念日，而非二十五周年纪念日。故此次举行庆祝，宜更正为本校第二十五年之成立纪念会之筹备，即于此日起，准备于一年中完成必须建设之事业，如图书馆、大会堂、大学丛书、校歌、二十五年内各种学术史等。"

1922 年 11 月 25 日《北京大学整理清代内阁档案报告》。

1922 年 11 月 27 日《北大平民夜校启事》。

1922 年 11 月 27 日《北京大学整理清代内阁档案报告》。

1922 年 11 月 28 日《北京大学整理清代内阁档案报告》。

1922 年 11 月 29 日《北京大学整理清代内阁档案报告》。

1922 年 11 月 30 日《图书馆登录室第三部布告》。

1922 年 11 月 30 日《北京大学整理清代内阁档案报告》。

1922 年 12 月 1 日《北大第二平民学校启事》。

1922 年 12 月 2 日、4 日《李守常启事》"鄙人已辞图书馆主任职，本校同人如有关于图书部的事件，乞与图书主任皮皓白先生接洽可也。"

1922 年 12 月 4 日《北京大学整理清代内阁档案报告》。

1922 年 12 月 5 日《研究所国学门布告》"本学门新到日本书：一、杂志：史学杂志第三十三篇第十一号一册，艺文第十三年第十一号一册。二、目录：东京帝国大学附属图书馆和汉书书名目录二册（自明治二十一年至明治三十一年，自明治三十二年至明治四十年九月），得恩堡博士遗书目录一册。十二月四日。"

1922 年 12 月 5 日《北京大学整理清代内阁档案报告》。

1922 年 12 月 6 日《北大平民夜校启事》。

1922 年 12 月 6 日《北京大学整理清代内阁档案报告》。

1922 年 12 月 7 日《北京大学收支各款数目表》中华民国十一年十一月分收入合计是 194292 元，订购图书仪器及消费公社印刷课之垫款等项共计 83984 元。

1922 年 12 月 8 日《北京大学整理清代内阁档案报告》。

1922年12月12日《北京大学整理清代内阁档案报告》。

1922年12月13日《北京大学整理清代内阁档案报告》。

1922年12月14日《马克思学说研究会征求会员启事》"本会备有关于马氏学说之书籍数百部，专为有志研究马克思学说诸同志而设。凡京内京外有愿入本会者，请致函北京大学第二院北京马克思学说研究会，并请将通讯处示知。兹将本会组织摘录如左：一、会员：分京内京外两种，其在本京之会员，得向本会借阅书籍（备有汉文、英文、德文、俄文，各项书籍，借期以半月为限，遇有特别情形，亦可通融）。京外会员得向本会询问购办书籍一切情形，并有与闻本会常会所讨论之结果之权利。一、会费：每学期五角，不拘一次缴清。一、开会：每星期五晚七点开常会一次，讨论各项关于马克思学说之问题。"

1922年12月14日《北京大学整理清代内阁档案报告》。

1922年12月15日《注册部布告（二）》"马叙伦先生开来文字形体之部参考书目，抄布如下"。

1922年12月15日、16日《西文的中国书目提要 草案》李绍源拟，章廷谦译。

"范围：这部《西文的中国书目提要》，目的是要来增补亨利哥台尔（Henri Gordier）的《中国书目提要》（Bibliotheoa Sinica）：凡在该书出版后关于中国的西文书籍及为该书所未曾列入的书籍皆编入。哥台尔所搜的材料只到一九〇八年，现在是要一直到这部提要出版时的为止，此后编者还希望每年有增加而且每五年增订一次。

照上面认定的计划，凡中文以外的外国书籍、杂志、论文讨论中国生活状况者，如历史的、政治的、社会的、经济的、教育的、科学的、文学的、艺术的等，除已经载入在读者指南和万国书目中的杂志论文外，都搜罗在内。

这部提要应该搜集的很完全而且详尽，如果其中有一部分确能表现著者的智慧和见解，而且这些著者确能领略和运用中国的材料的，编辑者即以星号来指明这一类选定的书籍。

需要：近几年来中国在教育上有很大的进步，尤其是对于整理的方面。能代表西洋各种不同的观点而可来作研究的材料的，很为一般学者所需要。编辑者的目的，第一要来辅助这般应用的人；第二是为关于管理中国的图书馆者，最后是来辅助外国人。一切的材料，是凡对于中国有用的英文的、法文的、德文的、俄文的、西班牙文的著作都搜集在内，但愿本书目有远大的见解，且能应很大的需要。（未完）

手续：编者先把平时所见到的些书名记下，其兴味也依着书名的数目而增加。编者已经在美国国会图书馆中考察能惹其注意的些新书；以后将要把商业的、国家的、行政上的、图书馆的、个人和社会常识的书目提要，都列成表保存起来，最后与哥台尔所编的《中国书目提要》来参校，并删去在他书中已经有的。

登录的完备：凡著书者的姓氏、别号、日期及著者之中文和其他文字的姓名、版权、辑绎的地点，发行人和出版的日期，页数和册数，插画或图表等都要录入，就是样式的大小也要说起。

注解：经过编者私人的审查后，就加入注解，并再加上由书报评论中所得的些解释。

分类：关于这部提要的分类法，编者在美国留心的是国会图书馆分类法和杜威的《十进分类法》两个标准。据编者私人的意见，这部提要是要完全采用国会图书馆一分类的，但杜威的十进分类法在中国狠负声望，故定先把书名照国会图书馆的分类法排列后，再按照杜威的十进分类法来注明。

标目：标目的方法是根据于国会图书馆的，但还要加上许多为国会图书馆中所没有的新目。即如：'中国'（China），可作'瓷器'（Poroclain）解的，及中国与蒙古西藏的些关系都须修正的。

索引：凡由编者审查过的书籍都做成索引。因为编者得许多友人的劝告，要把哥台尔的也收在内，使得互相参照更形有用。

金陵大学一九二〇年毕业生李绍源（按：即李小缘）君现在美国纽约州图书馆学校研究图书馆学。李君现有老编辑一册最完备的《西文的中国书目提要》，曾有信给陶孟和先生，函内附书目提要编辑的草案（见前）。李君很希望国内外人士与以援助及批评，更盼望我校同人能与以有价值的材料。一九二二，十二，十四。"

1922 年 12 月 22 日《北京大学整理清代内阁档案报告》。

1922 年 12 月 23 日《本校第二十五年成立纪念会的演说》中《蔡校长的开会词》《教务长胡适之先生的演说》《总务长蒋梦麟先生的演说》。

1922 年 12 月 25 日《袁同礼君致陶孟和教授函》"孟和先生：（上略）来图书馆学校已逾一月，颇失望。好教员不多，而一般女教员不能在大处著眼，尤令人不耐烦。美国图书界年来倾向群趋于普及，故学校亦仅注意小图书馆，往往不能应吾人之需要。同礼原拟在此肄习二年后再留欧一年，现对之既不甚满意，拟明夏即去此赴法，入 Ecole Nationale Jes Chartes 再求深造，不识先生以为如何。

美国图书馆之优点可资借镜者甚多。其行政上之效能尤宜采取。惟最大遗憾，莫过于图书界之无人才。论者谓馆员大半属于女子所致，虽不敢妄下断语，然就出版品而论，实不能令人满意。德国 Graesel 之 Handbuch der Bibliothekslehre，虽出版于二十年前，至今尤属不朽之作。Leipzig 大学教授 Gradthansen，近著有 Handbuch der wiswenschaftlichen Bioliothekskunde，亦多共享。此仅就普通图书管理而言。至于目录学，美亦较逊，法最发达，德意次之。英虽有大英博物馆，而于此则不得不让大陆。此同礼急愿赴法之又一因也。

目录学为研究学问不可少之利器，甚感真重要（法 Petguot 谓目录学包罗万有，为最火的科学，则未免吹的大甚）。我国科学的目录学不发达，故作高深研究者深感痛苦。其劣者便暗中抄袭，而养成 intellectual dishourty，实学术界之耻。私意拟于返国后联合同志，将中国目录学加以整理，他日苟得结果，可省学子精力无限，亦整理固有学术之先驱也。惟整理方法不得不取法欧美，而搜集西文目录学之书籍实不容缓。目录学在十九世纪末叶最为发达，其名著均已绝版。近来各国各有志恢复目录学事业，需要甚殷，书贾以奇货可居，任意索价。Petzholdt 之 Biblioteca bibligraphica 及 Vallce 之 Bibliographie des bibliographies 诸书，函购多次，亦不能获。T. F. Diblin 英著名之目录家也，著有 Bibliographical，antiquarian and proturesque tour in France and Germang. 3V. 春间在纽约旧书店见之，售者不知其价值，竟以奉赠。其第二书 Bibliographical ……inEngland and Scotland 日前始觅得，书仅二册，索价四十元，不敢过问矣。

各国图书馆发达，皆汲汲以求古书为务。将来经济状况恢复后，竞争当尤烈。中国屡次失机会，令人心痛。美国近搜集各国古书及美术品，不遗余力（哈佛及密歇干大学在德收买法律书竞争甚烈）。Sir Robert Witt 及牛津大学教授 Langdon 近为英国古物出口事，均有意见发表，Viscount Lascelles 前出伦敦演说，亦述保存古物之重要。纽约时报均为传载，并加讥笑。美之侵略政策，态度甚明，此其小焉者耳。密勒氏评论报近来言论异常荒谬，国人习惯于混沌状态之中，亦无表示，甚望先生能校正之。下略。同礼谨上。十一月五日。"

1922 年 12 月 26 日《图书馆登录室第三部布告》。

1922 年 12 月 26 日《北大留美同学会致校长函》"孑民吾师：自吾校留美学生渐多，于是五年前而有北京大学留美同学会之成立。其时全美不过同学二十余人，今则人数日增，全美约达八十余人，而在纽约城者居其半。

自吾校有图书馆募捐运动以来，于十一年春初，在纽约北大同学，有北大图书馆东美募捐委员会之组织。当时即请梅君宗尧（东美安良工商会会长）为委员长。梅君廷献（北大学生，现任中国城中华公所所长）为书记。更请谭君达仑，薛君修（皆北大学生，广东人），辅助其关于执行方面之事务。——如实行募捐时，限于言语，非广东同学，碍难殊多。而同时在北大留美同学会中组织一委员会。委员为雷君国能（当时同学会会长），冯君友兰（同学会书记），保君君建（同学会会计），罗君家伦，段君锡朋，周君炳琳，杨君振声等。职在讨论进行方法及文字方面之鼓吹，盖全为辅助该东美募捐委员会计划方面及文字方面之事务也。进行数月，自今秋？以至于今，募款仅及四千余元。（此只在纽约城，其属于东美应进行之地如华盛顿、波定谟、波斯顿，费兰德费，及芝加哥诸城尚未进行。）西美成绩较进。在旧金山，古巴，坎拿大数处，共捐万三千余元。

十一年至十二年改选职员——会长杨振声，会计保君建，书记冯友兰。而段锡朋、周炳琳二君又皆赴欧。故委员会重新组织。除以上三职员外，加罗君家伦，王君近信，孙君本文。此委员会附属于北大留美同学会，全为辅助该东美募捐会而设。而凡关于全体计划及执行手续，皆请梅谭薛三君合开委员会。此期之重要问题，即在实行捐募方面，多加人才也。成败利钝，固非所知，要当勉力而已。

先生对于募捐前途，有何指教，学生等对于母校及母校同学有何能尽力之处，皆望不吝示及，以便遵行。异乡远旅，多怀故国，高山景行，尤殷仰止。敬颂道祺。不尽。北京大学留美同学会敬上。学生杨振声（会长）、冯友兰（书记）、保君建（会计）十一年十一月十日。"

1922 年 12 月 26 日《北大平民夜校启事》。

1922 年 12 月 30 日《研究所国学门布告》"本学门近购"。

1923 年

1923 年 1 月 4 日《论审查小学图书馆及其他问题 务请会员诸君准时出席为盼 三日下午五时》。

1923 年 1 月 4 日、5 日《介绍北京高师的<教育丛刊>》第三卷第六集《图书馆学术研究号》。

1923 年 1 月 5 日《图书馆登录室第三部布告》。

1923 年 1 月 6 日《北京大学收支各款数目表》中华民国十一年十二月分收入合计是 207025 元，订购图书仪器及消费公社印刷课之垫款等项共计 87178 元。

1923 年 1 月 6 日《北京大学整理清代内阁档案报告》。

1923 年 1 月 8 日《北京大学整理清代内阁档案报告》。

1923 年 1 月 9 日、10 日、11 日、12 日、13 日、15 日、16 日、17 日、18 日、19 日、20 日、22 日、23 日、24 日、25 日、26 日、27 日、29 日《北京大学整理清代内阁档案报告》。

1923 年 1 月 15 日《图书馆登录室第三部布告》。

1923 年 1 月 19 日《研究所国学门布告 第四号》。

1923 年 1 月 19 日《研究所国学门布告 第五号》。

1923 年 1 月 19 日《研究所国学门布告 第六号》。

1923 年 1 月 23 日、24 日、25 日《图书部购书课启事》。

1923 年 1 月 24 日《北京大学全学生宣言》。

1923 年 1 月 27 日《图书馆登录室第三部布告》。

1923 年 1 月 31 日《图书部通告》《图书馆登录室第三部布告》。

1923 年 2 月 22 日《图书馆登录室第三部布告》。

1923 年 2 月 22 日《北大平民夜校启事》。

1923 年 2 月 22 日《北京大学整理清代内阁档案报告》。

1923 年 2 月 23 日《研究所国学门布告 第九号》《研究所国学门布告 第十号》。

1923 年 2 月 23 日《北大平民夜校启事》。

1923 年 2 月 23 日《北京大学整理清代内阁档案报告》。

1923 年 2 月 24 日《北京大学整理清代内阁档案报告》。

1923 年 2 月 26 日《研究所国学门布告 第十一号》。

1923 年 2 月 26 日《北京大学收支各款数目表 中华民国十二年一月分》收入合计是 171525 元，订购图书仪器及消费公社印刷课之垫款等项共计 8 万元（看不清）。

1923 年 2 月 27 日《图书馆登录室第三部布告》。

1923 年 3 月 1 日《图书馆登录室第三部布告》。

1923 年 3 月 1 日《北京大学整理清代内阁档案报告》。

1923 年 3 月 2 日、3 日、5 日《数理阅览室通告》"本阅览室定于三月五日（即下星期一日）开始阅览时间暂定每日由上午八时至下午六时，星期日停止阅览。十二年三月一日。"

1923 年 3 月 2 日《北京大学整理清代内阁档案报告》。

1923 年 3 月 3 日《研究所国学门布告 第十三（注：应为二）号》。

1923 年 3 月 3 日《北京大学整理清代内阁档案报告》。

1923 年 3 月 5 日《北京大学教职员全体宣言》。

1923 年 3 月 5 日《商务印书馆来函》附《重印正统道藏缘起》《重印正统道藏预约简章》。

1923 年 3 月 5 日《北京大学整理清代内阁档案报告》。

1923 年 3 月 6 日《北京大学收支各款数目表 中华民国十二年二月分》收入合计是 267496 元，订购图书仪器及消费公社印刷课垫款等项共计 92337 元。

1923 年 3 月 6 日、7 日《数理阅览室规则》"一，本阅览室阅览时间，定为每日早八时至晚六时。星期日停止阅览。二，本室阅览书籍，仅许在市内借阅，不许借出室外。三，凡借阅本室书籍者，须先添写"取书单"，向本室办事员换取书籍；阅毕时，将书籍交还，索回"取书单"。每一"取书单"限借阅书籍一册。四，借阅书籍，每人同时不得过五册。五，阅览人对于所借阅之书籍，不得涂抹及毁坏，否则须按原价加倍赔偿。六，阅览时，禁止高声诵读、谈话、及吸烟。十二年三月五日订。"

1923 年 3 月 6 日《北京大学整理清代内阁档案报告》。

1923 年 3 月 7 日《北京大学整理清代内阁档案报告》。

1923 年 3 月 8 日《研究所国学门布告 第十三号》"本学门新购入日本杂志如左"。

1923 年 3 月 8 日《图书馆登录室第三部布告》。

1923 年 3 月 8 日《北京大学整理清代内阁档案报告》。

1923 年 3 月 9 日、10 日、12 日、13 日、14 日、15 日《图书部通告》"本部第一、二院典书课各阅览室，除特别阅览室外，自本月十二日（下星期一）起，照章出借书籍。惟中文书籍，因书目尚未编竣，出借之书，限于载在暂编出借书目者。其前借未还各书，望早归还！十二，三，八"。

1923 年 3 月 9 日《本校全体教职员呈总统文》"呈为请予迅即罢斥教育总

长彭允彝,并促北京大学校长蔡元培回校任事事。"

1923年3月9日《北京大学整理清代内阁档案报告》。

1923年3月10日《商务印书馆来函》附《影印续藏经启》。

1923年3月10日《北京大学整理清代内阁档案报告》。

1923年3月12日《整理档案会布告（一）》《整理档案会布告（二）》。

1923年3月12日《图书馆登录室第三部布告》。

1923年3月12日《北京大学整理清代内阁档案报告》。

1923年3月13日《北京大学整理清代内阁档案报告》。

1923年3月14日《北京大学整理清代内阁档案报告》。

1923年3月15日《研究所国学门布告》。

1923年3月15日《图书馆登录室第三部布告》。

1923年3月15日《北京大学整理清代内阁档案报告》。

1923年3月17日《芝加哥北大同学会致校长函》"其一……至母校图书馆捐务,去年暑假时曾经本会同人努力进行,惟当时各界意见不一,无从发展,因缓进行。近日情形略佳,同人遂决定赓续办理,经于前十二月二十三开常会时公推少海及甄亮甫、雷国能君等三人代表本会出与侨胞接洽,当经刻日实行。所到皆得侨胞允为提倡赞助。芝城中已发出通告,特为此事召集会议。一俟议决后,当即妥速进行,随时请示。(下略)此请刻安。芝加高北大同学会启。十二年正月初一。书记邱少海""其二。孑民校长大鉴：前函计均得接。兹将芝城中华公所集议关于母校图书馆事宜,剪报呈阅。并附该公所通告一张,余容后详。敬请刻安。芝加高北大同学会书记邱少海启正月十四。"

《中华会馆二日集议情形志略》"一月二日下午八时,中华会馆为北京大学图书馆募捐事召集会议。首由主席梅卓云先生宣布开会宗旨,略谓：北京大学为全国人民所共有,图书馆关系极为重要,自应人人乐助等语。次由北大芝城同学会会长邱少海先生报告各埠募捐情形及宣布奖励章程，梅宗周、陈孔芳、雷国能、甄亮甫诸先生各有演说，皆发挥北大图书馆创立之必要，为全国最重大事件，侨胞不可忽视，务望慨助巨款，为国家造就人才等语。嗣由主席提出办法，共同讨论，议决组织国立北京大学图书馆中美募捐委员会，即日成立。推定委员二十五人，分任募捐云云。"《中华会馆紧要通告》《国立北京大学图书馆捐款纪念章程》。

1923年3月17日《北京大学整理清代内阁档案报告》。

1923年3月19日《北京大学整理清代内阁档案报告》。

1923年3月20日《北大平民夜校启事》。

1923年3月20日《北京大学整理清代内阁档案报告》。

1923年3月22日《研究所国学门布告》"本学门新购入书籍十种"。

1923年3月22日《北京大学整理清代内阁档案报告》。

1923年3月23日《研究所国学门布告》二则。

1923年3月24日《北京大学整理清代内阁档案报告》。

1923年3月26日《第八阅览室通告》"本阅览室现已布置就绪，定于本月二十四日开始阅览。时间：除星期外，每日自九时至十二时，下午一时至六时。地址：在第二院北楼下迤西。本阅览室备有：地质、采矿、冶金、生物等书。十二年三月二十四日。"

1923年3月28日《研究所国学门布告》。

1923年3月28日《图书馆登录室第三部布告》。

1923年3月29日《图书馆登录室第三部布告》。

1923年3月29日《北大二平图书阅览室启事》，落款是"北大第二平民学校图书阅览室启"注意，首次出现这个说法。

1923年3月29日《北京大学整理清代内阁档案报告》。

1923年3月30日、31日、4月2日《图书部第八阅览室通告》"本阅览室由今日起，阅览时间订为每日八时至十二时半，下午三时至六时，七时半至九时。此布。三月三十日。"

1923 年 3 月 30 日《北大二平图书阅览室启事（续）》。

1923 年 3 月 31 日《北大二平图书阅览室启事（续）》。

1923 年 3 月 31 日《北京大学整理清代内阁档案报告》。

1923 年 4 月 2 日《北大二平图书阅览室启事（续）》。

1923 年 4 月 2 日《北大第二平民学校启事》发行北大二平周刊。

1923 年 4 月 3 日《北大二平图书阅览室启事》。

1923 年 4 月 3 日《北京大学整理清代内阁档案报告》。

1923 年 4 月 4 日《研究所国学门布告》。

1923 年 4 月 5 日《北京大学整理清代内阁档案报告》。

1923 年 4 月 7 日《北京大学收支各款数目表 中华民国十二年三月分》收入合计是 214715 元，订购图书仪器及消费公社印刷课垫款等项共计 97829 元。

1923 年 4 月 7 日《北京大学整理清代内阁档案报告》。

1923 年 4 月 10 日《北京大学整理清代内阁档案报告》。

1923 年 4 月 12 日、13 日《数理阅览室通告》"本阅览室阅览时间，自四月十六日（星期一日）起暂行改订如左：日间由早八时半至晚六时；夜间由晚七时至晚九时；星期六夜间及星期日停止阅览。四月十一日"。

1923 年 4 月 13 日、14 日《图书部通告》"第一院典书课第四阅览室，自本月十六日（即下星期一）起，暂订每星期一至星期五，晚七时至九时开馆，除日报杂志外，中外图书，均可取阅，但不借出！十二，四，十二。"

1923 年 4 月 14 日《北京大学整理清代内阁档案报告》。

1923 年 4 月 16 日《研究所国学门布告》二则。

1923 年 4 月 16 日《十一年度在校全体学生分省分系表》。

1923 年 4 月 18 日《研究所国学门布告》二则。

1923年4月19日《北京大学整理清代内阁档案报告》。

1923年4月20日《袁守和先生致顾孟余教授函》"孟余先生：美国国会图书馆赠与北大之目录片，原定去秋寄京，嗣以馆中经费支绌，因又停滞。前见沪报，知北大将于今年冬间正式举行二十五周纪念，颇愿在纪念日以前能将全份目录片寄到，以使届时展览，故又催促一次。昨得馆长复函，谓最近出版之书片已于本星期寄出，以后每两星期付邮一次。其全份当陆续拣齐，随时发出。本年十月杪或可交齐云云。兹录原信奉上，即希台阅。

此项书片将达一百万张，以后出版者每年约四五万。关于学术之促进，功效甚大，不待赘言。惟数量既多，整理亦颇不易，尚望加以注意：（一）目录箱亟应赶速制成，其图样前年曾寄上，未免稍高，做时以稍低者为宜；（二）依著作者姓名，以字母顺序排列先后；（三）应购导片Guidecards，以便易于部次；（四）宜拨出相当地点陈列之，俾便检阅。至于如何防避火险，亦希筹及，至盼至盼。

又哈佛大学图书馆及芝加哥之John Grevar图书馆各印有书目片，前者属于历史法律者为最多，后者属于自然科学者为最多。大半皆系德法义（注：意）三国文字，为国会图书馆所未及度藏者，如北大能另指定专款，则二处书片均应首先购置，与国会图书馆之书片合并为联合目录（Union Card Catalogue），其便于学子者当甚大。

此外芝加哥大学，意利诺大学，Newbery图书馆，纽约市立图书馆及伯林图书馆均有书片印行，而瑞士Enerich出版之生物学目录片不久亦将继续刊行。内有需款无多者，有需款颇巨者。将来校款充足，均宜添购。目下不妨先购哈佛及John Grevas之书片，因二处所印片数有限而又不存旧片，故应赶速购置也。不识尊意以为如何。此上，顺候教祺。同礼谨上。三月十六日。"

1923年4月20日《北大学生青年会启事》"本会业已成立阅览室，购备中西各种重要书籍供人阅览，本校同学有愿至该处阅书者，非常欢迎！开馆时间：每日午后三时至夜九时。借书时间：仝前。地点：骑河楼十一号。"

1923 年 4 月 21 日《北京大学整理清代内阁档案报告》。

1923 年 4 月 23 日《研究所国学门布告》。

1923 年 4 月 24 日《图书馆登录室第三部布告》。

1923 年 4 月 24 日《北京大学整理清代内阁档案报告》。

1923 年 4 月 25 日《研究所国学门布告》。

1923 年 4 月 28 日《北京大学整理清代内阁档案报告》。

1923 年 5 月 1 日《北京大学整理清代内阁档案报告》。

1923 年 5 月 7 日《研究所国学门布告》。

1923 年 5 月 7 日《图书部登录课布告》"本馆兹承黎大总统惠赠：The Chinese Year Book 1923 一册，施淑仪女士惠赠：清代闺阁诗人征略一册，特此声谢。五，七。"注意，又改名了。

1923 年 5 月 7 日《北大二平图书阅览室启事》。

1923 年 5 月 7 日《北大平民夜校启事》。

1923 年 5 月 8 日《北京大学收支各款数目表 中华民国十二年四月分》收入合计是 298275 元，订购图书仪器及消费公社印刷课垫款等项共计 101985 元。

1923 年 5 月 9 日《研究所国学门布告》。

1923 年 5 月 9 日《北京大学整理清代内阁档案报告》。

1923 年 5 月 10 日《研究所国学门布告》"兹将本学门自本年一月起至公布日止，所购入日文杂志内之重要题目，宣布于左：……"。

1923 年 5 月 10 日《图书部登录课布告》。

1923 年 5 月 10 日《北大第二平民学校图书阅览室启事》。

1923 年 5 月 10 日《北京大学整理清代内阁档案报告》。

1923 年 5 月 11 日《北京大学整理清代内阁档案报告》。

1923年5月12日《北京大学整理清代内阁档案报告》。

1923年5月14日《北京大学整理清代内阁档案报告》。

1923年5月15日《北京大学整理清代内阁档案报告》

1923年5月17日《研究所国学门通告》。

1923年5月17日《学术书籍之介绍与批评》。

1923年5月17日《北京大学整理清代内阁档案报告》。

1923年5月19日《图书部登录课布告》。

1923年5月19日《北京大学整理清代内阁档案报告》。

1923年5月22日《北京大学整理清代内阁档案报告》。

1923年5月24日《研究所国学门通告》二则。

1923年5月24日《1923-1924法文系戏剧功课应用书籍目录（宋春先生交来）》。

1923年5月25日《整理档案会启事》。

1923年5月26日《图书部登录课布告》。

1923年5月26日《北京大学整理清代内阁档案报告》。

1923年5月29日《研究所国学门通告》二则。

1923年5月29日《北京大学整理清代内阁档案报告》。

1923年5月31日《研究所国学门通告》二则。

1923年5月31日《北京大学整理清代内阁档案报告》。

1923年6月1日《北大第二平民学校图书阅览室征书启事》"敝阅览室创办一年，规模粗具而经费支绌，供不应求。现暑假将届，毕业诸君学成归里，其余教职员同学亦多将回家，如能将尊藏一部分中学阶级教科以及灌输平民常识各种杂志与各种自修书、参考书惠捐者，敝阅览室无任欢迎（惠书请交三院敝校或将捐书种类数目及尊址通知敝室，届时派人来取）"。

1923年6月2日《北京大学整理清代内阁档案报告》。

1923年6月5日《研究所国学门通告》二则。

1923年6月5日《北京大学收支各款数目表 中华民国十二年五月分》收入合计是178892元，订购图书仪器及消费公社印刷课垫款等项共计74511元。

1923年6月5日《北京大学整理清代内阁档案报告》。

1923年6月7日《北京大学整理清代内阁档案报告》。

1923年6月8日《图书部登录课布告》。

1923年6月9日《北京大学整理清代内阁档案报告》。

1923年6月12日《研究所国学门通告》二则。

1923年6月12日《北京大学整理清代内阁档案报告》。

1923年6月13日《留美北大同学会致胡蒋两先生函》"适之，梦麟二先生：蔡先生离校，先生们责任加重。学生等去国万里，不能助力，为恨！蔡先生持'不合作'主义而去校，望先生等持'入地狱'主义而进行。蔡先生于数年中养成职教员各肯负责通力合作之精神。故虽去而北大犹能屹立于危乱之中。望先生等更进一步，养成学生各肯负责，通力合作之精神。将来即使先生等都去了，而北大亦能屹立于危乱之中。但非使好学生都出来负责不可。

为图书馆募捐事，半因学生等作事无经验，半因华侨对文化运动不如对于政治运动之热心，故结果极坏。前得子师书催将所捐之款收齐。在进行中又逢北大此次变动。故在前已允捐助者，今反观望不纳。此时断难收齐，只好稍待再说。

此次特别请先生等注意者，为美国国会图书馆所捐送北大之书目，自六月起继续寄来。约可于九十月间寄齐。请先生等设法加心保存。此事须有专员负责，装制，保存，皆望特别注意。盖得之不易，而东亚亦只有此一全份也。此请康健。留美北大同学会四月二十七日。"

1923年6月13日《北京大学整理清代内阁档案报告》。

1923年6月14日、15日、16日、19日、20日《图书部通告》"暑假期近，本部第一二院典书课各阅览室自本月十五日起，停止出借图书；其已借出各书，亦统望于二十日以前缴还，藉资清理，此布。十二，六，十三。"

1923年6月14日《北京大学整理清代内阁档案报告》。

1923年6月15日《北京大学整理清代内阁档案报告》。

1923年6月19日《北京大学整理清代内阁档案报告》。

1923年6月21日《文牍课十二年六月十一日收发文件事由单》"六月十三日 发出文件共九件……致京师图书馆请给本校暨陶教授优待券函……"。

1923年6月21日《北大第二平民学校阅览室启事》。

1923年6月22日《北京大学整理清代内阁档案报告》。

1923年6月23日《研究所国学门通告》三则。

1923年6月23日《图书部登录课布告》。

1923年6月23日《北京大学整理清代内阁档案报告》。

1923年6月25日《北大二平图书阅览室启事》。

1923年6月25日《北京大学整理清代内阁档案报告》。

1923年6月26日、27日、28日、29日《哲学系教授会布告》"下学年法文德文哲学选读和哲学研究用书如下，望选习各该功课的学生诸君在暑假期内把书籍预备好，以免开课时无书可读。英文哲学选读用书俟定妥后，再行宣布。……"

1923年6月26日《图书部登录课布告》。

1923年6月26日《北京大学整理清代内阁档案报告》。

1923年6月27日《北京大学整理清代内阁档案报告》。

1923年6月28日、29日《追悼黄树因先生启》"敬启者：北京大学哲学系梵文教员黄树因先生建（原名建华）于六月十五号弃世。先生邃于佛典，复长于梵文，实佛学界之巨子。今不幸早逝。同人谨于七月一日午开追悼以志哀忱。凡爱先生者，及学佛同人，幸移玉共襄斯举。……"

1923年6月28日《北京大学整理清代内阁档案报告》。

1923年6月29日、30日、7月7日《图书部通告》"一，本部第一院典书课第二四阅览室，于暑假期内，自七月一日起，除星期日及例假外，每日上午八时至十二时，订为阅览时间；下午及晚间，均闭馆。假期内，图书杂志，概不出借。二，第三阅览室阅览时间不变更。三，第一院特别阅览室，德文阅览室应另规定外，第一阅览室及第二三院典书课阅览室，假期内概停阅览；中国文图书，移在第四阅览室取阅，此布。十二，六，二十八。"

1923年6月29日、30日《数理阅览室通告》"本阅览室阅览时间，自七月一号起暂定为上午八时至十二时，下午及晚间暂行停止阅览。十二，六，二十八。"

1923年6月29日《北京大学整理清代内阁档案报告》。

1923年6月30日《图书部通告》"本部特别阅览室暑期内因清理书籍，停止阅览，此布。十二，六，二十九。"

1923年6月30日、7月7日《化学阅览室通告》"本阅览室中布置尚未齐全，但为暑假中留京同学自修上便利起见，特于七月二日（星期一）起先行开放并暂订简章如左：一，本室除星期日停闭外，每日上午八时起至十二时止为阅览时间，逾时即行关锁。二，来本室阅览者，以本校现在化学系学生或教员为限，其非本系人员，必须预向本室声明以便由负责人酌夺办理。三，在本室阅览者须先将阅览券填明留存本室，候阅览后书籍等缴还无误时方可将原券退回取销。四，本室书籍杂志一概不得携出。五，本室书籍杂志排列各有次序，阅览者不得任意移动。六，本室所有书籍杂志等件，如有损坏等涂污情事，须由各该阅览人按原价赔偿。七，来本室阅览者务必静肃，并注意卫生事宜。十二，六，二十九。"

1923年6月30日《第八阅览室通告》"本阅览室暑假期内阅览时间，自七月一日起，每日上午八时至十二时，下午及晚间均停止阅览。此布。十二，六，二十九。"

1923 年 6 月 30 日《研究所国学门通告》二则。

1923 年 6 月 30 日《北京大学整理清代内阁档案报告》

1923 年 7 月 7 日《图书部登录课布告》"兹承黄忏华先生令弟黄树因先生，本校哲学系梵文助教，将生前持诵之佛典，计五十六种，全数捐入本校图书部，以作纪念，特此声谢。今将佛典册数开列于左：……十二，七，二日。"合计 165 册。

1923 年 7 月 7 日《北京大学收支各款数目表 中华民国十二年六月分》收入合计是 135998 元，订购图书仪器及消费公社印刷课垫款等项共计 78286 元。

1923 年 7 月 7 日《北京大学整理清代内阁档案报告》。

1923 年 7 月 14 日《整理档案会启事》"本会据六月二日之会议议决：本年暑假期内，以大规模继续整理清代内阁档案，……"。

1923 年 7 月 14 日《本校教职员临时委员会覆蔡校长函》。

1923 年 7 月 14 日《北京大学整理清代内阁档案报告》。

1923 年 7 月 21 日《北京大学整理清代内阁档案报告》。

1923 年 7 月 28 日、8 月 18 日《数理阅览室通告》"本阅览室由七月二十号至八月十五号停止阅览，由八月十六号至本校开学之日，阅览时间，除星期日外，仍定为由上午八时至十二时。特此通告。"

1923 年 7 月 28 日《北京大学整理清代内阁档案报告》。

1923 年 8 月 4 日《北京大学整理清代内阁档案报告》。

1923 年 8 月 11 日《北京大学收支各款数目表 中华民国十二年七月分》收入合计是 143581 元，订购图书仪器及消费公社印刷课垫款等项共计 76694 元。

1923 年 8 月 11 日《研究所国学门通告》三则。

1923 年 8 月 11 日《北京大学整理清代内阁档案报告》。

1923 年 8 月 18 日《图书部登录课布告》。

1923 年 8 月 18 日《北京大学整理清代内阁档案报告》。

1923 年 8 月 25 日《研究所国学门通告》二则。

1923 年 9 月 1 日《研究所国学门通告》二则。

1923 年 9 月 1 日《图书馆登录室第三部布告》。

1923 年 9 月 1 日《北京大学整理清代内阁档案报告》。

1923 年 9 月 8 日《北京大学收支各款数目表 中华民国十二年八月分》收入合计是 131769 元，订购图书仪器及消费公社印刷课垫款等项共计 75811 元。

1923 年 9 月 8 日《北京大学整理清代内阁档案报告》。

1923 年 9 月 12 日《蒋梦麟先生开学词》"今天同大家聚会一堂，行开学礼，本来是一件愉快的事情，所不好过的就是我们最敬爱的蔡先生不在此地。学校在这种政治的和经济的关系之下，竟能如期开学，是同人精神奋斗的结果。至于物质方面，可说是已到了山穷水尽的地步。恐怕诸君不甚详知，特地略为报告。政府里积欠了我们八个月的经费，计有 50 余万，此外学校里还垫出了十七万余。两项共计七十余万，差不多一年的经费没有了，所以去年开学时我们说过要建筑大会堂和图书馆的计划都成了泡影。同人数月来终日奔走经费的事，忙得不了，几乎天天在街上跑。上次京师各法团保安会，京师治安维持会，和教育基金委员会，议决每月筹八十万元，五十万为军警费，三十万为教育费。请汇丰汇理正金道胜四银行垫借。议定以后，即向使团接洽，英法日三使现尚在磋商中，此事能成与否，实难预料，不过我们尽我们的能力罢了。

现在蔡先生不在这里，同人等也略有一点计划，如经费有着，拟将学校经费划出一部份用在充实学术上的内容。购买图书要注重专门，请各系计划应购的书报杂志。这层做到，学术自能渐渐提高。并且教员方面，因为有了这样研究专门学术的便利机会，学问自然也就日新月异的提高起来。其余应当进行的事还很多，现在先就力所能及的先做起来。

此外还有几件小事可以报告。学校的行政部分向在第一院，从前有过谣传，说是外面对于我们有所误会的，将来放火焚毁。这虽是谣传，却是十分重要，不可不注意。学校的会计机关、注册部以及历来的重要文件，都在第一院，万一不慎，真不得了。现在外面的局势弄到如此，难保以后外界对于我们的误会，不再发生，所以为慎重起见，决定将行政各机关移到第二院去。庶几关防可以比较严密。今年新生投考的几及三千，学校里只取了一百六十余人。外面因为我们取得太少，有许多误会和责难。其实我们取新生，标准为重，不甚拘守定额。不想近年各地中学毕业生能合我们标准的，竟一年少似一年，这是现在教育界一个重大的问题。现在我们拟以表册报告各地中学，使他们知道，他们的学生有几分之几不及格，所欠缺的是那些功课，请他们注意改良。又此次检查体格加了检验粪便一项，结果知道，扬子江以南的人，粪中有虫，广东最多，江浙次之，扬子江以北则有虫的很少。这是医学和卫生学上极有科学价值的一种报告。

总之在现在这种情形之下，全靠我们大家共同奋斗，方可维持京师的教育。最少也要维持北大的生命，绝不能让它中断。"

1923 年 9 月 12 日《哲学系课程一览》。

1923 年 9 月 13 日《研究所国学门通告》。

1923 年 9 月 13 日《图书部登录课布告》。

1923 年 9 月 14 日《英文学系指导书》《英文学系科目说明书》《数学系指导书》。

1923 年 9 月 15 日《顾孟余先生开学演说词》。

1923 年 9 月 15 日《德文学系课程一览》。

1923 年 9 月 15 日《北京大学整理清代内阁档案报告》。

1923 年 9 月 17 日《化学系课程指导书》。

1923 年 9 月 18 日《研究所国学门通告》。

1923 年 9 月 18 日《中国文学系课程指导书》。

1923 年 9 月 18 日《北京大学整理清代内阁档案报告》。

1923 年 9 月 19 日《政治学系课程指导书》。

1923 年 9 月 19 日《北京大学整理清代内阁档案报告》。

1923 年 9 月 20 日《物理学系课程一览》。

1923 年 9 月 21 日《经济学系课程》《法律学系课程指导书》。

1923 年 9 月 21 日《北京大学整理清代内阁档案报告》。

1923 年 9 月 22 日《研究所国学门通告》。

1923 年 9 月 22 日《北京大学整理清代内阁档案报告》。

1923 年 9 月 24 日《数学系指导书》。

1923 年 9 月 24 日《北京大学整理清代内阁档案报告》。

1923 年 9 月 26 日《研究所国学门通告》"近来河南省孟津新郑两县,发见古器物多件,本所特请马衡教授前往调查,兹接其来信,宣布如下：……"

1923 年 9 月 26 日《研究所国学门委员会致内阁公函》"敬启者,顷见九月十二日晨报登载'清室因经费拖欠数年不法,陆续将宫内保藏古董暗售外商',闻者痛心……节查民国十一年三月间清室曾有拟以四库全书出卖作为结婚经费之举,继由北京大学提出抗议,社会亦群起反对,乃获终止。然一年以来清室对于所有古物毫无保存之诚意与办法,遂致阉宦之盗卖、灾害之损失时有所闻。……"

1923 年 9 月 26 日《北京大学整理清代内阁档案报告》。

1923 年 9 月 27 日、28 日《图书部典书课通告》"第一三院阅览室,（除第一院特别阅览室另有规定外）自本月二十八日（星期五）起,改订每星期一至星期六,上午八时至十二时,下午一时半至六时为阅览时间。夜间阅书时间及发借书证日期,俟另公布。十二,九,二六。"

1923年9月27日《致洛阳吴巡阅使郑州靳师长请招待本校考古教授马衡电》《本校致两湖巡阅使陆军第十四师师长请招待本校马衡教授参观古物函》。

1923年9月27日《北京大学整理清代内阁档案报告》。

1923年9月28日《图书部登录课布告》。

1923年9月28日《地质学系课程指导书》。

1923年9月29日《史学系课程指导书》。

1923年9月29日《北京大学整理清代内阁档案报告》。

1923年10月1日《注册部布告（五）》"马夷初先生所授庄子哲学、阳明哲学应用书籍如左，望选修该二种功课诸生查照预备……"

1923年10月1日、2日、3日、4日《图书部典书课通告》"本课第一院第一四阅览室，自十月一日（星期一）起，照章出借书籍；凡本预科各科学生欲借书者，应持入学证书来本课领取借书证，以便借阅。曾经借书未还者，须先缴还所借图书，借书证方能发给。十二，九，二九。"

1923年10月1日《北京大学整理清代内阁档案报告》。

1923年10月2日《北京大学整理清代内阁档案报告》。

1923年10月3日《北京大学整理清代内阁档案报告》。

1923年10月4日《数理阅览室通告》"本阅览室阅览时间，除星期日外暂改定为上午八时至十二时，下午一时至六时，特此通告，十二年十月三日。"

1923年10月4日《图书部登录课布告》。

1923年10月4日《北京大学整理清代内阁档案报告》。

1923年10月5日《北京大学整理清代内阁档案报告》。

1923年10月6日《北京大学整理清代内阁档案报告》。

1923年10月8日、9日《第八阅览室通告》"本阅览室自今日起，仍照上半年办法，每日自上午八时至十二时，下午三时至六时，晚七时至九时阅览，星期日及例假休息，此布。十二年十月八日。"

1923年10月8日《本校研究国学门致国务院呈文及曾巡阅使吴巡阅使公函》"……钧院贵使电令将新郑孟津两处所发见之古物全数运交中央，由本校负责保管研究之责，如承允许，其效能岂徒我国学术之地位可以增高，文化之流风可以远被，敝校之博物馆得此亦可以定其基础，而钧院贵使之令闻亦将远播长流与此国宝共垂不朽矣。"

1923年10月8日《北京大学整理清代内阁档案报告》。

1923年10月9日《北京大学收支各款数目表 中华民国十二年九月分》收入合计是242652元，订购图书仪器及消费公社印刷课垫款等项共计83026元。

1923年10月9日《北京大学整理清代内阁档案报告》。

1923年10月11日《北京大学整理清代内阁档案报告》。

1923年10月12日《图书部典书课通告》"本课每日发给借书证时间，自本月十二日起改订如左：上午十时至十二时，下午一时半至三时半。十二，十，十一。"

1923年10月12日《马衡教授调查河南新出古物报告书》。

1923年10月12日《本校致洛阳吴巡阅使河洛道由道尹公函》。

1923年10月13日《北京大学整理清代内阁档案报告》。

1923年10月15日《研究所国学门通告》二则。

1923年10月15日《北京大学整理清代内阁档案报告》。

1923年10月16日《北京大学整理清代内阁档案报告》。

1923年10月17日《第八阅览室通告》"本阅览室自今日起每日阅览时间兹改订如左：上午八时至十二时，下午一时半至六时，晚七时至九时，凡欲阅本室图书者，请向第二院注册课领取阅览券，持券阅览，无券恕不招待，此布。十二年十月十六日。"

1923年10月17日《北京大学整理清代内阁档案报告》。

1923 年 10 月 18 日《图书部登录课布告》二则。

1923 年 10 月 18 日《马克思学说研究会启事（一）》。

1923 年 10 月 18 日《北京大学整理清代内阁档案报告》。

1923 年 10 月 19 日《关于请求成立教育系的报告》。

1923 年 10 月 19 日《北京大学整理清代内阁档案报告》。

1923 年 10 月 20 日《北京大学整理清代内阁档案报告》。

1923 年 10 月 22 日《北京大学整理清代内阁档案报告》。

1923 年 10 月 23 日、24 日、25 日《图书部通告》"典书课第一院第四阅览室及第三院阅览室，自本月二十三日（星期二）起，除日间照常办公外，暂订每星期一至星期五，晚七时至九时开馆；除日报杂志外，中外图书，均可取阅，但不借出！十二年十月二十二日。"

1923 年 10 月 23 日《图书部登录课布告》"……李良骥先生惠赠"。

1923 年 10 月 23 日《陆军第十四师来函》"敬复者：承示以豫省出土古物且送中央用供贵校学术上之研究，见解高？至堪钦佩。查孟津发见古物，敝处并未与闻，至新郑出土各件已呈准运？交教育厅妥为保存矣。敝处已交代清，是无权办理。贵校既分函院署，应候复示遵行可也，此致国立北京大学公鉴。靳云鹗谨启十月十三日。"

1923 年 10 月 23 日《北京大学整理清代内阁档案报告》。

1923 年 10 月 24 日、25 日、26 日《马夷初启事》"老子一书，错简羡文夺讹之字随处皆是。伦近为校正，惟欲见易实父先生顺鼎所为老子校本，求之未得，我同事先生同学诸君如有以此见示者，至为感荷，通信处如下：西城机织卫三十一号，本宅电话：西局一百九十九号或本校第一院国文教授会。十二年十月二十三日，马叙伦。"

1923 年 10 月 27 日、29 日、30 日、31 日《马夷初再启事》"伦所求易实甫先生读老札记已承师大杨伯忱先生见借，至为感谢。又承张仁蠡先生告以京师图书馆有此书，亦谢谢。伦今又欲求得王白田先生懋竑所著庄子校存一卷（据王捍郑先生诸子考云王懋竑著，但白田草堂存稿中无之行状传志中亦不言著有此书，未审是否姓名偶同者）为同事先生同学诸子有见示者感荷感荷。十二年十月二十六日马叙伦。"

1923年10月29日《北京大学整理清代内阁档案报告》。

1923年10月30日、31日《北大平民夜校图书室征求书报启事》"本室既苦于年龄之稚，又啬于经济之艰，然而弱者的欲望，无逊于人，惟所可希望的，还只是鞠育怀抱我们的北大教职员和学员先生，所以我们又在您们面前作虔诚的呼援了，假使您们有看不了书报或珍贵的出版品，请您们捐助来救救我们的饥肠吧！——我们是非常感激的。十月二十九日第二院。"

1923年10月30日《北京大学整理清代内阁档案报告》。

1923年10月31日《北京大学整理清代内阁档案报告》。

1923年11月1日《校长布告》"十二年十月三十日十二年度评议会第一次会议议决事件如左：……附各委员会委员长及委员名单……（四）图书委员会：顾孟余（长）朱希祖、马衡、单不庵、陶孟和、李煜瀛、皮宗石（主任）。"

1923年11月1日《研究所国学门通告（一）》"靳云鹗师长惠赠新郑出土之周代古物影片六十五张……"《研究所国学门通告（二）》"本学门在郑州洛阳拓影新郑孟津出土之古物，其拓片、影片如左……"

1923年11月1日欧阳渐《黄建事略》。

1923年11月1日《北京大学整理清代内阁档案报告》。

1923年11月2日《化学阅览室通告》"本阅览室自星期一起（十一月五日）除星期六及星期日，每日下午七时至九时照常开室阅览。"

1923年11月2日《北京大学整理清代内阁档案报告》。

1923年11月3日《蒋代校长为本校念五周年纪念事致学生干事会书》

"……政府视教育如无物，经费积欠已九阅月，学校势将破产。机关之日常生活，尚虞不给；教职员勉力维持，已久苦枵腹，庆祝事项，在在需款，将何从出。此当考虑者二。学校之唯一生命在学术事业，今年经费困难，不同曩所拟议，如图书馆、大会堂等大建设，不能实现；即添购图书仪器等一切关于同学修学方面之设备，均无从发展。故今年之大庆祝，理宜展缓。……"

1923 年 11 月 3 日《北京大学整理清代内阁档案报告》。

1923 年 11 月 5 日《研究所国学门通告》二则。

1923 年 11 月 5 日《北大平民夜校启事》。

1923 年 11 月 5 日《北京大学整理清代内阁档案报告》。

1923 年 11 月 6 日《研究所国学门通告》。

1923 年 11 月 6 日《北京大学整理清代内阁档案报告》。

1923 年 11 月 7 日《图书部登录课布告》。

1923 年 11 月 7 日《北京大学整理清代内阁档案报告》。

1923 年 11 月 8 日《北洋大学复本校函》"径复者，顷准来函，以敝校存储法科应用书籍，请全数移归贵校，以备该科各生参考之用等，因查敝校法科书籍曾经河北大学校一再商借，已于本月三日由该校派员领讫在案，准函前因相应函复，请烦查照为荷。此致北京大学。北洋大学启。十一月五日。"

1923 年 11 月 8 日《北京大学收支各款数目表 中华民国十二年十月分》收入合计是 163144 元，订购图书仪器及消费公社印刷课垫款等项共计 67514 元。

1923 年 11 月 8 日《北京大学整理清代内阁档案报告》。

1923 年 11 月 9 日《北京大学整理清代内阁档案报告》。

1923 年 11 月 10 日《研究所国学门恳亲会记事》沈兼士主任报告，里面讲到编制分类书目、学术年表、诸子所用哲学名词索引等，"关于实行以上各种计划，我们已请顾颉刚先生来校帮忙办理"。"（五）整理档案会。此外尚有一临时性质之档案会。自去年罗叔言先生购得八千余麻袋破碎档案之后，我们才要求教育部把整理内阁大库档案的责任交给我们；当时承陈援庵先生的斡旋，此项档案得归大学。……"蒋梦麟致词。

1923 年 11 月 10 日《北京大学整理清代内阁档案报告》。

1923 年 11 月 12 日《北京大学整理清代内阁档案报告》。

1923 年 11 月 14 日、15 日、16 日《丁绪贤启事》"我现有（1）英文理科书籍一百零四本，杂志二百十三本；（2）德文书籍五十一本，杂志九十九本；（3）中文书籍八本，杂志三十二本，暂存本校化学阅览室中，藉供同人阅览，但借阅时务必按照该室定章，由经理员负责代取，即在该室阅览。无论中西文书籍杂志，概不借出室外。十二，十一，十三。"

1923 年 11 月 14 日、15 日《化学阅览室布告》"本室现收到丁绪贤先生暂存书籍杂志多种，可供本校阅览之用，（1）英文理科书籍一百四本，杂志二百十三本。（2）德文书籍五十一本，杂志九十九本。（3）中文书籍八本，杂志三十二本。详细目录，日内续布。十二，十一，十三。"

1923 年 11 月 14 日《图书部登录课布告》。

1923 年 11 月 14 日《整理档案会通告》。

1923 年 11 月 14 日《北京大学整理清代内阁档案报告》。

1923 年 11 月 15 日《北京大学整理清代内阁档案报告》。

1923 年 11 月 16 日《研究所国学门通告（二）》。

1923 年 11 月 16 日《北京大学整理清代内阁档案报告》。

1923 年 11 月 17 日《北大平民夜校启事》。

1923 年 11 月 17 日《北京大学整理清代内阁档案报告》。

1923 年 11 月 19 日《北京大学整理清代内阁档案报告》。

1923 年 11 月 20 日《北大平民夜校启事》。

1923 年 11 月 20 日《北京大学整理清代内阁档案报告》。

1923 年 11 月 21 日、22 日、23 日、26 日、27 日、12 月 1 日、3 日《化学

阅览室通告》"兹将丁绪贤先生现存本室书籍杂志细目列下：……"

1923 年 11 月 21 日《北京大学整理清代内阁档案报告》。

1923 年 11 月 22 日《图书部登录课布告》。

1923 年 11 月 22 日《北京大学整理清代内阁档案报告》。

1923 年 11 月 23 日《征求书籍》湖南平民大学图书馆谨启。

1923 年 11 月 24 日《北京大学整理清代内阁档案报告》。

1923 年 11 月 26 日、27 日《图书部典书课启事》"兹由世界语研究室移还世界语书五十一种，存第一院第四阅览室内，备有详细书目，欲阅者请到该室取阅。惟书经教员指定，只能在该室阅览，概不出借。十二年十一月二十四日。"

1923 年 11 月 26 日《北京大学整理清代内阁档案报告》。

1923 年 11 月 27 日《研究所国学门通告》"本学门现已迁至第三院，凡关于本学门一切事务，请来第三院本学门接洽可也。十二年十一月二十四日。"

1923 年 11 月 27 日《北大平民夜校图书阅览室启事》。

1923 年 11 月 27 日《北京大学整理清代内阁档案报告》。

1923 年 11 月 28 日《北京大学整理清代内阁档案报告》。

1923 年 11 月 29 日《研究所国学门通告（二）》。

1923 年 11 月 30 日《北京大学整理清代内阁档案报告》。

1923 年 12 月 1 日《北京大学整理清代内阁档案报告》。

1923 年 12 月 3 日《北京大学收支各款数目表 中华民国十二年十一月分》收入合计是 214050 元，订购图书仪器及消费公社印刷课垫款等项共计 72577 元。

1923 年 12 月 4 日《留美北大同学会致校长函》"……母校建筑图书馆事，此间久无消息，不知近来进行状况若何。又募捐一事，本会去年曾由同学向各处捐募，略有成数早经报告在前，又不知近来国内外捐募情形若何。……"

1923 年 12 月 5 日《研究所国学门通告》。

1923 年 12 月 5 日《第九届全国教育会联合会始末记》"……议决成立之案凡三十件：……（十四）学校图书馆之图书购置费，应于预算案内列为专项，不得挪用案。……（二十五）提倡设立公共图书馆与巡回文库案。……（甲）退还庚子赔款事宜委员会"。

1923 年 12 月 6 日、7 日、8 日、10 日、11 日、12 日、13 日《第九届全国教育会联合会议决案全文》。

其中 8 日《第九届全国教育会联合会议决案全文》有"（十四）学校图书馆之图书购置费，应于预算案内列为专项，不得挪用案。教员求活动教材，必须有丰富之参考书，方能收圆满之效。学生除指定之教科书外，亦必有充分之参考书，始能得会通之益。完善之图书馆，实为学校必要之设置，本会历届所提关于图书馆之议案，不一而足，顾事实上迄无成效。述其原因，大约不出二端。一因学校编造预算案时，不将购书费列入，或列入而未能通过。二因预算虽有专款，而仍任意挪用。兹为使学校图书馆设备较敷应用起见，拟具补救办法二条如左：（一）学校图书馆之图书购置费，应于预算案内列为专项。（二）此项图书购置费，不得挪作别用。"

其中 12 日《第九届全国教育会联合会议决案全文》有"（二十五）提倡设立公共图书馆与巡回文库案。求民德民智之增进，学校以外，尤须注重社会教育。图书馆之设置，实为推行社会教育之最要工具。东西先进各国，不但繁盛都市，分区设置公共图书馆，且逐渐推及户口较少之镇集。所置图书，多适合一般社会之需要。至乡村散处，不能遍设，则以巡回文库传递阅览以期普遍。英国地方税法，对于人民有专收一种图书馆税者。美国市政学者耶布利，谓将来各国市邑设立图书馆一事，必有如强迫教育之一日。其关系重要，可以概见。我国现设之图书馆，所置图书，类多古籍，合于普通社会应用者甚少。欲求社会教育得推广发展之益，殊觉不易。兹为提倡公共图书馆及巡回文库起见，酌拟办法四条列下：（一）各省区先就繁盛地点，设立公共图书馆，并斟酌情形，设置巡回文库，逐渐推及于村镇。（二）如各地方限于财力，不能即照上项办理，则可先就学校附设。除本校阅览以外，酌定公开办法，俾地方人民，得共同阅览。（三）地方行政长官及教育机关，可劝导富有资产者，捐资创设。（四）公共图书馆及巡回文库之详细办法，与其需要图书之选置，由各地方斟酌情形定之。"

1923年12月7日《研究所国学门通告》。

1923年12月7日《北京大学整理清代内阁档案报告》。

1923年12月8日《研究所国学门通告》。

1923年12月12日《研究所国学门通告》二则。

1923年12月13日《图书部通告》"第三院阅览室现已移至第三院教员休息室西南院。自本月十三日（即星期四日）起，照常阅览。十二年十二月十二日。"

1923年12月14日《研究所国学门通告》。

1923年12月15日《研究所国学门通告》。

1923年12月15日《图书部登录课布告》。

1923年12月19日《北京大学整理清代内阁档案报告》。

1923年12月20日《北京大学整理清代内阁档案报告》。

1923年12月21日《图书部登录课布告》。

1923年12月21日《北京大学整理清代内阁档案报告》。

1923年12月22日《北京大学整理清代内阁档案报告》。

1923年12月24日《北京大学整理清代内阁档案报告》。

1923年12月26日《北京大学整理清代内阁档案报告》。

1923年12月27日《研究所国学门通告》。

1923年12月27日《北京大学整理清代内阁档案报告》。

1923年12月28日《北京大学整理清代内阁档案报告》。
1923年12月29日《北京大学整理清代内阁档案报告》。
1923年12月31日《北京大学整理清代内阁档案报告》。

1924 年

1924 年 1 月 4 日《北京大学整理清代内阁档案报告》。

1924 年 1 月 5 日、7 日、8 日《图书部第三院阅览室启事》"本室现由第一院第二阅览室移来一九二三年西文杂志十三种,名称如下:

1. The Economist

2. The Economics Review

3. The Independent

4. The New Republic

5. The Nation

6. The New Statesman

7. The Nation and Ashenaeum

8. Proceedings of The Academy of Political Science

9. Political Science Quarterly

10. The Spetator

11. The Manchester Yuardian Commerical

12. The Matchester Yuardian Weekly

13. The North American Review

十三年一月四日。"

1924 年 1 月 5 日《北京大学整理清代内阁档案报告》。

1924 年 1 月 7 日、8 日《图书部通告》"本部第二院阅览室（前二院注册课旧址）现已成立，自本月七日起，每星期一至星期六，上午八时至十二时，下午一时半至六时为阅览时间，除辞典字典杂志及指定不出借各书外，其余图书，均可照章出借。十三年一月五日。"

1924 年 1 月 8 日、9 日《总务处布告》"本月六日下午八时，第一院大楼第三层东头烟筒失火，烧毁西邻室内地板一部分，幸发觉尚早，移时救灭，未致成灾。第一院为本校图书馆所在，亦既全国精华之所寄，东大前车，思之寒心。查一院火炉共有四个，该项烟筒原不宜置诸建筑物之内部。欲谋根本安全，自当改造。兹为图保存校舍与图书起见，在未得妥善办法布置以前，暂将浴室所用之火炉二个停用，藉以减少危险程度。自即日起，停售浴票，至筹得妥善方法后，再行恢复。诸生因此或感不便，但学校命脉所关，爱校之心，人之所同，谅能暂时略忍牺牲，至其余二炉因现届冬令需用气管，既无法停止，亦经分饬管校员役认真警备，此布，十三年一月七日。"

1924 年 1 月 8 日《北京大学整理清代内阁档案报告》。

1924 年 1 月 9 日《北京大学整理清代内阁档案报告》。

1924 年 1 月 10 日《图书部第三院阅览室启事》"本室现有中文杂志五十四种，兹为便利阅览起见，特公布其名称于后：……十三年一月九日"。

1924 年 1 月 11 日《图书馆登录课布告》。

1924 年 1 月 11 日《北京大学整理清代内阁档案报告》。

1924 年 1 月 12 日《北京大学收支各项数目表 中华民国十二年十二月分》收入合计是 183 521 元，订购图书仪器及消费公社印刷课垫款等项共计 65 301元。

1924 年 1 月 14 日《北京大学整理清代内阁档案报告》。

1924 年 1 月 15 日《北京大学整理清代内阁档案报告》。

1924 年 1 月 16 日《图书馆登录课布告》。

1924 年 1 月 17 日《研究所国学门通告》。

1924 年 1 月 17 日《对于编辑本校二十五周年纪念册的一点意见》罗敦伟，"……北京大学就是我国文化的缩影。……第一纪念册的内容……八、图书馆及研究所……"。

1924 年 1 月 17 日《北京大学整理清代内阁档案报告》。

1924 年 1 月 18 日《研究所国学门通告》二则。

1924 年 1 月 18 日、19 日、21 日、22 日《图书部通告》"近来本部各阅览室内，时有校外人冒用同学名义取阅图书杂志者，甚至有携出情事，事后索讨，颇感困难；兹为慎重校物，兼减除纠缠起见，自本月十八日起，同学诸君赴本部各阅览室取阅图书杂志者，务希将入学证或旁听证，连同阅书条或阅杂志条交馆员暂存，俟阅毕缴还时撤回，否则概不接待，藉昭审慎。此布。十三年一月十七日。"

1924 年 1 月 19 日《袁同礼君致顾孟余先生函》"孟余先生大鉴：前接美京国会图书馆来函，知赠送北大之目录片已于秋间寄上十箱，约占全部三分之一，预计此时，或已到京。又今年新印之书片，曾于三月间按期寄出，谅收到者为数当已不少。查十箱内之书片，均已按字母顺序排列前后，每箱各屉上均有号数，可依其次序排列之。惟零星寄出之片，并无前后次序，不妨暂另置一处，勿相混乱是盼。此项目录片，欧洲各国得者甚少，英伦博物馆及法国国立图书馆，均未庋藏。瑞典蒙赠一份，但分散于三处学术机关。今北大竟得全部，亦属不易，甚望能将装置书片之目录箱赶速制就，并希在管理上多加注意，至为企盼。附上国会图书馆原信。祈台阅。此上，顺颂教祺。同礼谨上。十二月十四日自英伦。"

1924 年 1 月 19 日《北京大学整理清代内阁档案报告》。

1924 年 1 月 22 日《北京大学整理清代内阁档案报告》。

1924 年 1 月 23 日、24 日、25 日《念五周年纪念册编辑处启事》《北大二十五周年纪念册大纲》"第六章图书仪器"。

1924 年 1 月 23 日《北京大学整理清代内阁档案报告》。

1924 年 1 月 24 日《研究所国学门通告》二则。

1924 年 1 月 24 日、25 日、26 日、28 日、29 日《图书部通告》"寒假伊迩，本部第一二院各阅览室自本月二十四日起（星期四）停止出借图书；其已借出各书，无论已未到期，统希于本月三十日以前一律缴还，以便清理，此布。十三年一月二十三日。"

1924 年 1 月 25 日《图书部登录课布告》。

1924 年 1 月 28 日《北京大学整理清代内阁档案报告》。

1924 年 1 月 29 日《研究所国学门通告》二则。

1924 年 1 月 29 日、30 日、31 日《十三年一月二十六日第三次评议会议决事件》"一，日本每年退还庚子赔款，在京沪办理图书馆及研究所等，日使托由本校提出馆所各长及评议会委员等预备员名单。议决：照原拟略加增删通过。"

1924 年 1 月 30 日、31 日《图书部布告 十三年一月二十九日》"一，本部第一院第二四阅览室及第二三院阅览室，于寒假期内，每日上午八时至十二时为阅览时间，下午及晚间闭馆。取阅中文书籍，亦在第四阅览室办理。二，第一院第三阅览报室，阅览时间仍旧。三，二月四日至六日，又星期日，均停止办公。"

1924 年 1 月 30 日《关于"三体石经"移藏"北大"几封讨论的信》。

1924 年 1 月 30 日《北京大学整理清代内阁档案报告》。

1924 年 2 月 25 日《研究所国学门通告》。

1924 年 2 月 25 日《北京大学整理清代内阁档案报告》。

1924 年 2 月 26 日《研究所国学门通告》。

1924 年 2 月 26 日《北京大学整理清代内阁档案报告》。

1924 年 2 月 27 日《图书部登录课布告》。

1924 年 2 月 27 日《研究所国学门通告》。

1924 年 2 月 27 日《北京大学整理清代内阁档案报告》。

1924 年 2 月 28 日《北京大学收支各项数目表 中华民国十三年一月分》收入合计是 148406 元，订购图书仪器及消费公社印刷课垫款等项共计 62172 元。

1924 年 2 月 29 日、3 月 1 日、3 日《数理阅览室通告》"本阅览室阅览时间，由本年二月二十九日起改订如下：一，每日阅览时间，定为上午九时半至十二时；下午一时半至六时；晚间七时半至九时半。二，星期六日下午及晚间与星期日均停止阅览。十三年二月二十八日。"

1924 年 2 月 29 日《北京大学整理清代内阁档案报告》。

1924 年 3 月 5 日《图书部登录课布告》。

1924 年 3 月 5 日《北京大学整理清代内阁档案报告》。

1924 年 3 月 10 日《北京大学整理清代内阁档案报告》。

1924 年 3 月 11 日《研究所国学门通告》。

1924 年 3 月 11 日《北京大学收支各项数目表 中华民国十三年二月分》收入合计是 229 745 元，订购图书仪器及消费公社印刷课垫款等项共计 68 196 元。

1924 年 3 月 11 日《北京大学整理清代内阁档案报告》。

1924 年 3 月 12 日《景山之东——沙滩社文艺丛书之一 发售预约券》"是大学生实际生活赤裸裸的叙述和描写"作者"一楚"。

按：作者在北大六年（从 1918 年至 1924 年）。其中《沙滩畔》描写"沙滩大楼"，"大家都相信大楼是幸运儿，因为它已经逃过了两次垂成的火灾——毁灭文化的大火灾！"（第 18 页）"在大楼的第一层是北大的图书馆。这样的建筑不适宜于图书馆的应用，实在是显而易见的事情。八间狭小的阅览室，在那里挤来挤去，倒也不介意，只是藏书的缺乏——尤其是外国文的书籍——使我很失望。有事偶然要找几本很普通的 Maupassant 的作品，可是在书目里查遍也见不到。当蔡校长第一次欧行的时候，曾经有过一种伟大的图书馆的建设的企图。在许多杂志里常看见关于这理想的新图书馆的记载：'这新图书馆的房屋，当在第一院大楼的东部。长三百五十英尺，高有五层，简章通依西式，红砖的墙上把深红色砖片来装嵌。低平的屋顶仿照欧美的古式，青石做柱和装饰，窗户都染白色。全部的建筑，有避火的能力，装着金属制的空心门户。最下一层要装置热汽机，那是不用说了。阅报室可以容纳五百人，就把这次捐款最多的人的名字做室名。另外还有六间研究室，登录和分类室，以及能够容纳一百人的杂志室，都仿美国大学图书馆最近的方法来布置，也把捐助巨款者的名字做室名。储书库能容书十七万册，将来还要扩充到三十万册。房屋的第二和第三层统由图书馆占用，把末层作为管理处；中间还有应接室，会议室，俱乐部和文牍室。'我于是天天在等着这宏丽的计划的实现；可是这理想的图书馆终于因为募捐的失败而完全没有办到，竟成为我们的睡梦中的事情了。"

1924 年 3 月 12 日《北京大学整理清代内阁档案报告》。

1924 年 3 月 13 日《北京大学整理清代内阁档案报告》。

1924 年 3 月 14 日《研究所国学门通告》。

1924 年 3 月 18 日《北京大学整理清代内阁档案报告》。

1924 年 3 月 21 日《北京大学整理清代内阁档案报告》。

1924 年 3 月 24 日《北京大学整理清代内阁档案报告》。

1924 年 3 月 25 日《研究所国学门通告》。

1924 年 3 月 25 日《图书部登录课布告》。

1924 年 3 月 25 日《北京大学整理清代内阁档案报告》。

1924 年 3 月 27 日《北京大学整理清代内阁档案报告》。

1924 年 3 月 28 日《北京大学整理清代内阁档案报告》。

1924 年 3 月 31 日《北京大学整理清代内阁档案报告》。

1924 年 4 月 1 日《北京大学整理清代内阁档案报告》。

1924 年 4 月 3 日、7 日、8 日、9 日、10 日《钱玄同启事》"我现在要参考左列的几种书：洪榜底《四声韵和表》、《示儿且语》和其他关于音韵的著作。钱坫底《诗韵表》在《钱氏四种》中。朋友们如有，可否借给我一看？借看的期间，以两个月为限。一九二四，三，二十八。"

1924 年 4 月 3 日、4 日、7 日、8 日、9 日《通信图书馆启事》"本馆前以主持乏人，致限停顿。现经筹备复活事宜就绪，凡先者借阅诸君，务祈于四月十号以前，将书籍赐还第二院本办公室，无任诚感。嗣后阅览，须照现行新则。此启。四月二号。"

1924 年 4 月 3 日《北京大学整理清代内阁档案报告》。

1924 年 4 月 4 日《北京大学整理清代内阁档案报告》。

1924 年 4 月 8 日、9 日、10 日、11 日《原板英文廉价出售》6 种书"……第一第二两种，各只有一部，欲购从速。第三种为初学法文最适用之书，有志兼习法文者，幸勿失此机会。其余三种，各仅有数部，欲购亦祈从速。以上各书，均存第一院一层楼东首购书课，欲购者请于每日上午十点半至十二点，前来本课购取可也。图书部购书课启。"

1924 年 4 月 8 日《北京大学整理清代内阁档案报告》。

1924 年 4 月 10 日《北京大学整理清代内阁档案报告》。

1924 年 4 月 11 日《研究所国学门通告》。

1924 年 4 月 12 日《北京大学收支各项数目表 中华民国十三年三月分》收入合计是 164029 元，订购图书仪器及消费公社印刷课垫款等项共计 56921 元。

1924 年 4 月 12 日《北京大学整理清代内阁档案报告》。

1924 年 4 月 14 日《北京大学整理清代内阁档案报告》。

1924 年 4 月 15 日《研究所国学门通告》。

1924 年 4 月 15 日《通信图书馆启事 四月十四日（第二号）》"本馆现收到捐赠各书，列布如次，兼转至谢……"

1924 年 4 月 15 日、**16**《通信图书馆启事 四月十四日（第三号）》"先者借书诸君：敝馆曾经于四月二日函达，并登日刊，请求缴还，唯诸君住址，多有变迁，致不获达，特再声明，祈将原籍赐下，待新书目编制就绪，再照新章重借，实为公便，无任拜企。"

1924 年 4 月 16 日《北京大学整理清代内阁档案报告》。

1924 年 4 月 17 日《通信图书馆启事第三号（四月十六日）》"十五日收到下列各书，除专谢外，特布如后：……"

1924 年 4 月 18 日《北京大学整理清代内阁档案报告》。

1924 年 4 月 21 日《本校赴日旅行团第三次通信》参观的地方中有东京帝国大学图书馆、同志社大学图书馆等处。

1924 年 4 月 21 日《北京大学整理清代内阁档案报告》。

1924 年 4 月 22 日《本校赴日旅行团第四次通信》参观的地方中有奈良女子高等师范学校图书馆。

1924 年 4 月 22 日《平民图书馆规则》"北京平民中学设立'平民图书馆'缘起。

观国者必于文化，文化优劣视教育而分。教育之方法不一，求其普及，则图书馆尚矣。文明之国，凡通都大邑以至穷乡僻壤莫不有图书馆，盖所以利逮寒酸而辅助教育也。北京为吾国首都，人文荟萃，而图书馆之设，尚属寥寥。西北城一带，学校林立，乃竟无一所图书馆。本校有鉴于此，爰就校中旧有藏书若干部，并请购中外图书多种，设立平民图书馆，以供众览，并附设儿童图书馆焉。邦人君子倘热心而赞助之，彼斯馆日益光大，则幸甚矣。

平民图书馆规则

第一章　组织大纲

图书馆为本校特设机关之一，隶于校长，设事务员若干人，其组织计四股如下：一登录股、二编目股、三出纳股、四装订股

第二章　宗旨

本馆以蒐集图书供给本校教职员学生及校外学者研究学术为宗旨

第三章　开馆时期及假期

清明日起至暑假日止，每日上午九时至十二时，下午二时至七时

暑假期内每日上午七时至十二时

秋季开课日起至翌年清明前一日止每日上午九时至十二时，下午一时至六时

日曜日仍照前项时间之规定。

每月之末日上午休馆为扫除及检查书籍期，午后仍照前项时间之规定。

例假、年假休馆一日，寒假休馆二星期，遇有临时休馆时随时布告。

第四章　职员处务规则

第一条　校长总理馆务，监督事务员。

第二条　职员每日于规定时间内到馆办公

第三条　职员因病或重要事故不能服务时及迟到或早退，须说明事由于校长，得其承认。

第四条　职员退职或转职时，其经手事件务须结终说明之，如不得已时，亦须交代清楚。

第五条　职员于指定之职务负完全责任。

第六条　职员于所任职务，每月底应报告校长一次。

第五章　阅览图书规则

第一条　本馆图书置藏书室内，阅览者须先由目录柜内检查书名号数填

注阅览券向出纳处领取，阅毕仍交出纳处，换取出门证。

第二条　阅览者于欲阅之书，不能检得号数时可向出纳处询问。

第三条　阅览图书不得涂抹毁损。

第四条　阅览室内不得吸烟及朗诵，有妨公众等事

第六章　阅览杂志报纸规则

第一条　凡杂志报纸新号已到即将前号收存，如欲阅览可向出纳处领取

第二条　新到杂志及本日报纸如不见时，可报告出纳处代查。

第三条　各种杂志报纸阅毕须置回原处。

第七章　各股事务分配及办事细则

1 登录股

一 新到图书之登录

二 新到图书目录之添写

三 增减图书之调查及统计

2 编目股

一 图书之分类

二 目录之编订

三 目录片之调制整理及统计

四 关于目录上一切附属之手续

3 出纳股

一 图书之取出及收回

二 杂志报纸之整理保管及新到书籍杂志之公布

三 应阅览人之咨询

四 阅览人及阅览图书之统计

五 注意阅览人与本馆需要之情形

六 阅览器具之整理

七 关于本股附属事务之管理

4 装订股

一 经理各种报纸杂志之装订

二 书库内外残书之修理

三 装订法之指导及检查

附则

凡欲研究某种学问其书籍为本馆所无者，可开示书目由本馆代为设法。又如有阅者十人以上之意见，觉某种书籍非备置不可者，本馆当量力之所能，随时添置（平民中学，地址在西四北翊教寺胡同）"

1924 年 4 月 22 日《通信图书馆启事 第五号（四月十九日）》"本馆承王鲁彦先生以下列各书捐赠，谨申至谢，并布如次：……"

1924 年 4 月 22 日《北京大学整理清代内阁档案报告》。

1924 年 4 月 23 日《通信图书馆启事 第六号（四月十九日）》"本馆复承王鲁彦先生以下列各书存藏，在指订期内，可依借阅规则流通。"

1924 年 4 月 23 日《北京大学整理清代内阁档案报告》。

1924 年 4 月 24 日《通信图书馆启事 第七号（四月二十一日）》、《通信图书馆启事 第八号（四月二十一日）》。

1924 年 4 月 25 日《研究所国学门通告》。

1924 年 4 月 25 日《北京大学整理清代内阁档案报告》。

1924 年 4 月 26 日《校长布告》"日本以庚子赔款在中国举办学术事业问题叠经本校所派定之临时委员会详细讨论，并将其研究结果草定议案提交评议会，兹经评议会审查通过，特宣布之：

北京大学对于日本以庚子赔款在中国举办学术事业意见书

一 研究所宜以整理研究东方所有学术之材料为主。

所谓东方学术材料，即指中国日本朝鲜印度及其他亚洲各国人文自然各种科学之资料而言。

二 本大学此次了解日本方面之意见，对于在上海分设研究所之办法可以赞同。唯仍主张不应划分为精神科学、自然科学两种。研究所名称，在北京者可称为东方第一学术研究所，在上海者为东方第二学术研究所，二者各可注重某特别一方面或几方面之学术研究，但不宜有严格的区分。

如增设第三研究所时，本大学希望将该所设在广州。

三 研究所图书馆之组织，以二段委员会制为宜。先由两国政府选聘纯粹学者组织东方学术事业委员会，筹备各研究所图书馆之建立。再由该委员会推选若干人组织各研究所图书馆委员会，举办各该研究所图书馆事务。前项东方学术事业委员会以后即为办理东方学术研究所、东方图书馆及其他一切应行施设事业之最高机关。

四 研究所长、图书馆长，宜由各该研究所图书馆委员会中选出之。

五 本大学希望研究所与图书馆有完善之联络，故主张凡在同一地点之研究所与图书馆宜合设一委员会管理之。

六 设于北京之东方第一学术研究所与图书馆宜设于一处，地址以天坛为最适宜。

七 研究员以专门学者充之，但不限于任何国籍。

八 本大学认为'对支文化'字样易招误会，故主张改为'东方学术'字样。

东方学术事业实施办法概要

一 东方学术事业委员会

本会由中日两国政府选聘两国纯粹学者二十一人组织之。中国十一人日本十人。本会职务在于筹责决定并管理东方学术事业一切事务。

本会置委员长一人，由本会全体委员互选中国委员一人充之。

本会事业暂分两种：甲 东方学术研究所

一　东方第一学术研究所（设于北京）

　　二　东方第二学术研究所（设于上海）

　乙　东方图书馆（设于北京）

　二　研究所图书馆委员会

　甲　东方第一学术研究所、东方图书馆委员会

　乙　东方第二学术研究所委员会

　　上列二委员会，各由东方学术事业委员会推选委员二十一人组织之。中国十一人，日本十人。

　　上列二委员会，各置委员长一人，由各该委员会互选中国委员一人充之。

　　上列二委员会职务在于办理各该研究所图书馆一切设备管理事宜，但关于预算案既其他重大事件，须由各该委员会提出东方学术事业委员会取决之。

　　研究所长图书馆长，由各该委员会中选出中国委员一人充之。

　　东方学术事业委员会：东方第一学术研究所东方图书馆委员会、东方第二学术研究所委员会"

　　1924 年 4 月 26 日《北京大学整理清代内阁档案报告》。

　　1924 年 4 月 28 日《研究所国学门通告》。

　　1924 年 4 月 28 日《北京大学整理清代内阁档案报告》。

　　1924 年 4 月 29 日《图书部登录课布告》。

　　1924 年 4 月 29 日《北京大学整理清代内阁档案报告》。

　　1924 年 5 月 2 日《通信图书馆启事　第九号（四月二十一日）》、《通信图书馆启事　第十号（四月二十三日）》、《通信图书馆启事　第十一号（四月二十三日）》。

　　1924 年 5 月 2 日《经济学会启事》"本会承图书馆主任皮宗石教授惠赠太平洋第四卷第六号一本，特此鸣谢！"

　　1924 年 5 月 2 日、3 日、5 日《太平洋　四卷六号》目次。

1924 年 5 月 2 日《北京大学整理清代内阁档案报告》。

1924 年 5 月 3 日《研究所国学门通告》。

1924 年 5 月 5 日《对于世界教育会之感想（二续）》李建勋"……世界教育联合会组织委员会或设局办理，各国须帮同执行者 属于此范围之议决案：（一）为互换教育品……（二）为普及图书馆服务……（三）为互换教授……（四）为世界大学……。互换教育品，由研究及发表局；普及图书馆服务，由普及图书局；互换教授，由国际委任局；世界大学，由代表委员会负责。但各案内仅述其需要，原理，及任务，各国如何帮同执行，并未提及。吾国对此，只能俟各局设定，委员会成立，负责有人，详章议定后，再与之协商，现时无从着手。惟普及图书馆服务案内，有各国须设国立图书局一条，此可就教育部之图书馆改良扩充，以应是需，倘未能办到，即以中华教育改进社之图书馆充之亦可。"（按：本段省略原文英文名称）

1924 年 5 月 5 日《北京大学整理清代内阁档案报告》。

1924 年 5 月 6 日《通信图书馆启事 第十三号（五月四日）》。

1924 年 5 月 6 日《北京大学整理清代内阁档案报告》。

1924 年 5 月 7 日《研究所国学门通告》。

1924 年 5 月 7 日《北京大学整理清代内阁档案报告》。

1924 年 5 月 8 日《图书部登录课布告》。

1924 年 5 月 9 日《研究所国学门通告》"本学门兹承曾虞民先生惠赠汉残碑……"墓志铭、造像记等 54 份。

1924 年 5 月 9 日《通信图书馆启事 第十四号（五月七日）》。

1924 年 5 月 9 日《北京大学整理清代内阁档案报告》。

1924 年 5 月 11 日《北京大学收支各项数目表 中华民国十三年四月分》收入合计是 228 246 元，订购图书仪器及消费公社印刷课垫款等项共计 57 280 元。

1924 年 5 月 12 日《北京大学整理清代内阁档案报告》。

1924年5月13日《研究所国学门通告》。

1924年5月13日《北京大学整理清代内阁档案报告》。

1924年5月14日《通信图书馆启事 第十五号（五月十二日）》。

1924年5月14日《北京大学整理清代内阁档案报告》。

1924年5月16日《通信图书馆启事 第十六号（五月十五日）》。

1924年5月16日《北京大学整理清代内阁档案报告》。

11924年5月19日《北京大学整理清代内阁档案报告》。

1924年5月20日《研究所国学门通告》。

1924年5月20日《北京大学整理清代内阁档案报告》。

1924年5月21日《留英量团体欢迎蔡孑民先生纪事（伦敦通信）》"蔡孑民先生为英国退还庚子赔款问题，特于三月二十八日偕其夫人由法到英……""（四）蔡孑民先生演说：……英国应退还之庚子赔款，约计一千一百万磅，最好以大部分办博物院，以小部分办工商校图书馆及派遣留学生。此为吾个人对于英国退款用途之意见，愿与诸君商之。……"

1924年5月21日《北京大学整理清代内阁档案报告》。

1924年5月22日、23日、24日、26日《征求司法公报》"本校图书部所存之司法公报，尚缺左列各号。本校教职员及学生诸君，如愿割爱赠与或出售者，请与本校第一院一层楼东首，图书部购书课接洽为荷。计开：第一年第一期至十二期（两份），第二年第一期，第四十三期，第四十期，第四十七期，第五十期，第六十一期，第七十一期，共三十一册。图书部购书课启。五月二十日。"

1924年5月23日《图书部登录课布告》。

1924年5月23日《北京大学整理清代内阁档案报告》。

1924年5月24日《图书部登录课布告》。

1924年5月24日《研究所国学门通告》。

1924年5月26日《北京大学整理清代内阁档案报告》。

1924年5月27日《通信图书馆启事 第十七号》。

1924年5月27日《北京大学整理清代内阁档案报告》。

1924年5月28日《北京大学整理清代内阁档案报告》。

1924年5月29日《图书部登录课布告》。

1924年5月29日《道尔顿制书目一览》陈仁寿，共58种。

1924年5月30日《图书部登录课布告》"本馆兹承丁绪宝先生惠赠"6册等。

1924年5月30日《数理阅览室启事》"昨有人在本阅览室遗失手表一个，由本阅览室听差董祥捡交本阅览室存放，遗失人请速来领取为要。十三年五月二十九日"。

1924年5月30日《北京大学整理清代内阁档案报告》。

1924年5月31日《研究所国学门通告》。

1924年6月2日《研究所国学门通告》二则。

1924年6月2日《爱智学会启事 第四号》"本会近承……"赠书启事。

1924年6月2日《北京大学整理清代内阁档案报告》。

1924年6月4日《北京大学整理清代内阁档案报告》。

1924年6月5日《爱智学会启事（第五号）》"本会近承……"赠书启事。

1924年6月7日《学生干事会通告》"本会因中俄邦交恢复，表示庆祝，特定于六月七日（星期六）下午一时在本校第三院大礼堂开庆祝大会，并请加拉罕先生及……"

1924年6月9日《通信图书馆启事 第十八号》。

1924年6月9日《北京大学整理清代内阁档案报告》。

1924年6月10日《北京大学整理清代内阁档案报告》。

1924 年 6 月 11 日《研究所国学门通告》二则。

1924 年 6 月 11 日《北京大学整理清代内阁档案报告》。

1924 年 6 月 12 日《北京大学收支各项数目表 中华民国十三年五月分》收入合计是 230585 元，订购图书仪器及消费公社印刷课垫款等项共计 68116 元。

1924 年 6 月 12 日《研究所国学门整理档案会 第三届常年会纪事录》《研究所国学门考古学会开会纪事》《研究所国学门风俗调查会开会纪事》《研究所国学门方言研会第一次常会纪事》。

1924 年 6 月 13 日《图书部登录课布告》。

1924 年 6 月 13 日《北京大学整理清代内阁档案报告》。

1924 年 6 月 14 日《研究所国学门通告》。

1924 年 6 月 14 日、16 日、17 日、18 日、19 日、20 日、21 日、23 日《图书部通告》"暑假伊迩，本部各阅览室借出之书，均须收回清理一次，兹订自本月十六日（即下星期一）起，停止借书；其已借出各书，无论借书期限，已否届满，统希迅予缴还，俾便结束！十三年六月十四日"。

1924 年 6 月 14 日《通信图书馆启事 第十九号》。

1924 年 6 月 16 日《研究所国学门通告》。

1924 年 6 月 16 日《北京大学整理清代内阁档案报告》。

1924 年 6 月 20 日《研究所国学门通告》。

1924 年 6 月 20 日《北京大学整理清代内阁档案报告》。

1924 年 6 月 23 日《北京大学整理清代内阁档案报告》。

1924 年 6 月 24 日《北京大学整理清代内阁档案报告》。

1924 年 6 月 24 日《留英学生运动退款兴学经过纪要 伦敦通信》"自五四而后，各国鉴于中国士气不可侮，乃变其对华外交方针，极思与中国教育界拉拢。美国不必论也，其他如日也俄也，皆先后将其庚子赔款退款，用之发展中国教育。英国外交手腕，在世界上俗称敏捷，故于一九二二年末正式通知我国外交部允将庚子赔款全部共千一百万金磅退还。至于用途如何，并未十分规定。查退还赔款，固如退款国之善意，用之当，其利益无穷，用之不当，不但无益反又害之。……"

1924 年 6 月 24 日《北京大学整理清代内阁档案报告》。

1924 年 6 月 25 日《研究所国学门通告》二则。

1924 年 6 月 25 日《北京大学整理清代内阁档案报告》。

1924 年 6 月 26 日《图书部登录课布告》。

1924 年 6 月 27 日《国立北京大学研究所国学门第二次恳亲会纪事》"……林玉堂先生提议仿照英国伦敦图书馆先例，搜罗名人手稿，妥为保存。前在胡适之先生处得见四松堂诗抄稿本据云；同时虽由他处又觅来刻本而终在稿本中有所发现。又如戴东原二百年纪念时，竟发现戴氏手稿。此次国学季刊将来发表一文为王静安先生所得王念孙之遗稿，谓其中有许多重要材料，可治中国学者，未刊行之稿本犹甚多，此种稿本，多不过三二十年，即残毁漫灭，亟宜设法保存，鄙意应由国学门特设一个名人手稿保存委员会，定立章程，积极推行云。……沈士远先生附议：浙江孙仲容先生手稿甚富，应设法保存之，前在浙江时曾建议省政府，请其收藏于浙图书馆，迄未办理。……"

1924 年 6 月 28 日、30 日、7 月 5 日《图书部布告》"一，本部第一院典书课第三五阅览室于暑假期内，自七月一日起至九月十日止，除星期日及例假外，每日上午八时至十二时订为阅览时间，下午及晚间均闭馆。假期内，停止借书。二，第四阅览室（即第一院阅报室）阅览时间不变更。三，第一院德文阅览室阅览时间，俟另规定；其第一阅览室及第二三院典书课阅览室，假期内概停阅览。中国文图书，移在第五阅览室取阅。二三院典书课阅览室之图书杂志有欲阅者，应先期向第一院第三五阅览室分别接洽，以便调取。十三，六，二八。"

1924 年 6 月 28 日、30 日、7 月 5 日《数理阅览室通告》"本阅览室现因编定书目，自七月一号起暂行停止阅览，俟书目编定全竣后，再行通告阅览时间。十三，六，二十七。"

1924 年 6 月 28 日《通信图书馆启事 第二十号》。

1924 年 6 月 28 日《北京大学整理清代内阁档案报告》。

1924 年 6 月 30 日、7 月 5 日《第八阅览室通告》"自七月一日至九月十日此暑假期中，本室阅览时间，改自每日上午八时至十二时；下午及星期、例假，均停止阅览。此布。六月二十八日"。

1924 年 6 月 30 日、7 月 5 日《化学阅览室通告》"本阅览室于暑假期内，循例自七月一日起至九月十日止，每日上午八时至十二时为阅览时间，下午及晚间闭馆。十三，六，二八"。

1924 年 6 月 30 日《研究所国学门通告》。

1924 年 7 月 5 日《研究所国学门通告》。

1924 年 7 月 5 日《北京大学整理清代内阁档案报告》。

1924 年 7 月 12 日《北京大学收支各项数目表 中华民国十三年六月分》收入合计是 266 442 元，订购图书仪器及消费公社印刷课垫款等项共计 55 893 元。

1924 年 7 月 12 日《通信图书馆启事 第二十一号》。

1924 年 7 月 19 日《政治学系课程指导书》。

1924 年 7 月 26 日《研究所国学门考古学会对于内务部古籍古物及古迹保存法草案意见书》。

1924 年 7 月 26 日《北京大学整理清代内阁档案报告》。

1924 年 8 月 2 日《北京大学整理清代内阁档案报告》。

1924 年 8 月 9 日《北京大学收支各项数目表 中华民国十三年七月分》收入合计是 241 433 元，订购图书仪器及消费公社印刷课垫款等项共计 64

436元。

1924年8月9日《北京大学整理清代内阁档案报告》。

1924年8月16日《庶务部公布》"兹将本校各机关十三年一月分领用物品开列于左……图书主任室……地质系第八阅览室……俄文阅览室……数理阅览室……德文阅览室"。

1924年8月23日《研究所国学门通告》。

1924年8月23日《庶务部公布》"兹将本校各机关十三年二月分领用物品开列于左……图书主任……一院典书课……二院典书课……三院典书课……第一阅览室……第二阅览室……第四阅览室……第五阅览室……化学阅览室……俄文阅览室……数理阅览室……地质系第八阅览室……德文阅览室"。

1924年8月30日《研究所国学门通告》二则。

1924年8月30日《通信图书馆启事 第二十二号》。

1924年8月30日《北京大学整理清代内阁档案报告》。

1924年8月30日《庶务部公布》"兹将本校各机关十三年三月分领用物品开列于左……图书主任……一院典书课……二院典书课……三院典书课……化学阅览室……地质系第八阅览室……数理阅览室……俄文阅览室……装订室……登录室……编目室……购书课……第一阅览室……第二阅览室……第五阅览室……德文阅览室……通信图书馆"。

1924年9月6日《北京大学收支各项数目表 中华民国十三年八月分》收入合计是195049.168元，订购图书仪器及消费公社印刷课垫款等项共计69 501元。

1924年9月6日《数学系指导书》。

1924年9月6日《庶务部公布》"兹将本校各机关十三年四月分领用物品开列于左……图书主任……一院典书课……二院典书课……三院典书课……

编目室……登录室……装订室……第一阅览室……第二阅览室……第三阅览室……化学阅览室……地质第八阅览室……俄文阅览室……数理阅览室……德文阅览室……通信图书馆"。

1924年9月6日《庶务部公布》"兹将本校各机关十三年五月份领用物品开列于左……图书主任……一院典书课……二院典书课……三院典书课……编目室……登录室……装订室……购书课……俄文阅览室……第一阅览室……第二阅览室……第五阅览室……德文阅览室……数理阅览室……通信图书馆"。

1924年9月16日、17日、18日、19日《数理阅览室通告》"本阅览室由开学日（即本月十五日）起，除星期日及例假外，照常开门阅览，时间列下：上午九时半至十二时；下午一时半至六时，晚间七时半至九时半，十三年九月十二日。"

1924年9月16日《图书部登录课布告》。

1924年9月16日《德文学系课程》。

1924年9月17日《法律学系课程指导书》。

1924年9月17日《北京大学整理清代内阁档案报告》。

1924年9月18日《化学系指导书》。

1924年9月19日《北京大学整理清代内阁档案报告》。

1924年9月22日、23日、24日、25日《化学阅览室通告》"本阅览室自星期一（即二十二日）起，每日上午八时至十二时，下午一时半至六时，晚七时至九时为阅览时间，星期日及星期六晚闭室，此布。十三年九月二十日。"

1924年9月22日《北京大学整理清代内阁档案报告》。

1924年9月23日《哲学系课程指导书》。

1924年9月24日《北京大学整理清代内阁档案报告》。

1924年9月25日《北京大学整理清代内阁档案报告》。

1924 年 9 月 26 日《地质学系课程指导书》。

1924 年 9 月 27 日《教育学系课程指导书》。

1924 年 9 月 27 日《北京大学整理清代内阁档案报告》。

1924 年 9 月 27 日《庶务部公布》"兹将本校各机关十三年六月份领用物品开列于左……图书主任……编目室……登录室……一院典书课……二院典书课……三院典书课……第一阅览室……第二阅览室……第三阅览室……第五阅览室……地质阅览室……化学阅览室……德文阅览室……俄文阅览室……数理阅览室"。

1924 年 9 月 29 日《经济学系课程》。

1924 年 9 月 30 日、10 月 1 日《图书部通告》"一、本部典书课第一院第一第五阅览室及第二院阅览室，自十月一日（星期三）起，照章出借图书。凡本预各科正科生欲借书者，可持本学年入学证到第一院典书课（第一层西首三十三号）领取借书证，惟曾借书未还者，须先缴还所借图书，借书证方能发给。

二，典书课第一二三院各阅览室，自十月一日起，除星期日及例假外，每日阅览时间如左：上午八时至十二时，下午一时半至六时。十三年九月二十九日。"

1924 年 9 月 30 日《北京大学整理清代内阁档案报告》。

1924 年 10 月 1 日《校长布告》"兹经评议会议决关于本校发售及印刷讲义事件两项特宣布之如左：（甲）凡本校教员付印之讲义非经本教员之许可不得发售。

（乙）凡在中国有著作权之出版物非经享有著作权者之同意不得翻印。十三年九月二十九日。"

1924 年 10 月 1 日《北京大学整理清代内阁档案报告》。

1924 年 10 月 2 日《史学系课程指导书》。

1924 年 10 月 3 日《国文学系课程指导书》。

1924 年 10 月 6 日、7 日《第八阅览室通告（一）》"本阅览室阅书时间仍订为每日上午八时至十二时，下午一时半至六时，晚七时至九时，遇星期及例假闭门。凡欲来本阅览室阅书者，请到本院注册课领取本室制定之阅览券。十三年十月四日。"

1924 年 10 月 6 日、7 日《第八阅览室通告（二）》"本阅览室现已照常开门，所藏书籍自应加以清理，凡曾在本室借去图书诸君，望速即偿还，俾便清查是幸。十三年十月四日。"

1924 年 10 月 6 日《研究所国学门通告》二则。

1924 年 10 月 6 日《英文学系课程指导书》。

1924 年 10 月 8 日《图书部登录课布告》。

1924 年 10 月 8 日、9 日、11 日、13 日、16 日、17 日、18 日、23 日、24 日、25 日、28 日、29 日、30 日、31 日、11 月 1 日、6 日、7 日、8 日、10 日、11 日、12 日《原板英文书价廉出售》图书部购书课启，共 9 种书。

1924 年 10 月 11 日《北京大学收支各项数目表 中华民国十三年九月分》收入合计是 257 953 元，订购图书仪器及消费公社印刷课垫款等项共计 63 240 元。

1924 年 10 月 11 日《图书部登录课布告》。

1924 年 10 月 11 日《研究所国学门通告》。

1924 年 10 月 13 日、14 日、15 日、16 日《图书部通告》"本部典书课第一院第五阅览室及第三院阅览室，自本月十三日（星期一）起，增加阅览时间：每星期一至星期五，晚七时至九时，第五阅览室在晚间，除日报杂志外，中外图书，均可取阅，惟不出借！十三年十月十一日。"

1924 年 10 月 15 日《研究所国学门通告》。

1924 年 10 月 17 日《北京大学整理清代内阁档案报告》。

1924 年 10 月 18 日《北京大学整理清代内阁档案报告》。

1924年10月18日《庶务部公布》"兹将本校各机关十三年七月份领用物品开列于左……图书主任……图书编目室……一院典书课……二院典书课……三院典书课……第三阅览室……第五阅览室……化学阅览室……登录室……购书课……地质阅览室……二院阅览室"。

1924年10月18日《庶务部公布》"兹将本校各机关十三年八月份领用物品开列于左……图书主任……化学阅览室……第三阅览室……一院典书课……二院典书课……三院典书课"。

1924年10月20日《北京大学整理清代内阁档案报告》。

1924年10月21日《北京大学整理清代内阁档案报告》。

1924年10月22日《北京大学整理清代内阁档案报告》。

1924年10月24日《图书部登录课布告》。

1924年10月25日《北京大学整理清代内阁档案报告》。

1924年10月27日《校长布告》"十三年至十四年度各委员会委员长及委员名单业经评议会通过，兹特宣布于下：……图书委员会：顾孟余（长）、朱希祖、马叙伦、单不庵、袁同礼、李煜瀛、皮宗石（当然）"。

1924年10月27日《北京大学整理清代内阁档案报告》。

1924年10月28日《图书部登录课布告》。

1924年10月29日《北京大学整理清代内阁档案报告》。

1924年10月30日《图书部登录课布告》。

1924年10月30日《北京大学整理清代内阁档案报告》。

1924年10月31日《北京大学整理清代内阁档案报告》。

1924年11月1日《北京大学整理清代内阁档案报告》。

1924年11月3日《图书部登录课布告》。

1924年11月3日《北京大学整理清代内阁档案报告》。

1924年11月4日《图书部登录课布告》。

1924 年 11 月 4 日《北京大学整理清代内阁档案报告》。

1924 年 11 月 5 日《北京大学收支各项数目表 中华民国十三年十月分》收入合计是 220 251 元，订购图书仪器及消费公社印刷课垫款等项共计 66 926 元。

1924 年 11 月 5 日《北京大学整理清代内阁档案报告》。

1924 年 11 月 7 日《图书部登录课布告》。

1924 年 11 月 8 日《北京大学整理清代内阁档案报告》。

1924 年 11 月 10 日《北京大学整理清代内阁档案报告》。

1924 年 11 月 11 日《北京大学整理清代内阁档案报告》。

1924 年 11 月 13 日、14 日、15 日、17 日《图书部购书课启事》"……以上三种书，均已到齐。凡已定购者，请于每日上午十时至十二时，前来第一院一层楼购书课购取可也。十一月十三日。"

1924 年 11 月 13 日《北京大学整理清代内阁档案报告》。

1924 年 11 月 17 日《北京大学整理清代内阁档案报告》。

1924 年 11 月 18 日、19 日、20 日《教务处布告》"教务会议前经决定于教育学系内设立图书学科目，兹将本学年之图书学科目及选习办法，宣布于下：

一，教育学系图书学科目（十三年至十四年度）

科目	每周时数	教授
I 图书利用法 讲授现代图书馆之组织，中西参考书之利用，藉以知治学方法之初步。	二	袁同礼
II 图书馆学 讲授现代图书馆之建筑，各种图书馆之管理，中西文图书之分类编目。	二	袁同礼
III 目录学 此科为研究文学史学之辅助学科，讲授本国史家官家藏家目录之沿革，目录分类之变迁，欧美各国目录学之派别，现代之方法及趋势。	二	袁同礼
IV 图书馆史 叙述中西藏书之沿革，并说明其与学术盛衰之关系。（本学年暂不讲授）	二	袁同礼

二，注意

1. 教育学系学生习此种功课者，是否计算单位，如计算单位时，何者为必修，何者为选修，另由教育学系教授会规定后宣布。

2. I，II，III 三科目，各系学生均可选修，但不算单位，惟既选修者，必须考试，考试及格者，与以证明。

3. 以上各科目，各班人数限二十人，愿习者于本月二十二日以前到注册部报名。

三，袁同礼先生讲授图书学及目录学，拟用下列之书为课本，凡选习是项功课者，应在各？内所列之书，至少选读一种：

1. 图书利用法：

1. I. G. Mudge：New Guide to Reference Books. Chicago，1923.

2. Fay and Eaton：Instruction in the use of books and libraries. Boston，1915.

2. 图书馆学：

1. J. D. Brown：Manual of Library Economy，3rd. edition. London，1920.

2. A. Malre：Mannel practique de bibliotheeair. Paris. 1896.

3. A. Gracsel：Handbuch der Bibligthekslchre. Leipzig，1902.

3. 目录学：

1. J. D. Brown：Manual of Practicsl Bibliography. London，1906.

2. John Ferguson：Some Aspects of Bibliography. Edinburgh，1900.

3. C. V. Langlois：Manuel de bibliographie historique. Premier Fascicule. Paris，1901.

4. Georg Schneider：Handbuch der Bibiligrapbie. Leipzig，1923.

5. Guiscppe Fumagalli：La Bibliographia Roma，1923.

4. 图书馆史：

此科无适当课本，参考书随时指定。十三年十一月十八日。"

1924年11月20日、21日、22日《校长布告》"教育学系教授会之主任选举业于昨日举行，其结果如下：蒋梦麟三票，高仁山一票，戴夏一票，张颐一票。蒋梦麟先生当选为教育学系教授会主任。十三年十一月二十日。"

1924年11月21日《北京大学整理清代内阁档案报告》。

1924年11月24日《图书部登录课布告》。

1924年11月24日《北京大学整理清代内阁档案报告》。

1924年11月25日、26日《教育研究会通告（一）》"本会读书室所有书籍现已编整完竣，定于本星期三日开馆阅览，阅览时间，每日午后二时至六时，阅览同学请注意下列规则：（一）书籍概不出借（但本会会员得借出）。（二）须缴存入学证，且签名于卡片上。（三）在阅览时间不得喧谈。（四）书籍须加意爱护，如有损坏，须负赔偿之责。（五）星期日不开馆。"

1924年11月25日《教育研究会通告（二）》"本会读书室已定本星期三开始阅览，敬请张锡辰徐瑞禄钟尔强赵凭铎四位会员担任管理之责，时间分配如左：

读书室值班表

星期一	星期二	星期三	星期四	星期五	星期六
午后二时至六时	同	同	同	同	同
张锡辰	徐瑞禄	钟尔强	赵凭铎	徐瑞禄	赵凭铎

务希准时负责为祷。再本星期三日为开始阅览之期，所有种种阅览及保管交替手续除已规定者外，尚须预先商定，即盼四位于本星期三阅览时间内来读书室会商。"

1924年11月25日、26日《教育研究会通告（三）》"本会为便利会员诸君研究起见，规定下列办法：

（一）凡会员欲特别研究者，请将研究题目通知本会，以便延请教育专家讲演和指导。

（二）凡会员有特别研究而参考书不足者，请将所需书目，通知本会以便代为征集（存储读书室）。

（三）凡读书室书籍，会员均可出借，时间为每日（星期六借出者可延长至下星期一）午后六时至次日午后二时，数目限于三本。

（四）本会会员有新到教育书报者，请通知本会，以便必要时之借阅，藉敦同学互助之雅。

（五）本会会员有发现新出重要教育材料，请通知本会，以便公布，免研究教育同志有孤陋寡闻之恨。十三年十一月二十五日。"

1924 年 11 月 27 日《教育学系教授会布告》"兹议定修习图书学科目之单位办法布告于下：

I 图书利用法 二单位

教育学系必修科（如教育学系学生与所选他课之时间有冲突者，可于下学年选读）

II 图书馆学 二单位

III 目录学 二单位

上两种均为教育学系选修科，计算单位。

如他系学生选修以上三课者，按本月十八日教务处布告之规定办理（即 I，II，III 三科目，各系学生均可选修，但不算单位，惟既选修者必须考试，考试及格者与以证明。）十三年十一月二十五日"

1924 年 12 月 3 日《北京大学整理清代内阁档案报告》

1924 年 12 月 4 日《北京大学整理清代内阁档案报告》

1924 年 12 月 9 日《北京大学收支各项数目表 中华民国十三年十一月分》收入合计是 227013 元，订购图书仪器及消费公社印刷课垫款等项共计 67886? 元。

1924 年 12 月 11 日、12 日《图书部购书课启事》"……注意！以上各书，存留无多，希从速，幸勿失此机会也。十二月十日"。

1924 年 12 月 13 日《图书部登录课布告》。

1924 年 12 月 13 日《庶务部公布》"兹将本校各机关十三年九月份领用物品开列于左：……"图书主任、编目室、登录室、一院典书课、二院典书课、三院典书课、化学阅览室、地质阅览室……

1924 年 12 月 16 日《图书部登录课通告》。

1924 年 12 月 17 日《庶务部公布》"兹将本校各机关十三年十月份领用物品开列于左：……"图书主任……

1924 年 12 月 20 日《蔡校长致评议会函》《蔡校长致蒋先生函》。

1924 年 12 月 23 日、24 日、26 日《选习目录学学生注意》"同礼因病，一时不克来校授课。请诸君先将下列之书依次读毕。读时并作笔记。各书均暂置于第二阅览室，只能在室内阅览，概不出借。袁同礼十二月二十日。

一、Encyclopaedia Britannica, 11th ed. vol3. P. 908 – 911. Article "Bibliography and Bibliology" by A. W. Pollard.

二、La grande encyclopedie. Vol 6. P. 598 – 641. Article "Bibliographie" by E. D. Grand.

三、I. Y. Mudge：Bibliography. Chicage. 1915

四、L. N. Feipel：Elements of Biblio Graphy. Chicago. 1916

五、七略别录 玉函山房辑佚书第五十四册，又经典集林本。

六、七略 经典集林本

七、汉书艺文志

八、汉艺文志考证 玉海本

九、阮孝绪七录序 广宏明集卷三，页八之（至）页二十，续古文苑卷十一，页八之（至）页十九 平津阁本

十、隋书经籍志

十一、隋经籍志考证 三十三种丛书本，单行本

十二、旧唐书经籍志

十三、新唐书艺文志

十四、宋史艺文志

十五、通志校雠略

十六、国史经籍志 只读附录'纠缪'十页，粤雅堂本

十七、校雠通义 粤雅堂本，单行本

十八、法文大辞典暂为法文教授会借出置于第四层教员休息室内，经典集林在问经堂丛书内，为研究所国学门借出，诸君须到各该处取阅。"

1924年12月23日、24日、26日《图书部通告》"第一院第二阅览室，自本月二十四日（下星期三）起，暂订每星期一至星期六，每日上午八时至十二时，下午一时半至六时为阅览时间；室内存书，只供参考，概不出借。十三年十二月二十日。"

1924年12月23日《北京大学整理清代内阁档案报告》。

1924年12月24日《北京大学整理清代内阁档案报告》。

1924年12月29日《教育部训令 第二六八号 令北京大学》"……学校购运图书仪器请求准免税釐办法……"

1925 年

1925 年 1 月 5 日《北京大学整理清代内阁档案报告》。

1925 年 1 月 6 日《北京大学整理清代内阁档案报告》。

1925 年 1 月 8 日《北京大学收支各项数目表 中华民国十三年十二月分》收入合计是 276 755 元，订购图书仪器及消费公社印刷课垫款等项共计 68 070 元。

1925 年 1 月 9 日《研究所国学门通告》。

1925 年 1 月 9 日、10 日、12 日、13 日、14 日、15 日《图书部通告》"寒假伊迩，本部所存图书，例须清理一次。兹定自本月九日（即星期五）起，各阅览室概停出借图书；其已借出者，无论已未满期，均望于十六日以前，一律缴还，藉便结束。十四年一月八日。"

1925 年 1 月 10 日《研究所国学门通告》。

1925 年 1 月 13 日《北京大学整理清代内阁档案报告》。

1925 年 1 月 14 日《高仁山启事》"寒假将届，凡有借阅敝人书籍者，请于本星期六以前交还。如有欲续借者，亦务必来信申明。再敝人现已迁居，通讯地址，在东城内务部街四十七号，电话：东局四千七百七十号。"

1925 年 1 月 17 日《图书部通告》"一，本部典书课第一院第三五阅览室及第二三院阅览室，于寒假期内，每日上午八时至十二时为阅览时间，下午及晚间闭馆，取阅中文书籍及参考书（即第二阅览室存书），在第一院均由第五阅览室办理。二，第一院第四阅览室即阅报室，阅览时间仍旧。三，一月二十三日至二十六日，又星期日，均停止办公。十四年一月十七日。"

1925年1月17日《数理阅览室通告》"本阅览室自一月十九日至一月二十九日停止阅览。自一月三十日至二月八日（除星期日及星期六下午外）仅日间阅览，时间仍旧。自二月九日起，日间夜间均照常阅览。特此通告。十四年一月十六日。"

1925年1月17日《研究所国学门通告》。

1925年2月11日《北京大学整理清代内阁档案报告》。

1925年2月13日《北京大学整理清代内阁档案报告》。

1925年2月14日《北京大学整理清代内阁档案报告》。

1925年2月16日《北京大学收支各项数目表 中华民国十四年一月分》收入合计是322 611元，订购图书仪器及消费公社印刷课垫款等项共计61 384元。

1925年2月16日《北京大学整理清代内阁档案报告》。

1925年2月17日《研究所国学门通告》二则。

1925年2月17日《北京大学整理清代内阁档案报告》。

1925年2月18日《北京大学整理清代内阁档案报告》。

1925年2月19日、20日、21日、23日、24日《原板英文书廉价出售》"……图书部购书课启"。

1925年2月19日《北京大学整理清代内阁档案报告》。

1925年2月20日《研究所国学门通告》二则，有日本赠送书刊。

1925年2月20日《研究所国学门通信》"刘半农致研究所国学门主任函"，提到伯希和、敦煌写本，巴黎国家图书馆汉文书目等。

1925 年 2 月 21 日《北京大学整理清代内阁档案报告》。

1925 年 2 月 23 日《北京大学整理清代内阁档案报告》。

1925 年 2 月 24 日《北京大学整理清代内阁档案报告》。

1925 年 2 月 24 日、25 日《注册部布告》"袁同礼先生所授图书馆学原在星期六第九时，现改为星期六第二时，教室仍旧。邓以蛰先生所授……十四年二月二十四日"。

1925 年 2 月 25 日、26 日、3 月 2 日、24 日、25 日、4 月 4 日、16 日、17 日、18 日（完）《图书部登录课布告》"兹承杨真江先生捐赠西书共一百七十四册，特此鸣谢。书目如下：……"

1925 年 2 月 25 日、27 日《张凤举启事》"我上学期借出去的 Loci Gritici 一本，现在想翻阅一下，请借者即速惠还。"

1925 年 2 月 25 日《北京大学整理清代内阁档案报告》。

1925 年 2 月 27 日、3 月 2 日、3 日《追悼合肥汪元超阚毓诜二君启》"迳启者，合肥汪君元超、阚君毓诜俱北大之校友，噩于去夏先后弃世，同人或属师友，或隶相亲，惊悉之余，无任哀恻，爰组汪阚追悼筹备会……又拟实物纪念，追悼办法，拟略备书籍寄藏大学图书馆以留思于永远，如蒙惠赠书籍以襄盛举，或惠款由筹备会汇购均所欢迎。蒋梦麟……汪君事略，已载十三年十一月一日北大日刊，兹只将阚君行述负载于后。"

1925 年 3 月 2 日《北京大学整理清代内阁档案报告》。

1925 年 3 月 3 日《江绍原启事》"我还有一本基督教小史（Renaoch 著），去年被一位操四川音而自说是天主教徒的某君借去，盼即送还。"

1925 年 3 月 5 日《北京大学整理清代内阁档案报告》。

1925 年 3 月 6 日《北京大学整理清代内阁档案报告》。

1925 年 3 月 7 日《北京大学整理清代内阁档案报告》。

1925 年 3 月 8 日《周作人启事》"下列二书忘记被那一位借去了。现在另外有人要看，请借用的人检出还我，或交国文教授会代收为要。1. Pster. Renaissance. 2. Carpernter, Leve's Coming -of-age. 三月八号。"

1925 年 3 月 8 日《北京大学整理清代内阁档案报告》。

1925 年 3 月 11 日、12 日、13 日、16 日《周作人启事》"下列一书忘记被那一位借去了。现在另外有人要看，请借用的人检出还我，或交国文教授会代收为要。Carpernter, Leve's Coming-of-age. 三月十一号。"

1925 年 3 月 12 日、13 日《原板英文书廉价出售》"……图书部购书课启"。

1925 年 3 月 12 日《北京大学整理清代内阁档案报告》。

1925 年 3 月 13 日《北京大学整理清代内阁档案报告》。

1925 年 3 月 14 日《研究所国学门通告》。

1925 年 3 月 14 日《北京大学整理清代内阁档案报告》。

1925 年 3 月 17 日《北京大学整理清代内阁档案报告》。

1925 年 3 月 18 日《图书部登录课通告》。

1925 年 3 月 18 日《北京大学整理清代内阁档案报告》。

1925 年 3 月 19 日《北京大学整理清代内阁档案报告》。

1925 年 3 月 20 日《北京大学整理清代内阁档案报告》。

1925 年 3 月 21 日、23 日《新到英文书廉价出售》"Gettell；Introduction to Political Science. 此书系新到，原价美金三元，现只售大洋五元四角，仅有一部，欲购从速。十四年三月十九日，购书课启"。

1925 年 3 月 21 日《北京大学整理清代内阁档案报告》。

1925 年 3 月 23 日《北京大学整理清代内阁档案报告》。

1925 年 3 月 24 日《北京大学整理清代内阁档案报告》。

1925 年 3 月 25 日《北京大学整理清代内阁档案报告》。

1925 年 3 月 26 日《研究所国学门通告》。

1925年3月26日周鲠生先生选《研究社会科学必读书书目（为社会科学研究会选）》。

1925年3月30日《北京大学整理清代内阁档案报告》。

1925年3月31日《北京大学整理清代内阁档案报告》。

1925年4月3日《北京大学整理清代内阁档案报告》。

1925年4月4日《北京大学整理清代内阁档案报告》。

1925年4月7日《图书部登录课通告》。

1925年4月7日《北京大学整理清代内阁档案报告》。

1925年4月9日《北京大学整理清代内阁档案报告》。

1925年4月10日《研究所国学门通告》。

1925年4月10日《北京大学整理清代内阁档案报告》。

1925年4月11日《北京大学收支各项数目表 中华民国十四年二月分》收入合计是211 152元，订购图书仪器及消费公社印刷课垫款等项共计60 381元。

1925年4月11日《北京清华学校赴美留学专科生试验规程（民国十四年分）》。

1925年4月13日《北京大学收支各项数目表 中华民国十四年三月分》收入合计是279 683元，订购图书仪器及消费公社印刷课垫款等项共计67 232元。

1925年4月16日《图书部登录课通告》。

1925年4月16日《世界语研究室布告（三六）》。

1925年4月17日《北京大学整理清代内阁档案报告》。

1925年4月20日《北京大学整理清代内阁档案报告》。

1925年4月21日《图书部登录课通告》。

1925年4月21日《北京大学整理清代内阁档案报告》。

1925年4月22日《北京大学整理清代内阁档案报告》。

1925年4月23日《研究所国学门通告》。

1925年4月23日《北京大学整理清代内阁档案报告》。

1925年4月24日《北京大学整理清代内阁档案报告》。

1925年4月25日《世界语研究室布告（三七）》。

1925年4月25日《北京大学整理清代内阁档案报告》。

1925年4月25日《庶务部公布》"兹将本校各机关十三年十二月份领用物品开列于左"图书主任、图书编目室、登录室、购书课、一院典书课、二院典书课、三院典书课、地质阅览室、第一阅览室、第二阅览室、第三阅览室、第四阅览室、第五阅览室、俄文阅览室、化学阅览室、数理阅览室、德文阅览室。

1925年4月27日《北京大学整理清代内阁档案报告》。

1925年4月28日《欧阳兰启事》"鄙人暑假将有欧行。下列各书，未知何位同学借去，请即于暑假前掷还为盼！1. English Critical Essays. 2. Shakespeare's Contemporaries. 3. Milton-The English Poems."

1925年4月28日《北京大学整理清代内阁档案报告》。

1925年4月29日《研究所国学门通告》二则。

1925年4月30日《北京大学整理清代内阁档案报告》。

1925年5月2日、4日《购书课启事》"兹新到Coker's Reading in Political Philosophy书一本，原价美金三元五，现只售大洋六元三毛。欲购者从速。幸勿失此良机也。十四年四月三十日。"

1925年5月2日《北京大学整理清代内阁档案报告》。

1925年5月2日《庶务部公布》"兹将本校各机关十四年一月份领用物品开列于左"数理阅览室、一院典书课、二院典书课、三院典书课、化学阅览室、购书课、登录室、编目室、俄文阅览室、第二阅览室、第三阅览室、第一阅览室、第五阅览室、通信图书馆。

1925 年 5 月 4 日《北京大学整理清代内阁档案报告》。

1925 年 5 月 5 日《北京大学整理清代内阁档案报告》。

1925 年 5 月 6 日《北京大学整理清代内阁档案报告》。

1925 年 5 月 7 日《研究所国学门通告》。

1925 年 5 月 7 日《北京大学整理清代内阁档案报告》。

1925 年 5 月 8 日、11 日、12 日、19 日《图书部购书课启事》"……以上各书，均系新到，现存第一院购书课，欲购者请于上午十时至十二时前来购取可也。十四年五月八日。"

1925 年 5 月 8 日《北京大学整理清代内阁档案报告》。

1925 年 5 月 9 日《北京大学收支各项数目表 中华民国十四年四月分》收入合计是 257 928 元，订购图书仪器及消费公社印刷课垫款等项共计 71 274 元。

1925 年 5 月 9 日《研究所国学门通告》"本学门前派人所拓云冈石窟拓片，兹宣布如下：……"

1925 年 5 月 9 日《图书部登录课启事》。

1925 年 5 月 11 日《研究所国学门通告》。

1925 年 5 月 11 日《出版部寄售旧书》。

1925 年 5 月 11 日《北京大学整理清代内阁档案报告》。

1925 年 5 月 12 日《北京大学整理清代内阁档案报告》。

1925 年 5 月 13 日《北京大学整理清代内阁档案报告》。

1925 年 5 月 14 日《北京大学整理清代内阁档案报告》。

1925 年 5 月 15 日《图书部典书课启事》"本课因事须与十三年度国文系毕业李汉声君接洽；校内外诸先生如有知其现时通讯处者，即祈函示，不胜感盼！十四，五，十四。"

1925年5月15日《北京大学整理清代内阁档案报告》。

1925年5月16日《图书部登录课启事》。

1925年5月16日《北京大学整理清代内阁档案报告》。

1925年5月18日《北京大学整理清代内阁档案报告》。

1925年5月19日《北京大学整理清代内阁档案报告》。

1925年5月21日《唐山大学图书馆来函》"敬启者，本校学生应用中外各种书籍，向由本校代为购备，种类既极繁伙，价值亦低昂不等，除销售外，历年积存各种书籍为数甚多，现以本校课程时有变更，所存书籍大半已不适用，自应设法疏销。冀希返还代价，以免废弃，而重公款，因思京外各大学以科学关系需用此项书籍者未必无人，而此项书籍亦决非陈腐无用之品，用特开具详细英文书目特别减价单备函奉达，即希查照，如承贵校认购此项书籍，即祈俯赐迅予函示以便检寄。此系本校爱惜物力，化无用为有用起见，谅亦乐育英才所愿闻也，专布，顺颂文祺。此致国立北京大学。附英文书目特别减价单一纸……"

1925年5月23日《北京大学整理清代内阁档案报告》。

1925年5月25日《北京大学整理清代内阁档案报告》。

1925年5月26日《教育学系教授会启事》"美国图书馆协会代表，现任美国圣路易公立图书馆馆长鲍士伟博士（Dr. A. E. Bostwick）因应中华教育改进社之约来华考查图书馆事业，昨已抵京，特请其于今日（星期二）晚八时半在第二院大讲堂公开演讲，并用幻灯演照美国圣路易公立图书馆各部之组织及各地图书馆之建筑，凡校内外人士莅校听讲者均所欢迎。十四年五月二十六日"这此演讲的组织和发起显然与袁同礼有关。

1925年5月26日、27日、28日《图书部典书课启事》"北京图书馆协会图书展览会定于五月三十日起至六月二日在中央公园董事会举行展览。兹由该会托售入场券：每券辅币二角，学生减半。欲赴会者，请至后列各处购取：

出版部售书处（第一院西边）；第一院第一阅览室；第二院阅览室（大讲堂西边）；第三院阅览室。十四年五月二十六日。"

1925 年 5 月 27 日《北京大学整理清代内阁档案报告》。

1925 年 5 月 27 日《庶务部公布》"兹将本校各机关十四年二月份领用物品开列于下"图书部主任室、一院典书课、二院典书课、三院典书课、编目课、登录课、装订室、购书课第一阅览室、第二阅览室、第三阅览室、第五阅览室、第六阅览室、??阅览室、德文阅览室、地质阅览室、化学阅览室。

1925 年 5 月 28 日、29 日《北大一九二五哲学系级友会启事》。

"北大哲学系已毕业同学公鉴：敬启者，敝级同人感母校培育之德，不可无报。已决定捐赠哲学书库一个。惟兹事体大，非鸠合已毕业同学群策群力不易为功。兹定于本星期日（即五月三十一日）午后一时半在中央公园来今雨轩茶会讨论进行方法。爱护母校，人有同情，提倡学术，素稔热心，尚望拨冗惠临，共襄盛举为祷。北大一九二五哲学系级友会启。

在京同学除通信地址明确，已专函邀请外，其有未得请函者，系地址不明，无法投递，望十分见谅，惠然肯来！又及。

北大一九二五级同学公鉴：

前次大会曾经师生一致决定捐赠母校哲学书库一个。并定于五月三十一日（星期日）午后一时半会同已毕业同学在中央公园来今雨轩茶会商量进行方法，望准时贲临为祷。纪念刊筹备委员会启 五月二十七日

北大哲学系毕业同学捐赠母校哲学书库计划

一、哲系毕业同学鉴于母校哲学书籍之缺乏，特合力捐募赠与母校哲学书库一个。

二、哲学书库以十年完成之，最低书数为二千部。

三、为进行捐募事宜计，特由在京毕业同学推举五人，及校派一人为委员组织委员会，各省哲学毕业同学如在五人以上，得于各省组织分委员会以

利进行。

四、委员会请母校校长制定捐册，交由委员会分发各省分委员会及毕业同学分头进行捐募。各委员会及毕业同学如募得捐款时即直接汇交母校会计课保存（同时通知委员会），如募得书籍时亦即直接交寄母校图书馆主任（同时通知委员会）。

五、由委员会推举哲学系主任及担任哲学教育心理三教授，图书馆主任，共五人为购书委员，组织购书委员会，决定应购书籍。

六、一九二五哲学系毕业同学会以所存本级募得之纪念刊印刷费（约三百元）及将来纪念刊所入之纯利完全捐为购书费，藉作哲学书库之起点。

七、哲学书库完成之年（即一九三五）由委员会召集哲系全体毕业同学回校，开哲学讨论会，教授及同学均须于中提出论文宣读，藉以促进探讨哲学之兴趣。

八、各项规程及办法应由各委员会自行拟定。
杨廉 五月十六日。"

1925 年 5 月 29 日《研究所国学门通告》。

1925 年 5 月 30 日《图书部登录课通告》。

1925 年 5 月 31 日《研究所国学门通告》"本学门兹承刘半农先生惠赠……十四，五，二十八"。

1925 年 5 月 31 日《北京大学整理清代内阁档案报告》。

1925 年 6 月 3 日、5 日《一九二五哲学系级友会启事》"黄文弼，胡鸣盛，欧阳道达，苏甲荣，顾颉刚，陈政，章廷谦，汪毅，李小峰，刘奇，蒋复璁，诸位先生公鉴：

敬启者，敝级前提议由哲学系毕业同学合力捐募赠与母校哲学书库一事，经五月三十一日中央公园会议决定推举诸位先生为筹备委员筹备一切，务望俯就。兹定于本星期五日（即六月五日）夜七时半，在第二院四层楼西心理实验室开会，务希贲临为祷。"

1925 年 6 月 4 日《哲系一二三年级同学公鉴》"敬启者，敝级前提议由哲学系毕业同学合力捐募赠与母校哲学书库一事，经五月三十一日中央公园会议决定邀请一、二、三年级同学加入共同筹备。兹定于本星期五即六月五日夜七时半在第一院第四层楼西心理实验室开会，筹备进行事宜。务望每级派代表二人出席为祷。"

1925 年 6 月 6 日《研究所国学门通告》"本学门兹承日本东京帝国大学惠赠东京帝国大学一览自大正十二年起至十三止一册。"

1925 年 6 月 9 日、10 日、11 日、12 日《图书部通告》"本部典书课第一院第五阅览室及第三阅览室，自本日（六月八日）起，晚馆停止阅览，此布。十四年六月八日。"

1925 年 6 月 10 日《研究所国学门通告》。

1925 年 6 月 10 日《图书部登录课通告》。

1925 年 6 月 10 日《北京大学收支各项数目表 中华民国十四年五月分》收入合计是 257 990 元，订购图书仪器及消费公社印刷课垫款等项共计 76 216 元。

1925 年 6 月 10 日、11 日、12 日《单不庵启事》"同学中有借鄙人书籍者，请于本月二十日以前，送至国文教授会，交听差高福代收。十四，六，九。"

1925 年 6 月 12 日《研究所国学门通告》二则，其中有日本赠送的多种刊。

1925 年 6 月 13 日《哲学系同学公鉴》"……（10）增购英美出版之哲学心理等书籍杂志一案——庚款如支到，学校亦划定拨贰仟元为购买西洋哲学心理等类新旧杂志及书籍之用。哲学系三年级代表容肇祖、二年级代表赖道纯、曹建、一年级代表温寿链同启。"

1925 年 6 月 15 日、16 日、17 日、18 日、19 日、20 日《图书部通告》

"一，本部典书课各阅览室，自本日（六月十五日）起，停止借书；其已借出各书，无论已未满期，统希于本月二十五日以前缴还，以便清查。二，第三院阅览室，已停止阅览，所存中文新藉，暂移至第一院第一阅览室取阅。十四年六月十五日。"

1925年6月15日《北京大学整理清代内阁档案报告》。

1925年6月16日《图书部登录课通告》。

1925年6月16日《北大教职员沪案后援会总务股会议纪录》。

1925年6月17日《捐赠哲学书库筹备委员会启事》"兹定于本星期三（十七日）下午七时半在第二院南楼第十教室开会，凡本会委员务请准时出席。"

1925年6月18日《研究所国学门通告》。

1925年6月19日《研究所国学门通告》。

1925年6月19日、20日《一九二五哲学系级友会启事》"哲学书库筹备委员均鉴：筹备会原定本星期午后七时开会，因到会人少，未能成会。定于本星期六（二十日）上午八时在第二院南楼第一教室开会，讨论书库大纲，及选举募捐委员，望各位筹备员准时莅会为祷。六月十七日。"

1925年6月19日《十四年毕业同学录筹备处通告》"……（四）赠送之同学录如下：1蔡校长、2蒋总务长、3顾教务长、4注册部、5图书馆，以上各一册。6十三系教授会各一册，由各本系代表送去。"

1925年6月19日《庶务部公布》"兹将十四年三月份校中各机关领用消耗物品登录如下"图书主任室、一院典书课、二院典书课、三院典书课、编目室、登录室、购书课、第一阅览室、第三阅览室、第五阅览室、第六阅览室、第八阅览室、德文阅览室。

1925年6月22日、23日、26日《拟编续四库书目略说明书》汉川黄文弼述（最后注明：此文作就，以质之本学门导师陈援庵先生，承改正谬误数处，特此致谢。十四，六，四，文弨附识)。

1925 年 6 月 22 日、23 日、24 日《哲学书库筹备委员会启事》"筹备委员诸君均鉴：二十日开会只到八人，仍不足法定人数。兹决定于本星期三（六月二十四日）上午九时在第二院南楼第七教室再行开会，并略备茶点，事关母校利益，时不再来，诸君职责所在，务望拨冗惠临。为祷。"

1925 年 6 月 23 日《北大教职员沪案后援会上海总工会来电》。

1925 年 6 月 23 日《教宗比约第十一复电》。

1925 年 6 月 23 日《北大教授致英国国民及议会电之译文》。

1925 年 6 月 23 日《北京各界援助上海失业同胞募捐总会收款报告》。

1925 年 6 月 24 日《北大教职员沪案后援会蔡校长来电》。

1925 年 6 月 24 日《本校教授致美国下议院议员波拉氏电》。

1925 年 6 月 24 日《致国民军第一二三军及张宗昌李景林函》。

1925 年 6 月 24 日《北京大学整理清代内阁档案报告》。

1925 年 6 月 26 日《哲学书库筹备委员会报告》"一九二五哲学系级友会前次发起捐赠母校哲学书库，发函邀请在京哲学系毕业同学在中央公园开会讨论进行。当即推定筹备委员二十余人，并邀请在校哲学系同学加入共同协作，各筹备委员在本校开第一次筹备会推定顾颉刚，黄文弼，胡鸣盛，杨廉四君起草哲学书库大纲。四君就杨廉君所拟计划书斟酌者益，作成大纲提交筹备会。筹备会遂于六月二十四日开会，通过北京大学哲学系毕业同学捐赠母校哲学书库大纲，照大纲选定顾颉刚、欧阳道达、黄文弼、陈政、杨世清、张家鼎、温祥发、赖道纯、缪金源、王汝玙、蒋复璁、杨廉十二人为捐募哲学书库委员，组织捐募委员会。复照大纲推定哲学系主任陈百年先生、图书馆主任袁同礼先生、胡适之先生、高仁山先生、樊际昌先生五人为购书委员，组织购书委员会。以后一切募捐及购书等事概由上述两委员会办理。筹备委员会一面将上述情形陈报校长，请派书库委员一人，一面并通知各委员迅即就职，俾两委员会早观厥成。筹备委员会至此即为任务终了，解散。

附北京大学哲学系毕业同学捐赠母校哲学书库大纲。

一、哲学系毕业同学鉴于母校哲学书籍之缺乏，特合力捐募哲学书库一个，赠与母校。

二、哲学书库在十年完成之，书籍最低部数为二千部。

三、哲学书库管理事宜，归母校图书馆办理。

四、为进行捐募事宜计，特由本系同学推举毕业在京之同学八人，每年毕业一班增加一人，现在校同学三人，并校派一人为委员，组织捐募哲学书库委员会。各省本系毕业同学集合五人以上，得于各省组织分委员会以利进行。委员会有缺额时由捐募哲学书库委员会另推补之。

五、委员会请母校校长制定捐册，交用委员会分发各省分委员会及毕业同学分头进行捐募事宜。各委员会及毕业同学募得款项时，即直接汇交母校会计课保存，并同时通知委员会；募得书籍时，亦即直接交寄母校图书馆主任，并同时通知委员会。其对于认捐人之答谢办法，由母校依照图书馆募捐章程办理。

六、为进行购书事宜计，特由本系同学推举哲学系主任及担任哲学教育心理学之三教授，图书馆主任，共五人为购书委员，组织购书委员会，决定应购之书籍。委员有缺额时由购书委员会推补之。

七、每年年终由委员会汇集一年内经过状况，捐募书目，及购进书籍目录，编刊年报，分送本系同学。

八、一九二五哲学系毕业同学会以所存本级募得之纪念刊印刷费及将来纪念刊所入之纯利完全捐为购书费，藉作哲学书库之起点。

九、哲学书库筹备之第五年及完成之年，由委员会召集本系全体毕业同学回校，开哲学讨论会，各教授及同学均须于会中提出论文宣读，藉以促进探讨哲学之兴趣。

十、募捐哲学书库委员会及购书委员会各项规程及办法，由各委员会自行拟定。"

1925 年 6 月 27 日《研究所国学门通告》三则。

1925 年 6 月 27 日《数学系教授会布告》"下学年数学系本科各年级定用教科书开列于后……凡欲选读以上各科者，须于暑假中自向国内外书坊订购各该教科书，庶能于开课时应用，至要。"

1925 年 6 月 30 日《图书部登录课通告》。

1925 年 6 月 30 日、7 月 1 日、2 日《数理阅览室通告》"本阅览室假期内阅览时间如下：（一）由七月一日起至七月十日止，每日上午八时半至十二时，下午二时至六时为阅览时。（二）由七月十一日至七月二十六日止，停止阅览。（三）由七月二十七日起至开学日止，每日上午八时至十二时为阅览时间。十四，六，二十九。"

1925 年 7 月 1 日《研究所国学门通告》三则。

1925 年 7 月 1 日、2 日《图书部通告》"一、自七月一日起至九月十日止，期内本部典书课各院阅览室，除第一院第三四五阅览室外，概停阅览。二、第三五阅览室除星期日及例假外，每日上午八时至十二时订为阅览时间，下午闭馆，期内并停止借书。第四阅览室（即阅报室）阅览时间不变更。三、凡停止阅览之各室所存图书杂志，欲阅者应先期向第一院第三五阅览室分别接洽，以便调取。十四年六月三十日。"

1925 年 7 月 9 日、10 日《化学阅览室通告》"本阅览室自七月六日起至九月十日止期内每日上午八时至十二时为阅览时间，下午及星期日闭室。七月四日。"

1925 年 7 月 10 日《研究所国学门通告》。

1925 年 7 月 10 日《北京大学收支各项数目表 中华民国十四年六月分》收入合计是 359 711 元，订购图书仪器及消费公社印刷课垫款等项共计

86 721元。

1925 年 7 月 18 日《研究所国学门通告》。

1925 年 7 月 18 日《捐赠母校哲学书库委员会启事》"顾颉刚，黄文弼，温祥发，陈政，杨廉，杨世清，王汝玛，蒋复璁，缪金源，赖道纯，张家鼎，欧阳道达，诸位先生均鉴：敬启者前由哲学书库筹备委员会推举，先生等为捐募委员，兹特奉达，盼即俯就。委员会定于七月二十日上午九时在第二院第一教室开第一次会议，更希准时出席为祷。七月十七日。"

1925 年 8 月 1 日《庶务部公布》"兹将本年四月各机关领用消耗物品开列于下"一院典书课、二院典书课、三院典书课、购书课、第一阅览室、第三阅览室、第四阅览室、第五阅览室、第六阅览室、第八阅览室、登录室、编目室、德文阅览室、数理阅览室、化学阅览室。

1925 年 8 月 8 日《研究所国学门通告》。

1925 年 8 月 8 日《图书部登录课通告》"……南开大学校图书馆时事集要指南……"

1925 年 8 月 8 日《庶务部公布》"兹将本年五月各机关领用消耗物品开列于下"图书部、典书课、二院典书课、三院典书课、购书课、第一阅览室、第二阅览室、第三阅览室、第五阅览室、第六阅览室、第八阅览室。

1925 年 8 月 15 日《北京大学收支各项数目表 中华民国十四年七月分》收入合计是 264 930 元，订购图书仪器及消费公社印刷课垫款等项共计 90 580元。

1925 年 8 月 15 日《研究所国学门纪事 十四年八月八日下午二时在研究所国学门开欢迎陈万里先生调查敦煌古迹返京之纪事》。

1925 年 9 月 5 日《庶务部公布》"各机关领用消耗物品如左"购书课、典书课、三院典书课、第一阅览室、第二阅览室、第三阅览室、第五阅览室、第八阅览室、登录室、编目室。

1925 年 9 月 7 日《研究所国学门通告》。

1925 年 9 月 11 日、12 日《图书部布告》"（一）本部典书课第一院第五阅览室及第二院典书课阅览室，自明日（九月十一日）起除星期日及例假外，每日上午八时自十二时，下午一时半至六时订为阅览时间。书籍暂不借出。第一院中文书，仍在第五阅览室取阅。（二）第一院第一二三阅览室及第三院阅览室等，因清理书籍，尚未竣事，暂缓开馆！十四年九月十日"。

1925 年 9 月 14 日《北京大学收支各项数目表 中华民国十四年八月分》收入合计是 286 111 元，订购图书仪器及消费公社印刷课垫款等项共计 56 282 元。

1925 年 9 月 14 日、15 日、16 日、17 日《化学阅览室通告》"本阅览室自星期一（即十四日）起每日上午八时至十二时，下午一时半至六时为阅览时间，星期日及例假闭室，此布。十四年九月十二日。"

1925 年 9 月 14 日、15 日、16 日、17 日《第八阅览室通告》"本阅览室由今日（十四日）除星期及放假日外，每日阅览时间上午八时至十二时，下午一时半至六时。"

1925 年 9 月 15 日《哲学系教授会布告》"本系本学年各项科目所用西文教本，其已经决定者开列如下。选习各该项科目者，望早为预备。……"

1925 年 9 月 16 日《研究所国学门通告》二则。

1925 年 9 月 16 日、17 日、18 日《数理阅览室通告》"本阅览室业由开学日其，恢复平时阅览时间，特此通告。平时阅览时间列后：1. 每日上午九时半至十二时，下午一时半至六时，晚间七时半至九时半为阅览时间。2. 星期六日下午及晚间与星期日均停止阅览。十四，九，十四。"

1925 年 9 月 17 日、18 日、19 日、21 日《教育系教授会通告》"袁同礼先生所授之图书利用法，上学年告终时尚未讲毕，故此次不举行试验，惟上学年选习此科者，本学年仍须继续选习方能给予学分，特此通告。"

1925 年 9 月 18 日《北京大学整理清代内阁档案报告》。

1925 年 9 月 19 日、21 日、23 日、24 日《国立北京大学数学系指导书（十四年至十五年度）》。

1925 年 9 月 19 日《北京大学整理清代内阁档案报告》。

1925 年 9 月 19 日《庶务部公布》"兹将本校各机关十四年七月份领用物品开列于左"：图书部、三院典书课、第八阅览室、登录室。

1925 年 9 月 21 日《北京大学整理清代内阁档案报告》。

1925 年 9 月 22 日、23 日《图书部通告》"本部典书课第一院第一二三阅览室，自即日（九月二十一）起开馆；阅览时间为：上午八时至十二时，下午一时至六时。十四年九月二十一日。"

1925 年 9 月 22 日、24 日、25 日《新到教科书及参考书出售》"……以上各书现存一院购书课，欲购者，请于每日上午十时至十二时来购可也。购书课启，九月二十二日。"

1925 年 9 月 24 日、25 日《政治学课程指导书》。

1925 年 9 月 24 日《北京大学整理清代内阁档案报告》。

1925 年 9 月 25 日《研究所国学门通告》。

1925 年 9 月 28 日《研究所国学门通告》。

1925 年 9 月 28 日、30 日《图书部通告》"本部典书课第三院阅览室自本月二十八日（下星期一）起，开始阅览；每星期一至星期六，除例假外，阅览时间：上午八时至十二时，下午一时半至六时。十四年九月二十六日"。

1925 年 9 月 30 日《研究所国学门通告》。

1925 年 10 月 1 日、3 日、6 日、7 日《图书部通告》"本部自十月三日（星期六）起，每日下午二时至四时在典书课（第一院第一层西首三十三号）发给本学年借书证。凡本校本预科正科生欲借者，可持本学年入学证至该课领取；惟以前欠书尚未归还者，须先缴还原书，借书证方能发给！十四年九月三十日"。

1925年10月5日、6日《法律学系课程指导书（民国十四年至十五年度）》。

1925年10月7日《庶务部公布》"兹将本校各机关十四年八月份领用物品开列于左"图书主任、三院典书课、典书课、第二阅览室、第三阅览室、第五阅览室、第八阅览室、编目室、登录室。

1925年10月8日《图书部登录课通告》。

1925年10月9日、12日《国立北京大学史学系课程指导书（十四年至十五年度）》。

1925年10月12日《研究所国学门通告》。

1925年10月12日《生物学系指导书第一种课程指导书（民国十四年至十五年度）》。

1925年10月17日《北京大学收支各项数目表 中华民国十四年九月分》收入合计是288 892元，订购图书仪器及消费公社印刷课垫款等项共计465??元。

1925年10月17日《图书部登录课通告》。

1925年10月17日、19日、20日《国立北京大学物理学系指导书》。

1925年10月19日《研究所国学门通告》。

1925年10月23日《图书部登录课通告》。

1925年10月26日、27日《哲学系课程指导书（十四年至十五年度）》。

1925年10月26日《研究所国学门通告》二则。

1925年10月27日《研究所国学门通告》三则，有日本赠书。

1925年10月28日《研究所国学门通告》二则。

1925年10月30日《图书部登录课通告》。

1925年10月30日《蔡校长来函》"梦兄大鉴：弟决定十一月启行，前奉告索取俄京科学院出版物之事，陈君寅恪曾开示几种重要书籍目录，原函奉上，余容续布。敬祝著祺，弟元培敬启。十月八日"。

1925 年 10 月 30 日《本校教职员全体大会开会纪事》。

1925 年 11 月 3 日《研究所国学门通告》。

1925 年 11 月 4 日《图书部登录课通告》"兹承河南图书馆惠赠河南图书馆藏书目录四册，张玮轩先生惠赠文庙纪略六册。特此申谢。十四年十一月三日。"

1925 年 11 月 4 日《数学系同学会第二次常会议决事项》"（一）向学校交涉会址，（二）向学校交涉订购杂志书籍并向数理阅览室索取复本书籍存入本会会所，……"

1925 年 11 月 9 日、13 日、14 日、16 日、17 日《图书部通告》"本部兹购入下列各书，均置于第五阅览室。十一月五日。"

1925 年 11 月 14 日、17 日、18 日、19 日、20 日《化学阅览室通告》"本阅览室自下星期一（十六日）起改订阅览时间于后：上午九时至十二时，下午一时半至六时，晚间七时至九时，星期日及例假停止阅览。十四年十一月十三日。"

1925 年 11 月 17 日、19 日、20 日《研究所国学门通告》（按：包括达古斋惠赠拓片、造像和墓志铭）。

1925 年 11 月 17 日《北大教育学会启事》，由原来的"北大教育研究会"改名而来，内设图书股。

1925 年 11 月 19 日《北京大学收支各项数目表 中华民国十四年十月分》收入合计是 305 571 元，订购图书仪器及消费公社印刷课垫款等项共计 56 138 元。

1925 年 11 月 19 日、20 日《第八阅览室通告》"本阅览室阅书时间由今日（十一月十八日）起改订如左：除星期日及例假外，每日自上午九时半至十二时下午二时至六时，晚七时至九时特此通告。"

1925年11月23日《研究所国学门通告》。

1925年11月25日《图书部登录课启事》。

1925年11月25日、26日、12月11日、12日《研究所国学门通告》"本学门近在甘肃敦煌一带所收集之陶器及西行沿途所摄诸影片要目公布列下"。

1925年11月28日《图书部登录课通告》。

1925年11月30日《研究所国学门通告》。

1925年11月30日《世界语研究会布告（三十九）》。

1925年11月30日《史学研究会开会记事》"……二，谭慕愚君提议。

学校关于历史方面的各种图书，不算很少，但多是欧战前的作品，欧战以后，历史的眼光与方法，大大不同了，而学校关于此种新的书籍，一部也没有，这是大可抱憾的。说到中国史方面，所谓'二十四史'，堪称'信史'的，实在很难说，大都是真假参半，轻重颠倒。果真要去研究，必得多多收罗有价值的史料；专靠正史，那是不济事的。我们很希望学校能予我们以材料的供给，和方法的指示。那末，我们的研究，方能够得到一个好结果；同时，在历史领域内，方能发现新大陆。"

1925年11月30日、12月4日《北京大学地质研究会图书部启事》"本会所存书籍杂志现已整理完毕，本部为求会员诸君阅览便利起见，特将是项书籍出借，并订出借书办法如左

（一）每礼拜六日下午七时至八时半为本部办事时间，会员有借还书籍等事，均祈于定时内亲来会所（第二院内最西南角）接洽，过时一概停止办公。

（二）会员每次借书不得过两册，借出时间以两礼拜为限，但得续借一次，续借时交还原书以便登记。

（三）本会发给阅览证，会员每人一枚，凭证借书，无证者不借。

（四）自本礼拜六日起开始阅览……。（注意：第一列为书名，第二列为

出版处，第三列为册数。)"后附书刊目录，中文共 22 种+英文 13 种。

1925 年 12 月 4 日《图书部登录课通告》。

1925 年 12 月 7 日《北京大学整理清代内阁档案报告》。

1925 年 12 月 8 日《图书部登录课通告》。

1925 年 12 月 8 日、9 日《北大学生会通告》"图书馆之设立，原为便利同学研究参考之用。本校图书馆书籍，虽云丰富，但仍有美中不足之处。本会除向学校交涉，要求添加经费，以便增购图书，便利同学参考外，并欲征求同学意见，何种书籍亟应添购，然后由本会汇合，向学校报告。各同学如有意见者，请即将书目开齐，送交本会办公处，（一院二层西头），无任盼祷！十二月七日"。

1925 年 12 月 8 日《教育学会阅览室通告》"本阅览室现已开馆，兹将阅览时间公布如左：星期一下午四时半至六时，星期二下午二时半至五时，星期三下午二时半至四时半，星期四下午一时半至四时半，星期五下午三时半至六时，星期六下午四时半至六时半。"

1925 年 12 月 9 日《研究所国学门通告》。

1925 年 12 月 9 日《北大第二院平校征求图书启事》"现在图书馆在学校里占一很重要的位置，是众都公认的，我们平校开办有六年之久，承各方热心平民教育者捐赠图书杂志是很多；可是因为前届管理图书的职员，未能十分尽责，致将图书遗失殆尽，这是我们平校极不幸的一桩事情。默想学生欲求高深学识，非有丰富之图书供给参考不可。所以本届同人有鉴于此：乃向本校教职员先生、诸同学及校外热心平面教育者，诚恳的请求，惠赠图书和杂志，给二百数十的平民，得到阅书的机会；多得一点知识，将来的成就，皆是诸位的所赐。这是本届同人征求图书一点微意，希望诸位踊跃惠赠，不胜盼感之至！"

1925 年 12 月 12 日《北京大学收支各项数目表 中华民国十四年十一月分》

收入合计是 283 501 元，订购图书仪器及消费公社印刷课垫款等项共计 69 966元。

1925 年 12 月 14 日、21 日、24 日《图书部通告》"本部兹购入教育学书籍均置于第一阅览室。十四年十二月十日。"按：有类号、类名、题名、作者等。

1925 年 12 月 15 日《图书部登录课通告》。

1925 年 12 月 21 日《图书部登录课通告》。

1925 年 12 月 21 日《研究所国学门通告》。

1925 年 12 月 21 日《世界语研究室布告》。

1925 年 12 月 24 日《图书部登录课通告》。

1925 年 12 月 26 日《研究所国学门通告》。

1925 年 12 月 26 日、1926 年 1 月 18 日、19 日《本校廿七周年纪念研究所国学门展览目录》。

1925 年 12 月 28 日《研究所国学门通告》。

1926 年

1926 年 1 月 4 日《图书部登录课通告》。

1926 年 1 月 7 日《图书部登录课通告》。

1926 年 1 月 8 日《图书部登录课通告》。

1926 年 1 月 9 日《图书部登录课通告》。

1926 年 1 月 11 日《图书部登录课通告》。

1926 年 1 月 12 日《北京大学收支各项数目表 中华民国十四年十二月分》收入合计是 291 232 元，订购图书仪器及消费公社印刷课垫款等项共计 64 837 元。

1926 年 1 月 13 日《图书部登录课通告》。

1926 年 1 月 16 日《图书部登录课通告》。

1926 年 1 月 16 日《北大平民夜校给北大同学一封公开的信》"……6 图书馆在上年所失之几百元书籍，即日由现任图书管理员认真调查，一方向北大同学征求平民书籍……"

1926 年 1 月 20 日《图书部登录课通告》。

1926 年 1 月 21 日《张凤举先生带来日本各机关所赠书报》。

1926 年 1 月 21 日、22 日北大国家主义研究会研究股《给研究国家主的同志们》有中文书目、中文刊物、西文书目的，有些还注明"图书馆有"。

1926 年 1 月 23 日《国史研究会启事》。

1926 年 1 月 23 日《研究所国学门通告》。

1926 年 1 月 25 日《图书部登录课通告》。

1926 年 1 月 25 日《研究所国学门通告》。

1926 年 1 月 28 日、29 日、2 月 1 日、3 日、4 日《图书部通告》"寒假伊迩，本部第一院第一五阅览室及第二院阅览室，自本月二十八日（星期四）起，停止借书；其已借出各书，无论已未满期，统望与二月四日以前向原借处缴还，俾资结束！十五年一月二十七日。"

1926 年 1 月 29 日《图书部登录课通告》。

1926 年 1 月 29 日《北大平民夜校图书馆通告》。

1926 年 2 月 2 日《北大学术研究会图书部通告》"本会承李竞何君捐赠下列书籍，特此申谢"共 30 多种中外书籍。

1926 年 2 月 3 日、4 日、5 日《图书部通告》"本部兹购入下列新书如左，十五年二月一日"外文书，有类号类名，各书有索书号、作者、题名、出版年。

1926 年 2 月 4 日《图书部登录课通告》。

1926 年 2 月 5 日《图书部登录课通告》。

1926 年 2 月 5 日、6 日《图书部通告》"（一）本部典书课第一院第三五阅览室及第二三院阅览室，于寒假期内，每日上午八时至十二时为阅览时间，下午闭馆；取阅中文书籍及参考书（即第二阅览室存书），在第一院均由第五阅览室办理。（二）第一院第四阅览室即阅报室，阅览时间仍旧。（三）二月十二日至十五日，又星期日，均停止办公。十五年二月四日。"

1926 年 2 月 6 日《数理阅览室通告》"本阅览室于寒假期内每日上午八时至十二时为阅览时间，下午停止阅览，特此通告。十五年二月五日"。

1926年2月6日《研究所国学门通告》。

1926年2月6日《北京孙文主义学会北大分会阅览室成立通告》"……先成立一个阅览室，地址已经觅的，在第一院四层楼，不过成立之初，书籍还不十分完备。很希望我们同志和本校教职员先生同学们，多多捐助一些关于孙文主义的书籍和社会科学的书籍，使我们阅览室的内容，更加丰富，我们是非常感谢的。本阅览室定于年假后开幕，先此通告。如蒙惠赠书籍，请交下列诸君……"

1926年2月6日《北大学术研究会图书部启事》。

1926年3月30日《北京大学整理清代内阁档案报告》。

1926年3月31日《北京大学整理清代内阁档案报告》。

1926年4月6日《北京大学收支各项数目表 中华民国十五年一月分》收入合计是 324 468 元，订购图书仪器及消费公社印刷课垫款等项共计 70 581元。

1926年4月10日《北京大学收支各项数目表 中华民国十五年二月分》收入合计是 422 050 元，订购图书仪器及消费公社印刷课垫款等项共计 76 030元。

1926年4月14日《图书部登录课通告》。

1926年4月15日《化学阅览室通告》。

1926年4月15日《图书部登录课通告》。

1926年4月17日《研究所国学门通告》。

1926年4月17日《图书部登录课通告》。

1926年4月19日《研究所国学门通告》。

1926年4月19日《北京大学整理清代内阁档案报告》。

1926年4月20日《北京大学整理清代内阁档案报告》。

1926年4月21日《图书部通告》"本部近承各县惠寄县志四十一种，除分函申谢外，特列如下。……"

1926 年 4 月 21 日《北京大学整理清代内阁档案报告》。

1926 年 4 月 22 日、23 日、24 日、26 日、27 日、28 日《图书部通告》"本部兹购入下列各书：十五，四，九"。

1926 年 4 月 23 日、24 日、26 日《〈图书馆学季刊〉第一卷第一期要目》"代售处北京大学出版部售书处，定价每期大洋四角"。

1926 年 4 月 26 日《研究所国学门通告》。

1926 年 4 月 26 日《北京大学整理清代内阁档案报告》。

1926 年 4 月 29 日、5 月 1 日《北京大学收支各项数目表 中华民国十五年三月分》收入合计是 330 289 元，订购图书仪器及消费公社印刷课垫款等项共计 60 240。

1926 年 4 月 30 日《图书部登录课通告》。

1926 年 5 月 1 日《图书部登录课通告（续）》"……本馆袁主任惠赠孔教十年大事，特此声谢。十五年四月二十七日（完）"。

1926 年 5 月 1 日《北京大学整理清代内阁档案报告》。

1926 年 5 月 3 日《北京大学整理清代内阁档案报告》。

1926 年 5 月 4 日《北京大学整理清代内阁档案报告》。

1926 年 5 月 5 日《北京大学整理清代内阁档案报告》。

1926 年 5 月 6 日《北京大学整理清代内阁档案报告》。

1926 年 5 月 7 日《北大平民夜校图书馆通告 第二号》。

1926 年 5 月 8 日《图书部登录通告》。

1926 年 5 月 10 日《北京大学整理清代内阁档案报告》。

1926 年 5 月 11 日《北京大学整理清代内阁档案报告》。

1926 年 5 月 12 日《研究所国学门通告》"本学门兹承日本东京财团法人东洋文库惠赠……十五年五月十一日"东洋文库论丛第一至第五各一册。

1926年5月12日《北京大学整理清代内阁档案报告》。

1926年5月18日《研究所国学门通告》"兹承庄蕴宽先生惠赠拓片……"

1926年5月20日《评议会致蔡校长函》"孑民校长先生：先生返国后，本校曾一再电恳返校，主持校务。惟电文词简，诸多未尽，兹故续上一函，以稍补电文之略。

月前军事剧变，京中一般人心诚不免于警惶；本校当时亦颇限于恐慌之中。然本校校务仍未尝因是而有一日之停顿。今则京中秩序，已复常态，本校恐慌亦全成通（过）去，先生北来，殆毫无危险，矧先生之学问道德与政见，不论处何种环境，俱足使野心者不易中伤耶。本校前电速驾，亦实有鉴于此。

依本会同人之揣测，先生行止之不决，或不是因为本校外界环境有何危险，而系对于本校内部之改善有所疑虑，此则本会同人亦敢负责为先生陈述数言！自先生去国而后，三数年来，外间对于本校诚然有不少的攻毁，本会同人，虽不敢谓外间之攻毁，概属非是，然平心而论本校学生之程度，本校学生之爱纪律，本校图书仪器之设备，在近三数年间，实际上固俱有显著的进步。假使先生北来，则凡先生图利学校与学术之计划，实不难次第实现，脱非如此，本校同人亦复有何乐趣，今犹不避艰窘，株守此间？

本校经费，积欠已达十五阅月之久，最近三数月消费之枯竭，尤为历来所无，所以本校目前最大困难，仍是经费问题。现时本校同人之恐慌，亦即在此。但俄国庚子赔款，为数甚巨，大可接济北京国立诸校。俄国使署近亦较前容易商洽，先生为俄款委员会之委员长，如能及时北来，进行此款，益以梦麟先生及其他本校同人之辅助，大概可望成功。此事所关甚巨，因为北京政府现在既已毫无经常收入可言，则本校以及北京其他国立学校，如果不能向俄款方面设法，其将完全停顿，殆极难避免。所以此间企盼先生早日返京者，尚不以本校同人为限。

基于以上诸种事实，本会同人，用特一致恳请先生早日到校，主持一切，俾目前急待解决之种种问题，得顺利进行。想先生爱校情殷，值兹学校万分危难之际，必能容纳本会同人迫切之请，而决然北还也。临书神往，肃候明示，并祝教安。北京大学评议会敬启。十五年五月十八日。"

1926年5月20日《法正经济记录室致校长函》"校长先生，敬启者，本室成立，已经三载有余；所有出入款项，逐年俱由本室全体成员（即政治经济法律三系教授）开会审核一次；其审核通过之决算表，历年仍由本室保存。凡本室一切收入支出细目，无不备载此项决算表内。……本室经费，始全数用于置买图书及储书器具……"

1926年5月20日《北京大学整理清代内阁档案报告》。

1926年5月21日、22日《北京大学收支各项数目表 中华民国十五年四月分》收入合计是349 422元，订购图书仪器及消费公社印刷课垫款等项共计67 501。

1926年5月21日《研究所国学门通告》。

1926年5月21日《化学阅览室通告》"兹承戴济先生惠赠油漆季刊一册，特此声谢。十五年五月二十日"。

1926年5月21日《北京大学整理清代内阁档案报告》。

1926年5月25日《北京大学整理清代内阁档案报告》。

1926年5月27日《北京大学整理清代内阁档案报告》。

1926年6月3日、4日、5日、7日、12日《数理阅览室通告》"本阅览室书籍及杂志于暑假期内例须特别清理一次，诸位先生所借去之书籍及杂志等，务请于本月十三日以前一律缴还敝室以便结束为荷。十五年六月二日。"

1926年6月4日《北京大学整理清代内阁档案报告》。

1926年6月5日《研究所国学门通告》。

1926年6月7日《研究所国学门通告》"朱遏先生惠赠拓本如下……"

1926年6月9日、10日、11日、12日、17日《图书部通告》"本部第一二院各阅览室自本月九日（星期三）起，停止借书；以前借出各书，无论已未满期，均望于二十日以前向原借阅览室缴还！十五年六月八日"。

1926年6月9日《图书部登录课通告》。

1926年6月11日、12日《化学阅览室通告》"暑假伊迩，本阅览室书籍急须清理，请先生借去之书务于本月十五日以前缴还敝室，俾便结束是荷。六月九日"。

1926年6月15日《北京大学整理清代内阁档案报告》。

1926年6月16日《研究所国学门通告》。

1926年6月16日《中华图书馆协会、武昌华中大学文华图书科招考图书馆学免费生规程》其中有"北京石虎胡同中华图书馆协会"。

1926年6月18日《图书部登录课通告》"……顾颉刚先生惠赠古史辨一册……"

1926年6月19日《化学阅览室通告》"兹承本校化学会惠赠北大化学会年刊一册，特此声谢，六月十七日。"

1926年6月22日、23日、25日、26日、28日《袁同礼启事》"鄙人现移居于南长街九号，校中同人如有信件请寄该处为盼。"

1926年6月22日《北京大学整理清代内阁档案报告》。

1926年6月23日《研究所国学门通告》"本学门兹承顾颉刚先生惠赠古史辨一册，特此声谢，十五年六月二十二日。"

1926年6月23日《北大平民夜校图书馆通告》。

1926年6月28日《研究所国学门通告》。

1926年6月29日《北京大学整理清代内阁档案报告》。

1926年6月30日《北京大学整理清代内阁档案报告》。

1926年7月5日《北京大学整理清代内阁档案报告》。

1926 年 7 月 10 日《北京大学整理清代内阁档案报告》。

1926 年 7 月 17 日《国立九校校务讨论会挽留蔡先生函》。

1926 年 7 月 17 日《北京大学收支各项数目表 中华民国十五年五月分》收入合计是 327 725 元，图书部仪器部经济记录室订购图书仪器等款 44 769 元。

1926 年 7 月 24 日《北京大学收支各项数目表 中华民国十五年六月分》收入合计是 285 789 元，图书部仪器部经济记录室订购图书仪器等款 46 662 元。

1926 年 8 月 4 日《图书馆学季刊第一卷第二期出版目次》"……代售处北大出版部，定价每期四角"。

1926 年 8 月 7 日《北京大学整理清代内阁档案报告》。

1926 年 8 月 14 日《图书部登录课通告》。

1926 年 8 月 30 日《北京大学整理清代内阁档案报告》。

1926 年 9 月 4 日《北京大学整理清代内阁档案报告》。

1926 年 9 月 11 日《北京大学整理清代内阁档案报告》。

1926 年 9 月 18 日《图书部登录课通告》。

1926 年 9 月 18 日《北京大学整理清代内阁档案报告》。

1926 年 10 月 2 日《图书部登录课通告》。

1926 年 10 月 9 日《北京图书馆征求家乘世系启事》"家乘世系系历代所尊，凡在清门罔不崇宝……北京图书馆谨启。"

1926 年 10 月 16 日《北京大学整理清代内阁档案报告》。

1926 年 10 月 20 日《本刊启事》"档案稿件，业已在本刊上登载完毕，自本期起，本刊陆续刊登杨惺吾先生观海堂藏书目录，希阅者留意，为幸。此启，十月二十日。"

1926 年 10 月 20 日《杨惺吾观海堂书目录》"杨惺吾，字守敬，生平专攻地理沿革学，学问渊博，为鞬近一学问大家。其观海堂藏书，于民国四年，以七万余金，鬻诸政府，七年冬，以一部份拨付松坡图书馆，约十之六。所余者原藏集灵囿，本年一月，由国务院拨归故宫博物院，贮于大高殿。近王君师曾变成目录，特在本刊上发出，以饷阅者。编者附识……"

1926年10月23日《杨惺吾观海堂书目录》。

1926年10月30日、11月6日《图书部登录课通告》"兹承日本政府惠赠（本箱第一号书籍目录 自第一号函至第四号函图书刊行会集丛书二百六十册）……共计六百一十二册，特此申谢。十五年十月二十三日。"

1926年11月6日《研究所国学门通告》。

1926年11月8日《杨惺吾观海堂书目录》。

1926年11月12日《图书部登录课通告》。

1926年11月13日《来件照刊》"北京平民中学校图书馆简单""北京平民中学校图书馆捐赠书办法"。

1926年11月17日《杨惺吾观海堂书目录》。

1926年11月18日《杨惺吾观海堂书目录》。

1926年11月19日、22日《化学阅览室通告》"本阅览室自本月十五日起，每日上午八时至十二时，下午一时至六时为阅览时间，星期日及例假停止阅览，十五年十一月十八日。"

1926年11月24日《图书部登录课通告》。

1926年11月24日、25日、26日、30日、12月1日、3日《图书部通告》"兹订自本月二十三日（星期二）起，每日下午二时至四时在典书课（第一院第一层西首三十三号）发给本学年借书证。凡本校本预科正科生欲借书者，可持本学年入学证至该课领取；惟以前欠书尚未归还者，须先缴还原书，借书证方能发给！十五年十一月二十二日。"

1926年11月24日《世界语研究室布告（四一）》。

1926年12月1日、2日、3日《教育阅览室通告》"本阅览室所有图书现暂存放第一院第二阅览室，欲参看此项书籍者，请至第二部览室阅览可也。"

1926年12月2日《研究所国学门通告》。

1926年12月3日、7日、8日、13日《英文书廉价出售》购书课启十五年十二月二日。

1926年12月4日《化学阅览室通告》。

1926年12月6日《世界语研究室布告（四三）》。

1926年12月7日、8日、9日《校长布告》"本届各委员会委员长及委员名单业经本月六日提出评议会通过，兹特宣布于下：（一）组织委员会：王世杰（长）、皮宗石、朱希祖、沈尹默、黄节、高仁山、张凤举。（二）图书委员会：皮宗石（长）、朱希祖、黄节、李宗侗、燕树棠、高仁山、袁同礼（当然）。（三）财务委员会：谭熙鸿（长）、马裕藻、樊际昌、朱锡龄、陈大齐、关应麟、王星拱、徐炳昶、李书华。（四）聘任委员会：徐炳昶（长）、王世杰、温宗禹、沈兼士、周览、樊际昌、刘半农、温毓庆、王仁辅。（五）仪器委员会：王星拱（长）、丁绪贤、温毓庆、谭熙鸿、王绍瀛、李书华、杨肇濂。（六）校舍委员会：樊际昌（长）、陈翰笙、沈兼士、马裕藻、苏甲荣、袁同礼、余文灿（当然）。十五年十二月七日。"

1926年12月11日《图书部登录课通告》。

1926年12月29日、30日《恭贺新禧 图书部仝人鞠躬 恕不另柬》。

1926年12月30日《图书部登录课通告》"……金陵大学图书馆惠赠金陵大学图书馆中文地理书目……"

1926年12月30日《哲学系同学会通告》"……（二）本会代表向徐旭生先生接洽整顿本系课程，结果如左：……e. 傅斯年先生来校授课一事，由徐先生去函催促。f. 哲学和心理两种杂志，本校图书馆有七八种之多，现在仍然继续寄来。g. 本系教员借出图书馆新到书籍，时久量多一事，徐先生已商同袁同礼先生改良办法。……十五年十二月二十九日。"

1927 年

1927年1月7日、8日《图书馆学季刊》第一卷第三期出版目次。

1927年1月8日《化学阅览室通告》二则。

1927年1月12日、14日、15日、17日、19日《国立北京大学史学系课程指导书（十五年至十六年）》。

1927年1月13日《北京大学收支对照表 中华民国十五年七月分》收入合计是343 359元，图书部仪器部经济记录室订购图书仪器等款43 674元。

1927年1月15日《北京大学收支对照表 中华民国十五年八月分》收入合计是294 446元，图书部仪器部经济记录室订购图书仪器等款4196？5元。

1927年1月19日、20日、24日、25日、2月22日、23日、24日、25日、26日、28日、3月1日、2日《国立北京大学物理学系指导书》。

1927年1月21日、22日、24日、25日、26日、27日《图书部通告》"寒假伊迩，本部各院各阅览室自本月二十日（星期四）起，停止借书；其已借出各书，无论已未满期，统希于本月二十六日以前缴还！本预科借书证，亦暂停发给。十六年一月二十四日。"

1927年1月24日《注册部布告》"哲学系续准毕业者七人：容肇祖……"

1927年1月25日、26日、27日《数理阅览室通告》"本阅览室书籍于寒假期内例须清理一次，诸位先生所借出各书祈于本月二十六日以前缴还敝室为荷，此布。一月二十四日。"

1927年1月27日、28日、29日《生物地质阅览室通告》"本室图书于假期内必须清理一次，敬希诸位先生将由本室借用各种图书务于一月三十日前缴还是荷。一月二十六日。"

1927年1月29日、2月6日《图书部通告》"（一）寒假期内，本部典书课第一院第三五阅览室，每日上午八时至十二时订为阅览时间，下午闭馆；其他各院阅览室概停阅览。欲阅中文书籍及第二院阅览室存书者，可向第一院第五阅览室接洽。（二）第一院第四阅览室——即阅报室——阅览时间仍旧。（三）二月二日至五日又星期日，均停止办公。十六年一月二十八日。"

1927年2月25日《图书部购书课十五年十一月至十六年二月收支一览》。

图书部购书课十五年十一月至十六年二月收支一览图

1927 年 2 月 28 日《图书部登录课通告》。

1927 年 3 月 4 日、5 日、7 日、9 日、10 日、11 日、12 日、14 日、15 日《化学系指导书（十五年至十六年度）》。

1927 年 3 月 14 日《杨惺吾观海堂藏书目录》。

1927 年 3 月 15 日《杨惺吾观海堂藏书目录》。

1927 年 3 月 16 日、17 日、18 日、19 日《国立北京大学数学系指导书（十五年至十六年度）》。

1927 年 3 月 21 日、22 日、23 日、24 日、26 日、28 日、29 日《生物学系课程指导书（民国十五年至十六年）》。

1927 年 3 月 25 日《图书馆学季刊》第一卷第四卷目录。

1927 年 3 月 29 日《杨惺吾观海堂藏书目录》。

1927 年 3 月 30 日《杨惺吾观海堂藏书目录》。

1927 年 4 月 2 日、4 日、5 日、9 日、11 日、12 日《德文学系十五年度至十六年度课程表》。

1927 年 4 月 4 日、5 日、11 日《谢脩初启事》"心理学书报阅读一课，现因书报缺乏，自下星期四起改用讲演法教授，讲演内容暂以"Psychologies of 1725"为根据，特此布告。"

1927 年 4 月 9 日《北京大学收支对照表 中华民国十五年九月分》收入合计 341 914 元，图书部仪器部经济记录室订购图书仪器等 44 318 元。

1927 年 4 月 14 日、15 日、16 日、18 日、20 日、5 月 4 日、9 日《心理学系课程指导书（十五年至十六年度）》。

1927 年 4 月 16 日《研究所国学门通告》"本届研究所国学门委员会审查合格之研究室十人，兹将姓名籍贯履历及研究题目公布于下……姚名达，江西兴国县，清华研究院肄业，题目中国史籍考。"

1927 年 5 月 2 日《北大学生会第二平民学校启事（二）》"本校兹已改组

就绪，力图发展，惟因经费困难，无力购买图书，如蒙热心平民教育人士以图书惠赠，则不胜感激。惠赠图书请交东斋吴曼阳收"。

1927 年 5 月 9 日《杨惺吾观海堂藏书目录》。

1927 年 5 月 14 日《世界语研究会通告（四五）》。

1927 年 5 月 17 日、20 日、21 日、23 日《英文学系课程指导书（十五年度至十六年度）》。

1927 年 5 月 30 日、6 月 1 日、2 日、3 日、6 日《地质学系课程指导书（十五年度至十六年度）》。

1927 年 6 月 3 日、6 日、7 日、8 日《世界语研究会通告（四六）》。

1927 年 6 月 6 日、7 日、8 日、9 日、10 日《图书部通告》"本部第一二院各阅览室，自本月六日起停止借书；其已借出各书，无论已未满期，均望于本月十一日以前缴还原借处，以资清查。本学年本预科借书证，亦自本月六日起停发。十六年六月三日。"

1927 年 6 月 7 日、8 日、9 日、10 日、11 日《数理阅览室通告》"本阅览室向例，于放暑假前将借出各书一律收回，望数理学系诸位先生所借出者限于本月十一日以前缴还原室为要。十六年六月七日。"

1927 年 6 月 8 日、9 日、10 日、11 日《生物地质阅览室通告》"本阅览室书籍于暑假期内例须清查一次，诸位先生所借去各书务于本月十一日以前一律缴还敝室，以便结束为荷。十六年六月七日。"

1927 年 6 月 8 日、9 日、10 日、11 日《化学阅览室通告》"暑假伊迩，本室书籍急当清理，望化学系诸先生所借去之书籍，务请于暑假前一律缴还敝室，俾便结束为荷。十六年六月七日。"

1927 年 6 月 11 日、18 日《图书部通告》"（一）暑假期内，本部第一院第三五阅览室阅览时间，订为每日上午八时至十二时；下午闭馆。例假及星期日停止办公。（二）第一院第四阅览室（即阅报室），阅览时间仍旧。（三）

第一院第一二阅览室及第二三院阅览室，假期内停开；欲阅停开各室所存中外图书杂志者，须先期分别向第一院第三五阅览室接洽，以便提取。十六年六月十日。"

1927 年 6 月 25 日《研究所国学门通告》"本学门沈兼士马叔平先生赴日参加东方考古学协会，带来之印刷品列目如下：……"

1927 年 8 月 6 日以后，日刊停刊。

1929 年

1929年4月13日《北大日刊》复刊。

1929年4月13日《本届常设委员会委员姓名（十八年三月十八日评议会通过）》"（一）组织委员会：朱希祖（长）、何基鸿、马裕藻、王尚济、王仁辅、黄右昌、沈士远。（二）图书委员会：刘复（长）、邓以蛰、徐宝璜、胡壮猷、夏元瑮、周作人、马衡（当然）。（三）财务委员会：王烈（长）、何基鸿、胡濬济、朱希祖、马衡、徐宝璜、贺之才。（四）聘任委员会：何基鸿（长）、马裕藻、关应麟、温源宁、王仁辅、王烈、杨震文。（五）仪器委员会：夏元瑮（长）、樊际昌、刘复、丁绪贤、温宗禹、经利彬、李麟玉（当然）。（六）校舍委员会：关应麟（长）、王烈、胡濬济（当然）、马裕藻、何基鸿、沈兼士、李麟玉。"

1929年4月16日《本届各系主任姓名（十八年三月十五日选举）》"数学系王仁辅得三票当选，物理学系夏元瑮，化学系丁绪贤得二票当选，地质学系王烈得二票当选，生物学系经利彬，哲学系邓以蛰得一票当选，教育学系陈大齐，心理学系樊际昌，国文学系马裕藻得三票当选，英文学系温源宁，法文学系贺之才，德文学系杨震文，史学系朱希祖得二票当选，东方文学系周作人，法律学系黄右昌，政治学系何基鸿，经济学系徐宝璜。总务处各主任姓名：总务部主任总务长兼，庶务部主任胡濬济，注册部主任徐宝璜，图书部主任马衡，出版部主任杨铎，仪器部主任李麟玉。"

1929 年 4 月 23 日《鸣谢》 "顷承大德国公使馆惠赠 Neu-Sibirien 一册、Asia Major 一册、Vou Versailles bis yur Gegenwart 一册。特此鸣谢，北大学院图书馆启。""顷承大日本公使馆惠赠 Financial and Economic Aunuae of Japan 一书，特此鸣谢，北大学院图书馆启。""顷承夏浮筠先生赠 Matesiewellen und Quantenmechauik 一册，特此鸣谢，北大图书部启。"

1929 年 4 月 25 日《化学会启事二》"本会承本系主任丁绪贤先生赠送上海申报一份，本系同学可随时来本会阅览，特此鸣谢。四月二十三日。"

1929 年 5 月 1 日《鸣谢》"顷承胶澳商埠局惠赠胶澳志一函（计十册）外附图八张，特此鸣谢。北大图书馆启""顷承杨度先生惠赠虚禅师论佛杂文一册，特此鸣谢。北大图书馆启。"

1929 年 5 月 2 日《鸣谢》"顷承……北大学院图书馆启"。

1929 年 5 月 6 日《鸣谢》"顷承……北大学院图书部启"。

1929 年 5 月 10 日《北大学院图书部四月份阅览书籍人数册数月报》。

北大学院图书部四月份阅览书籍人数册数月报

1929年5月11日《图书部启事 五月九日》"本日新到……"

1929年5月11日《北大学院图书部四月份借出书籍人数册数月报》。

北大学院图书部四月份借出书籍人数册数月报

1929年5月13日《图书部启事 五月九日》"本日新到……"与前面所登内容不同。

1929年5月14日《图书部启事》"本日新到……"

1929年5月15日《哲学系同学会启事》"……八、请本系教员开哲学参考书目由本会交请学校购买……"

1929年5月15日《鸣谢》"顷承……北大图书部启"

1929年5月16日《图书部启事 五月十四日》"本日新到……"

1929年5月16日《鸣谢》"顷承……北大图书部启"

1929年5月17日、18日《北大教育学会启事 五月十七日》"……五。请求学校添设下列科目及参考书……"

1929 年 5 月 18 日《图书部启事 五月十六日》"本部新到……"

1929 年 5 月 23 日《图书部启事 五月廿一日》"本馆新到……"

1929 年 5 月 24 日《图书部启事 五月廿三日》"新到……"

1929 年 5 月 27 日《李毓民启事》"本校本科法律系三年级学生李毓民之一六七号本学年入学证及图书馆借书证于昨日失去，除向注册部及图书馆声请补发外，特此声明无论何人拾得概作无效。五月二十二日。"

1929 年 5 月 28 日《图书部启事 五月十七日》"本馆新到……"

1929 年 5 月 29 日《图书部启事 五月廿七日》"本馆新到……"

1929 年 5 月 31 日《图书部启事 五月廿九日》"本馆新到……"

1929 年 6 月 3 日《教务处布告一》"兹将五月十一日第四次教务会议议决各案公布如左：……三、图书委员会来函谓该会于本月三日议决以每月购书费全数二分之一归各系购书，由教务会议分配；其余二分之一归图书馆采购。关于归各系购书部分应如何分配事，议决归各系购书之二分之一暂由各系平均分配，至其余二分之一应否统交图书馆采购，应提出评议会请其讨论。四、关于购书手续事。议决各系购书由各系主任与图书馆主任接洽，图书馆购书由图书馆主任视所购书籍之性质与有关系工各系主任接洽。五、……五月二十九日。"

1929 年 6 月 3 日《瞿起模启事》"鄙人图书馆借书证于昨日失去，除通知图书馆作废外，特行申明无论何人拾得概作无效。五月二十八日。"

1929 年 6 月 4 日《鸣谢》"顷承……北大图书部启"

1929 年 6 月 6 日《国文学会执委会第一次会议议决案 五月二十四日》"……（四）添购书籍问题：请各会员将应购书目开交本会由文书汇齐请学校当局购置。"

1929 年 6 月 6 日《图书部启事 六月三日》"本馆新到……"

1929 年 6 月 6 日《图书部启事 六月四日》"本馆新到……"

1929 年 6 月 8 日《图书部启事 六月三日》"本馆新到……"

1929 年 6 月 12 日《教四赴日考察教育团第二次通讯》"……二十九日上午在帝国大学参观了一遍，不仅处处都令人有国内大学望尘莫及之感。只就该校图书馆说，建筑费就达四百万元。所以建筑极坚固，不怕火险，不怕地震，设备极周到，除阅览室、办公室、休息室、职员室、书库等外，还有发电机、救火器，交换空气器，调匀气候器，和屋顶花园等等设置。阅览室分新闻杂志室，指定书阅览室，一般阅览室，与自由阅览室四处，共可容二千人上下，这样伟大，……在欧美也未必很多！下午参观文部省，文部省就相当中国的教育部。……"

1929 年 6 月 14 日《北大学院图书部五月份阅览书籍人数册数月报》。

北大学院图书部五月份阅览书籍人数册数月报

1929 年 6 月 15 日《北大学院图书部五月份借出书籍人数册数月报》。

北大学院图书部五朋份借出书籍人数册数月报

1929 年 6 月 21 日《鸣谢》"顷承……北大图书馆启"。

1929 年 6 月 22 日《东北大学学生来校参观记》"本月二十日午前十点半,东北大学法律系主任赵鸿翥,教授孙佩苍,率领该校法律政治两系毕业生约共三十人,前来本校参观。当由本校注册部派员导往一院参观各教室,各阅览室,及书库;后又往三院参观大礼堂及图书馆。赵君系本校民六法律系毕业生。据云:东北大学本年度理科毕业生,不日亦将来平,参观本校二院仪器室及实验室云。"该图书馆大约是指第三院的法科图书馆。

1929 年 6 月 28 日《国立北平大学北大学院布告》"兹将本月二十六日第

七次评议会议决案公布如左：……院长提出修正图书部借书规则事。议决：更改字句照原案通过。"

1929 年 7 月 5 日《学生会通告》"兹将各系代表联席会来函及提交学校之教员及课程建议书公布于后。文书股启七月三日。兹将各系所提出下期应添聘之教授及讲师人选开列于左：……"其中"数学系建议书"中有"C 添购图书杂志。"其中"教育系建议书"中有"二、添购下列书籍"列出指定了书名作者出版社的中外文图书由数十种。

1929 年 7 月 9 日《学生会通告》"兹将第四次暑委会议决案公布如左：（一）发表宣言说明本校复校理由，并揭穿李石曾欲继续把持北平教育之阴谋。……（九）催促学校购买新书并在假期中整理图书馆书籍目录"。

1929 年 7 月 9 日《鸣谢》"……北大学院图书部七月八日"。

1929 年 7 月 11 日、12 日、13 日《北大学院布告》"兹制定图书部借书规则公布如左。

图书部借书规则

第一条　本校教职员正科学生及本院规程上所规定之各机关，向本部借书，须持借书证或机关公函，用本部定式之借书条填具书名号数年月日，并由本人或各机关主任签名，交付本部存查。

第二条　借书人借书时须将借书证连同借书条留存典书课，俟缴还所借图书时再行取回，关于所借图书之责任应完全由借书证上所记之人负之。如在第一次借书未满期之前再借书时，须将第一次所借之书持往图书部以资证明。

第三条　本部藏书分贵重书与通常书类二种，贵重书类无论何人概不出借，通常书类除辞典字典外俱可按本规则出借，但教员指定之参考书若参考人甚众时，得由图书部斟酌情形，暂不出借。

第四条　新到书籍若无复本，则自收到之日起一个月内陈列部内供公众阅览，暂不借出部外。

第五条　本院规程上所规定之各机关及各教职员每次借出图书，线装者以三十册为限，洋装者五册为限。本院正科学生每次借出图书，线装者以二十册为限，洋装者以二册为限，图书之装成幅帙者以一幅或一帙为一册。

第六条　借书期限，教职员以十四日为度，学生以七日为度，俱从借书之日起算，但期满还书时，如无他人需用，可以换条续借。

第七条　无论何人借书期满不还，又未经前条之续借手续，经本部函催至三次（每一星期去函一次）仍不缴还者，即按第十条失书籍办理。

第八条　校外与本部有特约之文化机关，如以公函向本部借阅图书者，依其图书之性质认为无何妨害得贷与之，但该机关须派人来部以本部定式借书条填具书名号数签名盖章，并须于一定期限归还（期限由本部临时酌定）。

第九条　借出之图书如有损坏时须按其损坏之程度由图书部酌定修补费，令借书人赔偿，损坏至不能修补时，应令全赔。

第十条　借出之图书如有遗失应由借书人按照本部所估定之价值赔偿。

第十一条　借书还书均于本部办公时间内行之。

第十二条　本规则经评议会通过后，由图书部主任切实执行。

十八年七月十日"

1929 年 7 月 12 日、13 日、20 日、25 日《图书部启事》"暑假期内开馆时间改为上午七时三十分至十一时三十分，特此通告。七月十日。"

1929 年 7 月 12 日《北大全体教职员致教育部电》《国立北京大学学生会致中央电》。

1929 年 7 月 20 日《北大学院图书部六月份借出书籍人数册数月报》。

1929 年 7 月 20 日、25 日《鸣谢》"顷承中国地质学会捐赠书籍杂志三百七十六册、各种图表四十三幅，特此鸣谢。北大图书部启"。

1929 年 7 月 20 日、25 日、27 日、8 月 17 日《中国地质学会赠北大地质系书籍杂志名目如下》。

1929 年 7 月 20 日《北京大学复校宣言》"……北京大学学生会七月十四日"。

1929 年 7 月 27 日《北大学院图书部六月份阅览月报》。

1929 年 8 月 3 日《本校每月算预》，其中薪金附工资 48 000 元，办公费文具（纸张、笔墨、表格）1 200 元，图书 9 000 元。

◎本校每月算预

（1）薪　金　附工资　四八・〇〇〇

（2）辦公費文具筆墨表格紙張　一・二〇〇

講義　　　　　　　　　五〇〇
郵電郵票電話電報　　　四〇〇
研究所辦公費　　　　　三・〇〇〇
時辦公費　　　　　　　　
圖書　　　　　　　　　九・〇〇〇
儀器　　　　　　　　　五・〇〇〇
樂品　　　　　　　　　六・〇〇〇
智旅行費　　　　　　　三〇〇
季刊費　　　　　　　　五〇〇
（3）雜費　
電燈　　　　　　　　　一・五〇〇
自來水　　　　　　　　三〇〇
煤火　　　　　　　　　二・〇〇〇
修繕　　　　　　　　　一・五〇〇
雜支　　　　　　　　　五〇〇
火險　　　　　　　　　二五〇

1929 年 8 月 3 日、5 日《北大图书部月刊编辑会征文启事》"敬启者：本图书部拟自本年九月起按月出月刊一册，内容分：插图、论证或译述、专载、馆藏名著提要、新收书书目、本校刊物介绍、国内外新书介绍、图书馆消息、受书致谢、本馆纪事十项。兹由本会议决，论著稿件每千字一律酬银三元，译述及馆藏名著提要稿件每千字一律酬银二元，如蒙赐稿无任欢迎。稿件请于每月二十日前案交北大图书部月刊编辑会收为荷。"

1929 年 8 月 10 日《日本东京帝大生来校参观记》"本月六日上午十时，东方文化事业总委员会智原喜太郎，协同日本东京帝国大学旅行团团员长泽规矩也等十五人，前来本校第二院参观。当由注册部派员招待，并导往参观大讲堂，物理实验室，仪器室，生物系植物标本室，地质陈列馆，及化学系实验室等处。据智原先生言：该团团员多系帝国大学哲学系文学系高年级生。团长长泽规矩也君，系已毕业者，现执教于东京第一高等学校。该团旅行时间，预定为一月。本月底，即当首途返东京。本日午前十一时，尚须前往北平图书馆参观。深以为时间所限，不克往一院三院参观本校图书等为憾云。"

1929 年 8 月 17 日《北大学院图书部七月份借出书籍月报》。

1929 年 9 月 12 日、13 日、14 日、16 日、17 日、18 日、19 日、20 日、21 日《图书部通告》"本部阅览室阅览时间自本月十一日起除例假外，每日上午八时至十二时，下午一时至六时，特此通告。十八年九月十一日。"

1929 年 9 月 12 日《北大学院图书部七月份阅览书籍月报》。

1929 年 9 月 13 日《蔡先生致本校学生书》《陈校长催京沪各处教授回校电》。

1929 年 9 月 14 日《学生会通告》"兹将九月十二日晚第十三次暑委会议决案公布于后。文书股启，九月十三日。……（三）图书仪器问题。1. 自本年春季北大学院开始领款之月起，每月购置图书仪器按预算有一万四千元，请学校当局速将存款悉数支出购买，此后务须每月按预算购置。2. 学校购买图书仪器请每月举行一次。3. 各系学会提出之书籍仪器，请学校按照购买。4. 请学校当局从速定购国外著名杂志。5. 图书馆之月刊请按期出版，并刊载每月所定购及收到之图书杂志及仪器。6. 图书馆及阅览室，请改于每日午前八时至下午十时开馆，例假及星期日照常开馆。7. 新到书籍请先陈列于阅览室（从前新到书籍均先编目而后陈列，编目往往迟至数月。8. 旧有未编目书籍请速行编以供阅览（第一院及第三院尚有许多书籍存置未编目。）9. 第三院阅览室请依第二院阅览室方法办理，（将书籍置于架上以便按名借阅）。"

1929 年 9 月 23 日《教育系课程十八年至十九年度》"选修科：……图书馆学 二 袁同礼"。

1929 年 9 月 25 日《民国十八年度国文学系课程概要》"……目录学 2 余嘉锡。古籍校读法 2 余嘉锡。……校勘实行 2 陈垣。版本源流 2 伦明……"

1929 年 9 月 26 日《北大学院图书部八月份阅览书籍月报》。

1929 年 10 月 1 日、2 日、3 日《图书部布告》"本学年学生借书证现已备齐，定于十月一日凭入学证发给阅书诸君，希持证赴第一院典书课（在一层楼西端）领取可也。十八年九月三十日"。

1929 年 10 月 1 日《中国地质学会赠北大地质系书籍杂志名目如下》。

1929 年 10 月 2 日《英文学会通告》"兹将九月十六日本会委员会通告各议案公布如左……（一）请学生会催促图书课所有图书馆内新旧书籍务须于一月内将书目编出（责任交际股办理）。（一）要求学校添设英文系阅览室以便陈列本系参考书及新到书籍。"

1929 年 10 月 2 日《图书部新到书籍如下》。

1929 年 10 月 3 日《发展北大计划书草案》（按：有教员工资，图书馆等）。

"第一章 组织

本校现有组织，分预科，本科，研究所三级。预科分甲乙两部。民国八年本科废去文科理科法科之名目，改用分系法，共分十九系。现设立者为数学、物理、化学、地质、生物、国文、英文学、德文学、东方文学、哲学、教育、心理、史学、政治、法律、经济等十七系，俄文系现暂停办，天文系则迄今尚未正式成立。本校现虽设有三院，唯非纯依学术之性质而分。按现行大学组织条例，大学须设有三科。本校现有各系，适可分为文理法三学院。至旧设之研究所，已开办者仅国学门一门，而其性质与欧美各大学之研究不同。此我校旧有组织之概略也。我校历史悠久，成绩昭著。当兹复校成功，更应力求发展，俾与欧美各著名大学并驾齐驱。唯欲谋北大之发展，应首求组织之完善，本会有鉴于此，爰首草订组织之最低标准，兹依计划，分为八项，述之于后。

一 研究院

A. 自然科学研究所

B. 社会科学研究所

C. 文学语言研究所

D. 哲学教育研究所

E. 其他研究所

于本学期内设立。

说明：按大学为研究高深学术之所，大学本科仅供研究初步之专门学识。本校本科各系课程完备，教授程度亦可与欧美大学相埒。故必须增设研究院，以便在本科毕业者，得继续研究高深学术。依本科现设各系之内容与性质，可于本期内，先设立上列之四研究所。俟后待添设学系有相当成绩时，得再随时增设。

二 文学院

1. 哲学系

2. 教育系

3. 国文系

4. 英文学系

5. 德文学系

6. 法文学系

7. 史学系

8. 东方文学系（内授梵文、蒙藏文等）

9. 日文学系（脱离东方文学系另设，于本期成立）

10. 俄文学系（本学期恢复）

三 理学院

1. 数学系

2. 物理系

3. 化学系

4. 地质系（经济地质门应于本期恢复）

5. 生物系

6. 心理系

7. 天文系（应于本期内添设）

8. 地理学系（应于本期内添设）

四 法学院

1. 法律系

2. 政治系

3. 经济系

4. 社会学系（本学期内添设）

5. 新闻学系（于十九年添设，但在本学期内须添设新闻学课程，任各系选修）

五 工学院

于本学年内组织筹备工学院委员会。

说明：本校原有工科，后因故停办。查理科与工科，关系綦切。二者必须并设，理论与实习，始得相辅进步。现行教育方针第四条云，大学及专门教育，必须注重实用科学，充实科学内容，养成专门智识技能。吾校现在正力求发展，添设工学院实为至要。

六 农学院 于两年内设委员会筹备之。

七 医学院 于三年内筹备添设

八 预科

九 附设专科

（A）艺术专科（本学期设立）

（1）音乐系

（2）美术系

（3）戏剧系

（B）体育专科（下学期添设）

说明：本校自蔡先生长校以来，极力注重体育与艺术教育。民国十一年，先后成立学生军及音乐传习所。体育之重要，毋庸赘述。艺术为文化之结晶，我最高学府，不易忽视，本会依据大学组织条例与学校现有之各种设备，特先计划设立艺术专科及体育专科，（附艺术专科组织大纲于后）

第二章 教员

本校教员之待遇至为菲薄，且近年来，经费支绌，欠薪颇多，本校教授，率多枵腹从公，或兼课他校，以维持生活，其爱护北大之热忱，殊堪钦佩，今后当即增加薪金，改良待遇，兹拟定标准，条述于左：

1. 教授

（A）类别

1. 正教授

2. 副教授

3. 预科教授

（B）待遇

1. 正教授月薪由四百元至六百元

2. 副教授月薪由三百元至四百元

3. 预科教授月薪由二百元至三百元

4. 本校教授由学校设备宿舍。

（C）限制——本校教授不得兼授他校课程。

2. 讲师

（A）类别

本科讲师

预科讲师

（B）待遇 本科讲师每小时薪金五元 预科讲师每小时薪金四元

3. 助教

待遇：月薪由八十元至一百四十元。

第三章 课程……

第四章 校址……

第五章 建筑

1. 宿舍……

2. 图书馆

建筑图书馆之理由，当无庸赘，吾校藏书至富，图书馆之需要，至为迫切，务须于本期内，开始建筑，建筑费最低不得减于五十万元。

3. 大礼堂……

4. 体育馆……

5. 大钟楼……

6. 气象台……

7. 无线电台……

8. 试验学校……

9. 校医院……

第六章 设备

北大设备，向称完善，但历年来故步自守，且迭遭暴力摧残，故现有设备，缺憾颇多。今学校恢复伊始，于设备上自当力求增改。惟设备多端，不能一一列举。左列五项，乃素所曾见者：

1. 图书仪器，北大购买图书及仪器，向无一定经费，故历年购置，多所忽略，为发展计，实有经费额之必要。往昔购买图书，偏于旧用之课本，新近出版书籍杂志，多为购置。兹列举二要点如左：

a. 图书仪器，按每月经费五分之一购买

b. 国内外每年出版书籍杂志均应购买。

2. 北大丛书……

3. 讲义……

4. 试验学校：此专为教育系而设，由学校创办中小学校各一所，作该系实习之用。

5. 经济实验室……

6. 印刷所……

第七章 经费

1. 常年费

2. 特别费

甲 图书馆建筑费六十万元

乙……"

1929年10月3日、4日、8日《图书部新到书籍如下》"……以上新书统交第三院阅览室"，都是西文书。

1929年10月5日《李四光先生复陈校长王总务长函》"百年、森之两先生鉴：惠电敬悉，此间研究院职务暂时实难摆脱，不辞而去亦觉失情理之常，刻正与蔡先生商酌，俟得人接替，当即奉命北来，此中困难尚希见谅，专此，顺颂教祺。弟李四光谨复。九月三十日"。

1929年10月9日《图书部新到杂志》"……以上送第二阅览室……以上送第三阅览室"。

1929年10月11日《北京大学图书部九月份阅览书籍月报》。

1929年10月16日、17日《经济系全体同学公鉴》"兹接得陈翰笙先生由沪寄来关于东三省经济状况各重要杂志名单一纸，嘱为公布如左：……共十四种。千家驹谨启，十月十五日。"

1929年10月21日《图书部新到书籍》"……以上书籍均送交第二院阅览室陈列……以上书籍送交陈文教授会陈列……以上书籍均交第一院第一阅览

室陈列"。

1929 年 10 月 25 日、26 日、28 日、30 日、31 日《图书部新到杂志如下》"……以上送第一院第三阅览室……以上送德文阅览室"。

1929 年 10 月 31 日《鸣谢》"顷承胡改菴先生惠赠宗鉴法林一部，计十六本，特此鸣谢！北京大学图书部，十月三十日。"

1929 年 11 月 2 日《图书部布告》"本部自十一月一日起，星期一至六等日开放夜馆，每晚七时起九时止，星期日开放早馆，上午九时起十二时止，特此通告。十月三十一日。"

1929 年 11 月 4 日《图书部新到书籍》。

1929 年 11 月 5 日《图书部新到书籍》

1929 年 11 月 6 日、7 日《国立北京大学布告》"兹将十一月四日评议会议决案应行公布于左：……（三）组织图书、财务、聘任、仪器、校舍、庶务及学生事业委员会委员名单：……二、图书委员会：周作人（长）、温源宁、王绍瀛、杨公庶、朱锡龄、秦瓒、马衡（当然）"。

1929 年 11 月 7 日《学生会通告第九号十一月六日》"……（3）图书仪器问题：（a）请学校增加此项预算。（b）保障原有预算一万四千元不挪作别用，并补拨以前未支或移作别用之款，即日购买。（4）请学校从速收买嵩公府。……"

1929 年 11 月 15 日、16 日、18 日《出版部启事》"本校各种讲义，为谋平均出版起见，特编周期表四种，自本月十一日起轮流付印，惟当此改组之始，第一周之丙丁二种，稍有迟缓，请原谅为荷。今将各表列后"。

印刷讲义周期表（甲），其中有《图书学》

印刷讲义周期表（乙），其中有《目录学》

1929 年 11 月 25 日《北京大学图书部十月份阅书月报》。

1929 年 11 月 26 日《北京大学图书部十月份借书月报》。

1929 年 12 月 3 日《北大地质学会通告（四）》"……（C）本会图书室进门处之间壁请学校从速拆去，并图书室内用椅请学校更换一律。由总务向学校交涉…。"

1929 年 12 月 3 日《北京大学地质学会章程》"……第五条 组织及职权……（三）本会设执行委员会，办理本会一切事务，由本系各年级代表组织之，分下列六股：……4. 图书股委员一人，管理本会图书。"

1929 年 12 月 6 日、7 日《史学会第一次职员会议议决案十八年十二月三日》"……（三）买书：1. 上年本系教育所开书目，请学校于本学期内买齐。2. 请学校购买事务始末记全部及老子考四部。3. 添换杂志，请学校更换第三阅览室之旧杂志，另订中文各种新杂志，一方面本系直接与图书馆主任接洽，一方面由本系提议，请其他各系签名，共同调查各种杂志目录，并将各系所需要之杂志目录开齐后，由学校亟速购置，并请学校当局实行以前买书之计划……。"

1929 年 12 月 6 日《史学会启事》"各系同学公鉴：本校阅览室，所有杂志，多系陈旧，同学均感不便，故特派交际，与各系接洽，请求学校换订搜集各种杂志，并请各系将所需目录，汇列开出，以便同向学校交涉为荷。"

1929 年 12 月 7 日《第三次英文学会会议》"……四、本系图书馆事由交际向学校交涉，限三星期内新桌做成，书籍全部移入，实行开馆。五、前次订购书籍杂志由交际持文书信函向学校当局询问办理之究竟，并由交际催促温主任……。"

1929 年 12 月 13 日《法律学会通告一》"兹将第一次执委会议决事项与学校交涉结果如左……（四）购书问题：同学只要将书目交去审查后即可购买。……"

1929 年 12 月 13 日《北大地质学会通告（十）》"……第五条 组织及职权……4. 图书股，委员一人，管理本会图书。5. 标本股……"

1929 年 12 月 24 日《三十一周年纪念大会民众心理测验》"在十六、十七、十八三日内，共发出测验单一千九百余张，填好交回者共五百七十一张，兹将测验结果公布如下：……12. 北大最大的缺点是哪一样？答案：无大规模的图书馆，人数：一百三十九。13. 北大最大的优点是哪一样？答案：书多，人数：一百十七，……"

1929 年 12 月 31 日《学生会通告第十五号十二月二十九日》"……（8）请学校于第一院增加两个阅览室。"

1930 年

1930 年 1 月 4 日《图书部同人恭贺新年》《马衡恭贺新年》。

1930 年 1 月 4 日《出版部调查印刷所本学期工作报告 十二月三十日下午一时查》。

讲义名称	已出版页数	余存原稿页数
目录学	四六	一
图书学（中文）	十六	无
图书馆学	九	无

1930 年 1 月 7 日《北京大学图书部十一月份阅览书籍月报》。

1930 年 1 月 8 日《北京大学图书部十一月份借出书籍月报》。

1930 年 1 月 13 日《数学学会通告 十九年第三号 一月十日》"……收发文件：……致图书馆主任马先生，请学校从速添购数学书籍（一封）（二）收到函件一封（马衡先生复本会函）……讨论事项……5. 向图书馆索数理书目一份，存本会办公室以便同学随时查阅。……"

1930 年 1 月 16 日《图书部新到中文书籍》。

1930 年 1 月 16 日《图书部新到书籍》。

1930年1月17日《本校布告》"兹将一月八日图书委员会议决案公布于左：

（一）建筑图书馆

议决（1）请学校从速购置松公府田亩，俟购得后尽快建筑图书馆。(2)建筑费应请学校速筹特别费，在未筹得以前先挪用购书余款先行着手，以后仍由学校归还。(3)应先有整个的计划分先后加工，如款项不敷时，可先建筑主要部分，其余依原定计划次第扩充之。

（二）旧欠书籍屡次不还者应如何处理

议决：先由图书部将旧欠人名分别种类（如在校、离校、离平或已故等）各开清单，俟下届开会时再议。

（三）旧存中西文书籍登录编目照现在情形非短期可以完成，应请学校特别设法拨临时经费完成之。议决：(1)外国文书籍仍照去年办法请习图书馆学学生前来实习，由学校津贴旅费于今年暑假中完成之。(2)中文书籍招考临时书记六人至八人于二年内完成之。(3)本学年预算内如不能添雇临时书记时，得由购书余款项下暂行垫付。"

1930年1月17日《马叔平先生致陈代校长函》"百年先生校长大鉴：迳启者，十八年春，本校开学之始，蒙以图书部主任见畀，衡为旧日图书委员之一，略知图书部内容绝非少数人与短时期所可整理，轻材如衡，焉感承乏？再四固辞，不蒙见谅。视事之后，始知困难情形尚有甚于衡所知者，试办半年，心力交瘁，暑假以后，迭次面陈并恳另？贤材继兹重任，迄今数月未蒙许可，兹将内部情形再为先生详陈之。

一、工作积压之太多也，馆中藏书主要工作为编目、登录二项，蔡先生未长校以前，无论矣。自民国六年迄于十一年，馆中等于未尝工作，此无庸讳言者也，后经皮皓白、袁守和两先生先后主持，积极整理，又以中文书之数特多，添请单不庵先生专编中文书目片至两年之久，今日馆中所存之成绩，即皮袁两先生时代之一部分中西文目片而已。近年来图书馆界编目方法时有变更，昔时所制多已不能适用，势非重新改编不可，目片一日不成，则馆内外之人之检查一日不便，此关于编目者也。关于登录，则已登者，合中西文计之不过一万余册，其方法前后参差不一，有以册数为单位者，有以部数为单位者，方法歧异，虽有如无，故今日登录之工作，只可谓之开始，不能谓之继续也。尤有进者，昔日无款购书，所谓工作者，只整理旧书而已，今日新书日有到馆，则所谓工作者几倍于昔日，新旧兼顾而工作人？疲于奔命矣。

二、工作人数之太少也，馆中藏书二十万册，不亚于其他之图书馆，他处图书与本馆相埒或不及本馆者，仅登录编目二项工作之人数已在二十人左右，本部全馆人员合购书登录编目典书四课计之，其数才不过如此，以少数之人负作多量之工作，又欲以十余年未竟之功责其于不及期年之时期中成之，天下宁有是理耶？不然，前任主任不乏专长，且有较久之时期，何不先我而成之也？衡有鉴及此，故于去年暑假中约武昌文华图书科学生〇来编目，成英文书籍之大部分，上届图书委员会开会时又提出整理旧书办法，议决外国文者仍照去年办法于今年暑假中完成之，中文者则招考临时书记六人至八人，于两年内完成之，此案与经费有关，已由委员长函请先生执行矣，此关于编目添人之计划也，至于登录之事，则至后两事务员皆经辞职，继任人员尚未聘定，现在工作只书记一人临时书记一人，前与英文学系主任兼图书委员温源宁先生计议拟请英文学系学生数人于寒假中临时帮忙登录新到外国文书籍，已经得其许可，此关于登录添人之计划也，凡此皆深知学校方面对于图书扩充计划，只有购书费，而缺少行政费，故不能不委曲求全，絜长补短也。此种职务本非衡之所长，明知有过无功，宁愿担任，徒以先生再三敦促，不得不勉为其难，近数月来益感困难，已向先生辞不一辞矣，乃日前忽有不负责人（署名）中已有出而不忍者，只可曰之为不负责任来攻击，其是否别有作用，不得而知，即关于个人功过亦无关系，惟窃愿藉此得先生之谅解，俾卸仔肩偿我素愿则幸甚矣,为此胪陈颠末,谨向先生辞去图书部主任职务,既希鉴而许之,所有事物已嘱各课迳向总务长接洽,自十六日起,衡即不复到部矣,再此函有报告内部情形者,乞登入明日日刊为荷,专此布达,即颂台安。马衡上言,一月十五日。"

1930 年 1 月 17 日《陈代校长复马叔平先生函》"叔平先生大鉴:顷奉惠书敬悉,种切本校图书整理困难,洵如尊论,弟服务本校十余年深悉此情形。尝以为非学校经费有着,并得热心负责之人决难清釐就序,故十八年春就职之初,即敦请先生主持图书部事务,明知责重事繁,非短期所能奏效,惟冀逐渐整顿以底于成,今为期不满一载而宗核成绩已超越以前之十余年?先生之力曷克臻此,故迭次言辞俱未敢允,今先生既知发函者信口诋诃,不负责任,何得遽尔灰心?前日图书委员会议决各案弟以复函委员长照办,新图书馆之建筑正在积极进行中,仍希勉为其难,赓续担任,庶图书部一切整理工作不致中辍,是所至祷,专此敬颂著安,弟陈大齐谨启。一月十六日。"

1930 年 1 月 18 日《图书部新到书籍(续)》"东京书籍商组合员图书总目录、中外图书统一分类法、……大谷大学图书馆和汉书分类目录、大谷大学图书馆和汉书分类目录索引……现代图书馆经营论……无锡县立图书馆善本书目"。

1930 年 1 月 20 日《图书部新到书籍》。

1930 年 1 月 21 日《图书部致各学系主任函》"迳启者:前由各学系开单购置之书籍,原为各学系需要而购置新书,到后经各学系阅览室提去,而同时有他系学生欲阅览者,往往向隅,殊属遗憾,兹为便利起见,凡有他系学生前来阅览者,或暂时提回图书部阅览室或介绍该学生至各学系阅览室阅览,实为两便,特此函知,即希查照为荷,此致各学系主任。图书部启,一月二十日。"

1930 年 1 月 21 日《马叔平先生致陈代校长函》"百年先生校长大鉴:前

接十六日复书并承谆谆面嘱，敬闻命矣，敢不勉为其难，惟衡知负暂时维持之责至三月底为止，仍希物色继任之人，因衡于三月底有其他工作须离平也，专布敬颂台安。弟马衡上言一月十九日。"

1930 年 1 月 21 日、22 日《国学季刊委员会第二次会议录》"……赠送本刊之限制如左……（五）本校图书馆存二本……（九）对于国内外著名大学图书馆博物院及其他学术机关或学者之赠送或交换办法由委员会另行规定之。……"

1930 年 1 月 21 日《图书部新到杂志如下》。

1930 年 1 月 23 日《北大政治学会执行委员会常会纪录》"……3. 关于图书案：决议：（1）推缪培基等向何主任交涉，请其速购图书并添置或补充各种杂志，（2）添购法德文杂志，（3）反对将购书余款移作建造图书馆经费。……北大政治学会公布，一月十九日。"

1930 年 1 月 23 日、25 日《图书部新到书籍》。

1930 年 1 月 25 日《图书部启事》"在寒假期内，每星期二四六开馆（上午九时至十二时，下午一时至四时），其夜馆及星期馆暂停开放。一月二十五日。"

1930 年 2 月 17 日《图书馆新到杂志如下》。

1930 年 2 月 17 日《图书部新到书籍》。

1930 年 2 月 18 日《北京大学图书部十二月份阅书月报》。

1930 年 2 月 18 日《图书部新到书籍》。

1930 年 2 月 19 日《北京大学图书部十二月份借书月报》。

1930 年 2 月 19 日《图书部新到书籍》。

1930 年 2 月 21 日、22 日、24 日《图书部新到图书目录如下》"……以上各书藏图书部主任室，以便各系购书时检阅之用。尚有零目不成册者，不及备载。二月二十日。"

1930 年 2 月 22 日、24 日《国立北京大学收支对照表中华民国十九年一月分》收入合计 211 390 元，图书 11 298 元。

1930 年 2 月 24 日、25 日、26 日《图书部启事》"美国 mac millan 书店送来有各科图书目录数十种（详目见本月二十一日日刊），各系教员及学生欲备一份者，可至主任室索取。二月二十一日。"

1930 年 2 月 24 日《北京大学图书部一月份阅书月报》。

1930 年 2 月 25 日《北京大学图书部一月份出借书籍月报》。

1930 年 3 月 6 日《公牍事由》"……北平图书馆捡送二年度报告一册函……"

1930 年 3 月 10 日《图书部启事》"兹承傅振伦先生赠河北新河县志六册，……除分函鸣谢外，特此志谢。三月八日"。

1930 年 3 月 10 日、11 日《图书部新到书籍》。

1930 年 3 月 11 日《北大英文学系阅览室二月份阅览书籍月报》。

1930 年 3 月 13 日、14 日《图书部新到书籍》。

1930 年 3 月 15 日《图书部新到书籍》。

1930 年 3 月 17 日《北京大学图书部二月份阅览书籍月报》。

1930 年 3 月 17 日、18 日《图书部新到书籍》。

1930 年 3 月 19 日《北京大学图书部二月份出借书籍月报》。

1930 年 3 月 19 日《图书部新到书籍》。

1930 年 3 月 21 日《萧山单不庵先生追悼会启》"启者：萧山单不庵先生性行高洁，学问闳深，前在北京大学教授多年，循循善诱，不倦不怠，近任中央研究院研究员……本年一月十三日因病逝世……"

1930 年 3 月 21 日、25 日《图书部新到书籍》。

1930 年 3 月 26 日《图书部新到书籍》。

1930 年 3 月 27 日《国立北京大学收支对照表中华民国十九年二月分》收

入合计 175 342 元，图书 10 961 元。

1930 年 3 月 28 日《国文学会通告三月二十四日》"兹将三月二十二日本会全体大会议决案公布如左：……五、请学校多购新杂志书籍案，议决通过。……"

1930 年 4 月 1 日《图书部新到书籍》。

1930 年 4 月 2 日《图书部新到书籍》。

1930 年 4 月 7 日《图书部新到杂志》。

1930 年 4 月 8 日《图书部新到杂志》。

1930 年 4 月 10 日《学生会通告 本会第六次执行委员会 四月八日》"……（一）增加经费案。议决根据教育部训令由学生会直接请求俄款委员会划拨并请学校当局亦向俄委会请求。附教部训令：查此次北平大学每月增拨经费五万元系由该大学直接商请俄款委员会议决并经呈奉国府核准在案，兹据该校学生会呈请增加经费等情，自应先向俄款委员会陈请核办，仰即转饬知照。此令。……（五）同学请转请学校速整理图书目录案：议决照办。……（十二）欢迎蔡校长返校案：议决由学生会去电欢迎返校，并请学校当局致电敦促。

附致蔡校长电：南京教育部蒋部长转蔡校长钧鉴：客岁蒙允于本期内返校，今已开学数月，千余同学无不引领翘望，敬恳早日命驾北来主持校务，不胜盼祷，国立北京大学学生会叩佳。

附致俄款委员会电

俄款委员会钧鉴：本校现正筹备增设俄文、天文、地理、社会学等系，及研究各门，原有预算不敷甚巨。客岁本会曾电请国府及教部，于北平国立各校增加经费时，本校亦须按照比例增加。近北平大学已由钧会每月增拨五万元，应请钧会一视同仁，每月增拨经费五万元，俾本校各种计划得以实现，不胜感祷之至。国立北京大学学生会叩。"

1930 年 4 月 10 日《图书部新到杂志》。

1930 年 4 月 12 日《法文学会通告》"本会于四月九日在一院法文教授会开本学期第二次执行委员会，兹将议决事项披露于左：……5. 中法文化出版品交换所来函通知有文学哲学等书外借，兹请法文系主任将此项书籍借至本校法文图书馆以便同学参考。"

1930 年 4 月 14 日、15 日《北大英文系阅览室三月份阅览书籍月报》"三月份超过二月份 210 册"。

1930 年 4 月 16 日《图书部新到杂志》。

1930 年 4 月 17 日《国立北京大学收支对照表中华民国十九年三月分》收入合计 181 220 元，图书 10 012 元。

1930 年 4 月 18 日《图书部新到杂志》。

1930 年 4 月 19 日《图书部新到杂志》。

1930 年 4 月 21 日《图书部新到杂志》。

1930 年 4 月 21 日、22 日《图书馆启事》"兹承……除分函鸣谢外，特此志谢。四月十九日"。

1930 年 4 月 22 日《图书部新到书籍》。

1930 年 4 月 23 日《蔡校长致何教务长电》《何基鸿启事》。

1930 年 4 月 23 日《图书部新到杂志》。

1930 年 4 月 24 日《图书部新到书籍》。

1930 年 4 月 24 日《图书部新到杂志》。

1930 年 4 月 25 日《北京大学图书部三月份阅览书籍月报》。

1930 年 4 月 25 日《图书部新到书籍》。

1930 年 4 月 25 日《图书部新到杂志》。

1930 年 4 月 26 日《北京大学图书部三月份借出书籍月报》。

1930 年 4 月 26 日《图书部新到杂志》。

1930 年 4 月 28 日《图书部新到杂志》。

1930 年 4 月 29 日《图书部新到杂志》。

1930 年 4 月 30 日《图书部新到书籍》。

1930 年 4 月 30 日、5 月 1 日《图书部启事》"兹承……"

1930 年 5 月 2 日《图书部启事》"……特此志谢。四月二十六日。"

1930 年 5 月 2 日、5 日《北大英文系阅览室阅览书籍月报》。

1930 年 5 月 5 日、6 日《图书部启事》"自五月五日起，以第四阅览室专作阅览贵重图书之用，但星期日及夜间不开放，特此布告。"

1930 年 5 月 5 日《图书部新到杂志》。

1930 年 5 月 6 日《图书部启事》"兹承……特此志谢。五月三日"。

1930 年 5 月 6 日《图书部新到书籍》。

1930 年 5 月 7 日《鄙人借书证于四月二十九日失去，除向注册课补发外，无论何人拾得，均行作废，特此声明。张立德五月五日》。

1930 年 5 月 7 日《图书部新到书籍》。

1930 年 5 月 8 日《图书部新到书籍》。

1930 年 5 月 9 日《图书部新到书籍》。

1930 年 5 月 10 日、19 日、21 日、22 日《通讯》"……北大赴日参观团谨启。五月二日。"

1930 年 5 月 12 日《图书部新到书籍》。

1930 年 5 月 13 日《图书部新到书籍》。

1930 年 5 月 14 日《图书部启事》"兹承……特此志谢。五月十日"。

1930 年 5 月 15 日、16 日、17 日《北大民校图书馆征求图书启事》。

1930 年 5 月 15 日《北大民校图书馆鸣谢启事》。

1930 年 5 月 15 日《图书部新到书籍》。

1930 年 5 月 16 日《图书部新到书籍》。

1930 年 5 月 17 日《心理系教授会启事》"心理系阅览室，暂托本系同学岳增瑜、张香桐二君，帮同管理。岳张二君，在阅览室时间，分配如下：岳增瑜星期一上午十一至十二、星期二上午十一至十二、星期三上午九至十，张香桐星期四上午九至十、星期五上午九至十、星期六上午九至十。"

1930 年 5 月 17 日《图书部新到书籍》。

1930 年 5 月 20 日《英文阅览室图书委员会启事》"英文阅览室捐款事刻已结束，兹将捐款诸君大名列左……共计捐洋六元四毛（此款已交过），英文教授会，五月十九日。"

1930 年 5 月 20 日《北大民校图书馆启》。

1930 年 5 月 20 日《图书部新到书籍》。

1930 年 5 月 20 日《北京大学图书部四月份借出书籍月报》。

1930 年 5 月 21 日《国立北京大学收支对照表中华民国十九年四月分》收入合计 101 465 元，图书 8 177 元。

1930 年 5 月 21 日《图书馆启事》"兹承……特此志谢。五月十七日"。

1930 年 5 月 21 日《北京大学图书部四月份阅览书籍月报》。

1930 年 5 月 21 日《图书部新到书籍》。

1930 年 5 月 23 日、24 日、26 日《单不庵先生追悼会纪事》"陈百年先生致开幕辞……当他在北京大学担任教授的时候，对于讲学方面固然异常热心，就是对于图书馆方面，整理的功绩，也非常之大。……钱稻孙先生报告：单先生是稻孙的母舅，今日承北京大学及北平教育界同人开会追悼，非常感激！自吾舅离开北平，回到南方，已经有五年多了。那时北方教育界，因受武力的压迫，学校几乎不能存在。同人们离开此地很多，单先生也于此时回南去了。后来虽然屡次去电请他北返，他卒因为别的事故，不能北来。当他回到南方以后，在杭州曾任浙江图书馆中文部主任，后又在沪任中央研究院研究员，皆努力于图书馆整理及编目诸工作。……钱玄同先生报告……第三期

——自民国元年到八年，民国元年，先兄担任浙江图书馆馆长，请单先生去帮同整理文澜阁的四库全书。（从此以后，一直到他得病之日止，他对于图书馆编书目的事，未尝间断，先在浙江，后在北京大学，最后在中央研究院。）……马幼渔先生演说……"

1930 年 5 月 26 日《图书部新到书籍》。

1930 年 5 月 27 日《图书部启事》"……特此志谢。五月二十四日"。

1930 年 5 月 27 日《公函》"敬启者，今夏，本会招考图书馆学免费生，已定于七月十四日举行考试，兹特奉上规程一纸，即希转达贵校全体学生，至为感荷，专此，敬颂教绥。中华图书馆协会执行委员会启。"《中华图书馆协会 武昌私立文华图书馆学专科学校招考图书馆学免费生规程》其中有北平北海公园中华图书馆协会。

1930 年 5 月 27 日《图书部新到书籍》。

1930 年 5 月 28 日《图书部新到书籍》。

1930 年 5 月 29 日《图书部新到书籍》。

1930 年 5 月 30 日《北大民众夜校图书馆启事》"兹承北大图书部张一航先生惠赠通俗新尺牍一册……"

1930 年 6 月 3 日《图书部启事》"兹承……物此说谢。五月三十一日"内有日本赠送书籍。

1930 年 6 月 4 日《北大英文系阅览室阅览书籍月报》。

1930 年 6 月 17 日《图书部启事》"兹承……特此志谢。六月十四日"。

1930 年 6 月 18 日《图书部新到书籍》。

1930 年 6 月 19 日《国立北京大学收支对照表中华民国十九年五月分》收入合计 117 276 元，图书 13 183 元。

1930 年 6 月 19 日、20 日、21 日《图书部布告》"暑假伊迩，本部典书课事务急待结束。自本月二十三日起，第一二三院各阅览室概行停止出借图书。

其已借出者，无论已否到期，统希于六月三十日以前缴还。以便清查。是所企盼。"

1930 年 6 月 19 日、20 日《图书部新到书籍》。

1930 年 6 月 20 日、21 日、7 月 5 日《图书部布告（二）》"暑期中各阅览室仍依历年成例。每日自早七时半至十一时开馆；午后及夜间又星期日均不开馆。特此布闻。"

1930 年 6 月 20 日《北京大学图书部五月份阅览书籍月报》。

1930 年 6 月 24 日《图书部启事》"兹承……特此志谢。六月廿一日"。

1930 年 6 月 25 日《北京大学图书部五月份借出书籍月报》。

1930 年 6 月 26 日《图书部新到书籍》。

1930 年 6 月 27 日《专件》。

1930 年 6 月 28 日、30 日《图书部新到书籍》。

1930 年 8 月 9 日《图书部启事》"兹承……特此志谢。六月二十八日"。

1930 年 8 月 23 日《北大英文系阅览室阅览书籍月报》。

1930 年 8 月 30 日《北大民校图书馆启事》。

1930 年 8 月 30 日《图书部新到书籍》。

1930 年 9 月 6 日《图书部新到书籍》。

1930 年 9 月 13 日《北京大学图书部六月份借书月报》。

1930 年 9 月 20 日《北京大学图书部六月份阅书月报》。

1930 年 10 月 9 日《图书部新到书籍》。

1930 年 10 月 17 日《国立北京大学布告》"兹将十月十五日评议会议决案公布于左：……（三）议决：图书委员会以各系主任及图书部主任为委员，教务长为委员长。"

1930 年 10 月 17 日《图书部新到书籍》。

1930 年 10 月 20 日《图书部新到书籍》。

1930 年 10 月 24 日《图书部新到书籍》。

1930 年 10 月 25 日《图书部启事》"兹承……特此志谢。十月二十三日"。

1930 年 10 月 29 日、11 月 1 日《图书部布告》"本学年本预科正科生借书证定于十月三十日起凭入学证发给阅书诸君，希届时持证赴第一院典书课（在一层楼西端）领取可也。十月二十八日。"

1930 年 10 月 29 日、31 日、11 月 1 日、6 日《图书部新到书籍》。

1930 年 10 月 31 日《北大教育学会第一次全体大会》"……议决事项：一、图书阅览室案，议决：a. 组织图书委员会由大会票选七人，b. 图书名单交图书委员会审查。……图书委员会委员：滕大春、孙祺藩、邹湘、张兰唐、王冠英、张玉池、余尊三……。"

1930 年 11 月 1 日《图书部启事》"兹承……特此志谢。十月二十五日"。

1930 年 11 月 14 日《图书部新到书籍》。

1930 年 11 月 20 日《图书部启事》"兹承……特此志谢。十一月十五日"。

1930 年 11 月 22 日《蔡校长致陈代校长函》。

1930 年 11 月 24 日《图书部新到书籍》。

1930 年 11 月 25 日、27 日《图书部新到书籍》。

1930 年 11 月 26 日《北大教育学会通告》"……附录北大教育学会图书委员会简章：

1. 本会定名为北大教育学会图书委员会。

2. 本会以扩充教育系图书并协助学校保管，俾利同学之研究为宗旨

3. 每年开学之始由教育学会全体大会选举委员七人，组织之内分三股：a. 总务股设委员二人，掌理本会文书会计庶务以及一切对内事宜。B. 交际股设委员二人，管理一切对外交际事宜。C. 编审股设委员三人，掌理新旧图书之审查及编目事宜。

4. 本会遇有开会之必要时总务股得随时召集之。

5. 本简章如有不适宜处得由本会提出教育学会修改之。

6. 本简章经教育学会通过后施行。"

1930 年 11 月 27 日、29 日、12 月 1 日《最近日本大学生生活》陈豹隐先生讲演，新朴笔记"……（二）学术方面：（A）正式功课……（B）研究会盛行……（C）自己研究——有些学生既不上课又不参加研究会，每日到图书馆里自己读书。以前只有十二月和一月二月，学生到图书馆的多些，因为天气很冷，那里有 Steam，可以取暖，现在为取暖到图书馆的也有，不过大多数为的是去看书。东京图书馆很多，普通开馆的时间多在八点钟左右，七点钟以前就要去索取阅览券。有时将阅览券索去完了，只有等着后补空位，开馆的时候，那种踊跃的情状，在西洋也很少看见过。帝国大学的图书馆在东京为第一，有八层楼，二千四百位座位，每个座位有一只电灯，以前毕业的学生与非学生经过介绍的也可以进入看书。在那里以看外国书籍的最多，因为价格太贵，无资购买；其次是看本国的参考书；还有为的是读左倾的书报，因为图书馆里享有治外法权，可以大胆的阅览，经常是不能干涉的。"

1930 年 11 月 28 日《北大政治学会秋季常年大会纪录》"（　）……D 图书问题：议决六点如下：（1）请学校当局增购本系图书。（2）请学校当局将一院所存关于社会科学书籍概行移置三院图书馆以便阅览。（3）凡新旧书籍只有一本者不许出借。（4）下届新执委对第一院所存之社会科学书籍目录须详细调查以便请求搬移。（5）请学校当局令三院图书课于最短时期内将所有图书目录整理完竣。（6）由下届研究股征求各同学所欲阅览之最新图书书目提交学校购买。"

1930 年 11 月 29 日《地质学会通告》"……五、整理图书：（a.）登记图书，由图书股负责，再由本会函请高振西君帮同办理。（b.）会员已借去书籍限一星期内交还以便登记。（c.）书柜钥匙由图书股负责人保管。（d.）会员借书须一律填写借书条，以便稽查。（e.）借书期限为二星期。"

1930 年 12 月 1 日、4 日、8 日《图书部新到书籍》。

1930 年 12 月 2 日《民众夜校第十次校务会议》"……10. 图书馆要求借北大日报，议决：照办。"

1930 年 12 月 2 日《鸣谢》"图书部启事……十一月二十九日"。

1930 年 12 月 3 日《国立北京大学史学会反对古物南迁宣言》"北平为文化中枢，古物所集。是以中外观光考古者相继不绝，而中央、北平两研究院亦无不以在北平研究历史考古为事。顷闻当辅有将故宫博物院古物重复部分移于南京之议。窃以为不可。……"

1930 年 12 月 3 日《北大英文系阅览室阅览书籍月报》。

1930 年 12 月 5 日《国立北平图书馆函》"迳启者，敝馆近在陟山门大街新辟职员寄宿舍一所，凡属文化机关同仁均可寄寓，业经函达在案，查该宿舍余房尚多。贵校职教员如愿加入，无任欢迎，兹奉上规约一纸，即希在贵校日刊登布为荷，此致北京大学，国立北平图书馆启。十二月二号。"附国立北平图书馆职寄宿舍规约。

1930 年 12 月 5 日《北京大学图书部七月份阅览书籍月报》。

1930 年 12 月 6 日《北大法文学会十九年度第一次全体常会记录》"……四、图书委员会：由邹文熙君报告：略谓本校现有法文书籍太少，较之英文书籍及德文书籍望尘莫及，已往三四年中，学校购买图书款项，扫数用于置买英德书籍，法文书籍则毫未添置，近闻贺主任已开单购买，尚望同学督促！……七、请法文阅览室主任整理现有书籍并规定阅览书规则案，议决：通过"。

1930 年 12 月 6 日《北京大学图书部八月份阅览书籍月报》。

1930 年 12 月 8 日《北京大学图书部九月份阅览书籍月报》。

1930 年 12 月 9 日《物理教授会议记录》"时间：六日上午十时。出席人数：五人。讨论及议决事项：（1）添购图书：（a）应行购置图书，除已由夏先生开单，图书馆允速购外，再函各教员另开书单，请图书馆设法购置。（b）物理学会请求添购参考书数种，将该单交图书馆，速行照购。（c）凡教员指定之教本请图书馆购置三本，不准出借，指导书上及教员指定之参考书亦请图书馆不准借出。"

1930 年 12 月 10 日《北京大学图书部十月份阅览书籍月报》。

1930 年 12 月 10 日、13 日、15 日、16 日《图书部新到书籍》。

1930 年 12 月 11 日《北大数学学会通告第十五号十二月十日》"……B 图书仪器问题：

1. 本会于本学期内须再提出书单一次，请求学校从速购置。

2. 图书馆出借书籍时每种至少须留一部以备同学随时参考，其已完全借出之书籍，应请图书馆从速索回，如逾规定日期，仍不交还者，由本会将借者姓名及所借书籍公布日刊，限期交还。……

4. 请图书馆将报纸移置阅报室中以免阅报者扰乱图书秩序。"

1930 年 12 月 11 日《缪培基君致政治学会函》介绍伦敦大学情形，"……国内来英学生，或感于学识之饥荒，远来求学；或因全价昂贵，势不容浪费，故率皆不敢胡为，而迫得勤苦读书。努力开矿（清华学生称往图书馆为打矿），此种环境，固可迫人用功，然而，除开矿以外，缺乏娱乐游戏，疲乏之心神，无由恢复……"

1930 年 12 月 12 日《物理化学地质生物四学会联席会第一次会议记录》"……（三）二院阅览室每晚延长一时至十时止。（四）请学校对二院阅览室严厉执行借书条例，并追回借出过期书籍。"

1930 年 12 月 13 日《北京大学整理明清史料要件报告 一》"研究所国学门明清史料整理会新整理出之要件报告"。

1930 年 12 月 18 日《北京大学整理明清史料要件报告》。

1930 年 12 月 19 日《图书部启事》"兹承……十二月十三日"。

1930 年 12 月 27 日《图书部布告》"年假中本部各阅览室阅览时间定为每日上午九时至十二时，星期日例假及夜馆停开，特此布告。十二月二十二日。"

1930 年 12 月 27 日《物理化学地质生物四学会联席会第二次会议记录》"……（六）提出学生会催请学校从速购松公府。（七）提出学生会请学校对（1）图书经费照原预算购置，不得移作别用。（2）图书部切实整顿。（八）二院阅览室请学校每晚延长一时（至十时止），假期中，下午增加三时（二至五时）并增加馆员。十二月二十五日。"

1931 年

1931年1月12日、13日《图书部新到书籍 续》。

1931年1月12日《北京大学图书部十一月份阅书月报》《北京大学图书部十一月份借书月报》。

1931年1月14日作者"之季"《由欢迎蒋校长说到我们第一步的希望》"在过去两年，我感觉为本校最根本的缺陷者，要算是没有一个能用全副精力以从事于发展本校的正式校长了！现在我们有了蒋梦麟先生来填补这个缺陷，这当然是令我们全体欢欣鼓舞的一件事……我的希望是完全在我校现有的经费范围内着手（每月八万五千，见昨日大公报所载）。本来每月十二万元的要求，绝对不能算奢，但是即使能实现，也需相当时日……教员薪水占学校经费全数百分之八十以上（以七万五计算）……3. 增置图书仪器。本校图书仪器比较上虽算充裕的，实际则很不够用。有时要研究一个问题，连几本很通常的参考书亦找不到，可见得图书的贫乏了！自然科学，日新月异，时有发明，且已购置的，也有些以日久而不可用，故仪器亦应补充添购。我意此项经费最少应占全数19%以上。……5. 建设图书馆。以素有今誉有悠远的本校，连一个即使简陋的正式图书馆也付缺如，提起来不能不怨政府对于我校之过于苛薄！使我们不能不硬生生地把图书三分了！其实彼此都是衔接的，哪里可以割裂，例如生物学和心理生哲学和政治学的书籍那里可以分开，至如社会学那真不知放到三院好还是放到一院好。而且地址太小，天天闹人满之患，极不适宜于参考研究。我意无论若何困难，图书馆总须想法建筑，就是一时没法凑集巨款，无妨分部陆续开工。……"

1931年1月14日《图书部新到书籍》。

1931年1月15日、16日、17日《马衡启事》"衡承乏图书部主任两年，于兹中间曾屡请辞职未获许可。兹以易县发掘物品运回北平，即将从事整理研究，更无余暇担任该部事务。前经向蒋校长再三请辞，始荷面允。昨日衡由河南返校得读校长复书已准衡辞职，并请樊逵羽先生暂行兼代，本月十五日起，凡关于图书部事务，请迳向樊逵羽先生接洽可也。一月十四日。"

1931年1月15日《图书部新到书籍》。

1931年1月15日《北京大学整理明清史料要件报告》。

1931年1月17日《樊际昌启事》"前因图书部主任马叔平先生须于年假中赴张家口及洛阳等处，托昌暂代图书部事务，昌以年假中之三星期为约，允为暂代。上月三十日晚间忽接得蒋校长信，谓马先生因须整理易县古物，无暇兼顾图书部事务，坚请辞职，仍嘱昌暂行兼代图书部主任之职，昌因万难兼代，急欲向蒋校长面辞，但蒋校长匆促南下，虽迭次电询未得晤面。现马先生已回校，前此昌以私交关系允为暂代之期限已过，图书馆事务决不能再行代理，除俟蒋校长回校后向其面辞外，特此声明。一月十五日。"

1931年1月19日《图书部新到书籍》。

1931年1月20日《图书部新到书籍》。

1931年1月22日《北大教育学会通告》"兹定于本月二十五日（星期日）上午九时假一院教育系阅览室开全体大会，讨论各项重要问题，备有丰富茶点，务祈届时全体出席为荷。一月二十日"。

1931年1月22日《图书部启事》"兹承京都帝国大学赠……一月十九

日"。

1931年1月23日、26日《图书部新到书籍》。

1931年1月24日《北京大学整理明清史料要件报告》。

1931年1月28日《图书部新到书籍》。

1931年1月31日《北京大学整理明清史料要件报告》。

1931年2月3日《北大英文系阅览室阅览书籍月报（1930）》。

1931年2月3日、4日、5日、6日《图书部新到书籍》。

1931年2月6日《国立北京大学布告》"兹定于本月六日起征收本学期学宿等费……"

1931年2月5日、6日《图书部新到书籍》。

1931年2月6日《北京大学整理明清史料要件报告》。

1931年2月7日《北京大学整理明清史料要件报告》。

1931年2月10日《哲学会通告》"兹将本月一日哲学系各班代表拟议各案如左：……（七）向学生会建议：由各系学会派代表参加图书部促进整理编目等事宜。（八）增购哲学系书籍。"

1931年2月10日《北京大学图书部十二月份借书月报》。

1931年2月11日《北京大学整理明清史料要件报告》。

1931年2月12日《图书部新到书籍》。

1931年2月13日、14日、24日、25日、26日、3月3日、4日、5日《图书部启事》"……特此志谢！二月七日"。

1931年2月16、17日、19日、20日、21日《学生会建议书》，其中在20日"……（7）建筑图书馆体育馆及大礼堂：（理由）（甲）本校藏书数十万卷而无一大规模之图书馆，岂非憾事？房屋狭小，既不便陈列，复不便察阅，故图书馆之建筑实为急不容缓之事。……（办法）呈请国府拨款建筑之，若事实上不可能时，则举行大募款。"其中在21日"（10）切实整顿图书部：

（理由）查图书馆之设，乃以供学生课外之研究，故书籍杂志不仅贵乎充实，尤贵乎翻阅便利也。我校藏书有二十万卷之谱，所订阅之中外杂志亦有数十种之多，虽不能与欧美各著名大学相比拟，然在国内可谓罕有其匹，惟书籍之管理殊欠妥善，有书名载在目录中，而该书因借出后久未归还，竟有候至数年亦得一睹者，此因图书部索取借书不努力，应切实整顿者一。有实有此书而未见诸目录者，此因目录编次不完善，应切实整顿者二。更有因图书馆馆员程度太浅，甚有不谙外国文者，每至检取西文书籍时辄费时许久，此应切实整顿者三。至杂志本宜按期更换以便学生阅览，然查有数种外国杂志竟有一年或两三年未更换者，不知其故安在，此应切实整顿者四也。（11）图书经费应照预算支出，勿移作他用：（理由）图书经费须有一定预算，确定之后即将所定款项悉数购买图书，勿移作他项用途，曩昔我校因其他需要，往往挪用图书经费，以致新书未能多购，同学咸感不便。研究学问自不能无合同之图书仪器，而欲图书仪器按时增加，则图书经费不能不按照预算支出矣。……北大学生会，中华民国二十年二月六日。"

1931 年 2 月 20 日《学生会宣传股启事》"迳启者：兹据报告，有人假借本股名义攻击图书馆职员滕统（音）、王锡（音）、张一航三位先生，手段卑劣至无足取查，本股凡发出函件必有戳记为凭，如无戳记，概失效力，以后如仍有假借本馆名义攻击私人者，决予严究，不稍宽贷，特此声明。二月十七日。"

1931 年 2 月 23 日《北京大学整理明清史料要件报告》

1931 年 2 月 24 日《法文学会通告》"议决事项：1. 关于购书事再函请图书委员会从速规定给予本系购书津贴数目。……"

1931 年 2 月 24 日《北京大学整理明清史料要件报告》

1931 年 3 月 2 日《英文学会通告》"兹将二月二十五日第六次执行委员会议决各案公布如左：……（2）关于本系阅览室延长开放时间案，决议请求学校添雇工友一人，以便于每晚及星期日均能开放阅览室，图书暂不出借。……（5）关于请求学校添置本系图书案，决议由提案人开一书单交回本会图书股委员，请求学校当局办理。"

1931年3月2日《北大数学学会通告 第十八号二月二十八日》"……A.报告事项……3、图书股：两月以来本会提出书目，经学校订购者总计一百余种，现时已到者约四分之一……B.议决事项：……3.增购图书案：（a）已向学校提出之新书而尚未定购者敦促学校从速定购（b）此后随时向学校继续提出急待参考之书籍。"

1931年3月3日《北京大学整理明清史料要件报告》。

1931年3月4日《傅孟真先生致蒋校长函》"昨天在厂甸摊上买到北大图书馆的书一本，这是我到北平二十二个月中第三次遇见小摊上卖北大的书的事。以我经年不逛小摊，很少走东安市场，然竟遇到三次，则北大书之流落当是很普及的事了，朋友们几乎人人都有这个经验。

北大图书馆之有今日，实在是积压十余年之弊病，断不能归咎于任何一时，任何些人。

然而北大图书馆今日的状态，实是北大从古以来第一件可耻的事。没人知道北大有哪些书，没人能用这些残余。现在要问，是'北大到底还有多少残书？'而不是问，'北大图书馆收藏若干？'

希望先生主持的北大，不弹高调，不必去增加刊物，扩充地盘。先费一下子心，把这个图书馆于最短期间改成北大教员的研究室、北大同学的读书室。否则北大永远不是一个学校，而是一个……的栖流所。

现在奉上我买的这本书。能在日刊上发表此信，借作一个小刺激吗？……"

1931年3月4日《校长复函》"……来函并书收到，谢谢。我们要把学校办好，应该不怕直暴自己之短，并且不要妄夸自己之长，所以就把您的信宣布了。……梦麟。"

1931 年 3 月 4 日《北京大学整理明清史料要件报告》。

1931 年 3 月 5 日、6 日、7 日、9 日、10 日、11 日、14 日、16 日《图书部新到书籍》。

1931 年 3 月 6 日 周作人《与傅孟真先生谈图书馆事书》"孟真兄：在四日北大日刊上得读尊函至有同感。北大图书散失在外，共数恐怕不小，这个责任我们的确不容易追寻，但其原因似可一谈。据我的推测，直接的遗失至多不过百分之一二吧，其余恐怕多是间接的散逸，即是由于借书不还之故。以前曾经听到一种流言，说京师大学时代曾经被整车的搬出去过，不过这只是流言，那一年间鄙人流落在外，不曾跨进校门一步，别无耳闻目睹可作证据，而且北大恢复后也不曾清查公布，究竟缺少若干，所以这只好存作疑案。但是十八年度鄙人曾任过一年的北大图书委员会委员长，又一次开会时候，有人提出清查借书的问题，图书馆方面挈出两大厚本的清册来，记明教员及学生某人某人借去什么书若干册，我没有能够仔细计算，但总之这二百页的账簿上都记着欠书的人名，有些人借去的书有二三百本之多，可以说是洋洋大观了。当时我们商定了一个善后方法，借书期满即去信催还，隔一星期去信一次，催至三次仍无回答时，即以遗失论，请借书人照估价赔偿。但是既不还书，又不回答，那么请求赔偿亦必无效，这是可以想像得来的，大家又觉得没有办法，有人主张可按月将遗失书目及赔偿数目在日刊上宣布，虽热未必能够收回赔款，总之表明某书已由某人遗失，某人对于学校欠有若干赔款，比现在那样总要好点，但是大家多赞成息事宁人这件事也就搁起不再提了。这是鄙人亲见的事实，可以供兄的参考。论借书不还的年代，恐怕至少总有十年以上，论人物则有种种，有的已归道山，有的已往外埠，有的尚在北平而不教北大的书了，有的或者还继续在校，在这许多年经这许多人借去的这许多的书——这几千册的中西书籍，自然难免不流到东安市场等小摊上去。我不能断定小摊上的都是这样流出去的书，但这总是大部分吧？要讲补救，治标有两个办法，第一是看见一本便买一本回来，第二是卑礼厚币的恳求借书人赐还借去的书。不过这第二个仍是难于实行，归根结底还只有一个办法。有人要问，这算得一个办法么？这是一个办法，在没有办法之中。

讲到治本，这完全是学校的责任。第一，学校应该使教员不但能够生活，还有有钱买书。三日两头要参考，离不开手头的书，教员应当自己买，不能十年八年的老借学校的书来用，至于偶尔查考，则自己该跑到图书馆去。然而现在教员大都还无力买书，这是一个大缺陷。第二，学校应该有设备完全、内容充实的图书馆供人利用，使人家多来馆阅览，少借书出去。这个我想北大亦尚未能做到。鄙人曾对梦麟先生说过，要整顿北大，提倡讲学，该赶紧在松公府将图书馆办起来，有适宜的阅览室研究室，有合用的参考书籍，种种方便，教员学生要读书或著作自然都到那里去，不会像以前的下课之后急忙回家或公寓去了。现在图书馆的地方实在太不行，书也不见得很够罢，平常便都不大想到那里去坐。即以鄙人而论，无学无术，够不上讲什么研究，但是偶然想要看看以广见识，或者想写两三千字的小文，找点参考材料的时候，往往难得找到适当的帮助，结果还只好回敝庐来翻自己买的几本旧书，（近来金价太贵，新书买不起了）于是一下课就得驰驱回来了。借书券已有六七年没有拿了吧，这或者说是我自甘暴弃也行，实在我不喜欢坐在那里看书，又不喜欢借书，虽然鄙人是必定还的，——这是说有书的话，何况想看的又未必有呢？鄙人以为北大图书馆必须增加刊物、扩充地盘，这才办得好，这才能够使大家去多看书少借书，而后可耻的现象可以减少消灭。这个先后问题与尊见略有不同，不知以为如何？

可谈的事尚多，匆匆不及写，改日再谈吧。三月五日，周作人白。"

1931年3月6日《北京大学整理明清史料要件报告》。

1931年3月9日《北京大学整理明清史料要件报告》。

1931 年 3 月 10 日《北京大学整理明清史料要件报告》。

1931 年 3 月 11 日《北京大学整理明清史料要件报告》。

1931 年 3 月 13 日《北京大学整理明清史料要件报告》。

1931 年 3 月 16 日、17 日、19 日、20 日《物理学会通告》"兹将本系教员指定参考书列后，同学如有借阅是书者，请即日交回图书馆为荷。……"

1931 年 3 月 16 日《本校图书馆借出书籍统计》"甲、教职员

A. 复校以前借出者

教员二百十二人，中文书一千零三十四册、西文书八百七十八册、日文书十六册。

教员借出书籍声明已还，本馆并未收到者计四十人，中文书六十一册、西文书四十册、日文书七册。

职员三十九人，中文书三百九十八册，西文书五十三册。

职员借出书籍声明已还，本馆并未收到者计七人，中文书三十八册，西文书五册。

B. 复校以后借出者（十八十九两年）"

……

总计：教职员欠书者三百二十二人

学生欠书者五百十六人

机关欠书者十九机关

中文书三千二百五十九册

西文书一千五百七十六册

日文书四十册

共书四千八百七十五册

碑帖二百八十一份。

二十年三月七日典书课查。"

1931年3月16日《北京大学整理明清史料要件报告》。

1931年3月17日《北京大学整理明清史料要件报告》。

1931年3月18日《杨廉先生致蒋校长函》"梦麟先生：近日来看见，傅孟真、周启明两先生露布关于北大图书散失情形的消息，心里异常难过。北大往常可以自慰的不外图籍之富，与人才之众二点而已。近数年来，大才已是星散，图书又复如此散失，所谓北大精神者不知究竟还保存否？保存着的是好是坏，我们也不好意思自己下判断了。

网罗人才闻先生已有办法。整顿如此不堪之图书馆方法未知先生已有决定否？兹谨贡一二，以当刍荛之献。

一、收回已借出图书的办理

（一）以往借去未还的书和借书的人应即日在日刊上公布，俾众周知。

（二）由图书馆限定交还日期，分头速即索回。

（三）学校应另筹偿还欠薪办法，不得以公家的书作欠薪的抵押品。

二、防备将来散失的办法

（一）函本市公安局，本校图书为永久财产从不转移，坊间不得买卖；如有买卖以盗窃论，请该局饬警随时查拿。

（二）凡各商店已购得本校书籍者，应于二十年五月一号以前，送还本校，学校当酌给最低度的酬劳费。逾期不送来者以盗窃论。

（三）凡本校书籍，每本两端均盖上"北京大学"四字墨印，俾容易查出。

（四）借书数目应有限制，无论何人西书不得过五本，中国书不得过二十本。借书的期间不得过两周。旧者未还，不能再借。违者应罚。珍本、孤本、已指作参考之书均应当不出借。

三、为教员阅览的办法

（一）于松公府新址，除设普通阅览室外，应有专门阅览室，把现有分散的阅览室聚在一地，加长开放时间。

（二）应于松公府设置教员阅览室，每人一张小桌，纸笔墨均全，俾教员在那里可以编讲义，不必定要把书搬到家中。杨廉谨上。三月九日。"

1931 年 3 月 18 日《北京大学整理明清史料要件报告》。

1931 年 3 月 19 日、20 日、21 日、23 日、24 日、25 日、26 日、27 日、28 日、30 日、31 日《图书部启事》"本校教职员学生久欠未还之书籍已逾四千余册，虽屡次函索，均无效果，长此以往，于本校藏书影响甚大，凡借有本部图书已经逾期者，请至迟于本月底以前扫数交还，事关全校师生学业，想诸先生必乐于赞襄斯举也。三月十八日。"

1931 年 3 月 19 日《北京大学整理明清史料要件报告》。

1931 年 3 月 23 日、24 日、25 日、26 日、27 日、28 日、30 日、31 日《图书部新到书籍 续》。

1931 年 3 月 24 日、25 日、26 日《图书部布告》"自三月二十三日起，本部阅览室阅览时间改为上午八时至十二时，下午一时至六时，夜馆仍旧，此布。三月二十三日。"

1931 年 3 月 24 日《图书部启事》"已故教授高仁山先生生前所借之书，现已由其家属查出八十八册，全数归还学校，其已遗失之数册，亦已由其家属照价赔偿，高先生家属之爱护公家事业，实可矜式，仅此声明。三月二十三日。"

1931 年 3 月 25 日《北京大学整理明清史料要件报告》。

1931 年 3 月 27 日《北京大学整理明清史料要件报告》。

1931 年 3 月 28 日、30 日、31 日《图书部启事》"本校图书部西文书目文学类（英文）现已出版，定价六毛，凡本校教职员同学购为参考用者，只收洋三毛六分，由本校出版部售书处代售，可向第一阅览室领取优待券。三月二十七日。"

1931年3月30日、31日、4月1日《英文学系教授会通告》"查本系设有圣经文学一科，故将所藏之圣经出借同学，但以选习此科者为限，并规定于学年结束时归还。其未选此科而欲诵读该书者，可往本系阅览室借阅，此意早已公布，近闻有一二借此书者，并未选修此科，且将书转借与他校学生阅读，殊属不符本系借书之意。兹特通告，凡未选习此科同学而借有此书者统希于二星期内交还，以后如欲参考此书，可向本系阅览室阅读。此告。三月二十六日。"

1931年4月2日《学生会第三次执行委员会会议记录》"……（一）报告事项：……②图书经费应按照预算支出，这事学校已答应照办，大概没有问题。……⑤景山问题，校长的意思，大致是说景山只有几间破房，对于北大没有多大益处，并且向政府去要，亦不容易到手，即使要到了手，学校亦没有这笔大款去修理，现在有了松公府勉强够用，景山问题可以暂时不谈。……⑦建筑图书馆体育馆及大礼堂，在原则上，学校已接受我们的建议，并且有了相当的计划，不过在最近的将来恐怕还不能实现。⑧改善教授待遇并限制教授在外兼职兼课，学校已允许于下学年领得中美文化基金委员会赠款后，即行提高教授待遇，同时，并绝对禁止教授在外兼职兼课。……"

1931年4月2日《国文学会全体大会记录》"……议决事项：……1.函请图书馆赠购新文学书籍，通过。……"

1931年4月3日、4日、9日《图书部启事》"顷得意大利Zani Chelli书局来函中有一段关于意大利数学杂志（The Annali of Mathematics）征稿事，希校中研究数学诸君注意，兹将原函照录如左，四月一日"。

1931年4月4日、9日《北大英文系阅览室阅览书籍月报（1931）》。

1931年4月9日《图书部新到书籍》。

1931年4月9日《北京大学整理明清史料要件报告》。

1931年4月11日、13日《图书部启事》"下列诸君有人知其现在住址者请即函示敝部为祷。……四月九日",共有150余人。

1931年4月13日《图书部新到书籍》。

1931年4月14日《鸣谢》图书部启事。

1931年4月14日《图书部新到书籍》。

1931年4月15日《崔铭琪致校长函》"校长先生：昨天在旧摊上买到一本Eclid,回来一看，又是我们学校的书，在王府井大街地上的旧摊上也有我们图书馆的书，这也真可以证明北大图书馆藏书之多了！特将原书奉上，请收。学生崔铭琪。四月十日。"

1931年4月15日《校长复函》"来函并书一册均收到，甚慰甚谢。本校图书现已由图书部拟定切实整顿办法，即日实行。此后如在各书铺书摊见有本校图书，仍盼随时通知本校图书部，并盼转告各同学共同注意为感。蒋梦麟。"

1931年4月15日《鸣谢》图书部启事。

1931年4月15日《图书部新到书籍》。

1931年4月16日《北京大学整理明清史料要件报告》。

1931年4月17日《鸣谢》图书部启事。

1931年4月17日《北京大学整理明清史料要件报告》。

1931年4月18日《鸣谢》图书部启事。

1931年4月18日《北京大学整理明清史料要件报告》。

1931年4月20日《北京大学整理明清史料要件报告》。

1931年4月27日《图书部新到书籍》。

1931年4月28日《图书部新到书籍》。

1931年4月28日《北京大学研究所国学门整理明清史料要件报告》。

1931年4月29日《北京大学研究所国学门整理明清史料要件报告》。

1931年4月30日《北京大学研究所国学门整理明清史料要件报告》。

1931年5月1日《北京大学研究所国学门整理明清史料要件报告》。

1931年5月2日《北京大学图书部一月份阅书月报》。

1931年5月2日《北京大学研究所国学门整理明清史料要件报告》。

1931年5月6日《图书部新到书籍》。

1931年5月6日《北京大学图书部一月份借书月报》。

1931年5月6日《北京大学图书部二月份阅书月报》。

1931年5月7日《北京大学图书部二月份借书月报》。

1931年5月8日《北京大学图书部三月份阅书月报》。

1931年5月9日《北京大学图书部三月份借书月报》。

1931年5月11日《北京大学研究所国学门整理明清史料要件报告》。

1931年5月12日《北京大学研究所国学门整理明清史料要件报告》。

1931年5月14日《北京大学研究所国学门整理明清史料要件报告》。

1931年5月15日《北京大学研究所国学门整理明清史料要件报告》。

1931年5月18日、19日《图书部布告》"本部阅览室星期日阅览时间自本月二十四日起改为上午八时至十二时,此布。五月十八日。"

1931年5月18日《学生会第三次各股主任联席会议记录》"……(二)讨论事项:……2.募款建筑图书馆体育馆大礼堂案,议决:推举募款委员五人组织募款委员会办理之。推举结果:焦步青、李树新、王龙舆、翟永坤、罗盛尧五人当选。……(三)临时动议:……2.暑期内由同学参加整理图书案,议决:由交际股向学校当局交涉。"

1931年5月19日《北京大学研究所国学门整理明清史料要件报告》。

1931年5月20日《北京大学研究所国学门整理明清史料要件报告》。

1931年5月21日《陈百年先生致蒋校长电》。

1931年5月27日、28日、30日《图书部布告》 "Farquhar 所著之 An outline of the religious literature of India 一书现由胡适之先生处借来暂藏第一阅

览室，凡欲参考此书者，可往该处阅览，此布。五月二十五日。"

1931年5月27日、28日、30日《图书部布告》"故宫博物院图书馆现已开放，凡本校国文系及史学系四年级学生欲往阅览者，可持入学证向典书课领取阅览券，此布。五月二十五日。"

1931年5月27日《北京大学研究所国学门整理明清史料要件报告》。

1931年5月28日、29日《学生会通告第十六号》"……学校几完全接受本会意见，决定取消寄宿费，而将学费减至每学期拾元，如此，所收之费，在数目上仍与本会所拟（学宿费各五元）相等，自下学年起，第一院所藏图书，概移往嵩公府，三院同学，即在一院上课，第三院房屋，该充宿舍，暑假期内可修理竣事。大约可容二百余人，按本校现有同学千二百余人，现住宿舍者有七百余人，不得寄宿者五百余人，但本届毕业同学有二百余人，而第三院又可容二百余人，所余数十人，或有寓所在平，或愿居住公寓，于是宿舍可无不敷之虞，待遇庶几平等，综此办法，即（1）旧欠学宿等费，概不补缴，（2）自下学年起，每人每期应缴学费拾元，（3）自下学年起，寄宿费免除。……"

1931年5月28日《北京大学研究所国学门整理明清史料要件报告》。

1931年5月29日《北京大学研究所国学门整理明清史料要件报告》。

1931年6月2日《北京大学研究所国学门整理明清史料要件报告》。

1931年6月3日《北京大学研究所国学门整理明清史料要件报告》。

1931年6月8日《鸣谢》图书部启事。

1931年6月8日《北京大学研究所国学门整理明清史料要件报告》。

1931年6月9日、10日《中古思想史试题》胡适。

1931年6月9日、10日《最近美国教育学期论文题目》杨廉。每个题目下列数种参考书。"……5. 参考书为学校图书馆所无者，教者可以暂借一星期。（地点北池子，妞妞房，十五号）。……"

1931 年 6 月 9 日《鸣谢》图书部启事。

1931 年 6 月 10 日《北大英文系阅览室阅览书籍月报（1931）》。

1931 年 6 月 10 日《北京大学研究所国学门整理明清史料要件报告》。

1931 年 6 月 11 日《鸣谢》图书部启事。

1931 年 6 月 13 日《鸣谢》图书部启事。

1931 年 6 月 13 日《北京大学研究所国学门整理明清史料要件报告》。

1931 年 6 月 15 日《鸣谢》图书部启事。

1931 年 6 月 15 日《北京大学研究所国学门整理明清史料要件报告》。

1931 年 6 月 17 日、18 日、19 日、20 日、22 日《图书部布告》"暑假伊迩，本部借书事务急待结束，自本月十七日起第一二三院各阅览室概行停止出借图书，其已借出未还者，希于本月二十三日以前缴还以便清查，特此布告。六月十七日。"

1931 年 6 月 17 日《鸣谢》图书部启事。

1931 年 6 月 18 日《鸣谢》图书部启事。

1931 年 6 月 19 日《北京大学研究所国学门整理明清史料要件报告》。

1931 年 6 月 20 日《鸣谢》图书部启事。

1931 年 6 月 22 日、23 日、25 日、27 日、30 日《学生会通告第十七号》"查本校图书亟待整理，前经会议议决暑假期内由同学自由参加，整理办法现已得学校之许可，凡同学有愿参加者，务祈于十日内（自六月二十一日起至六月底止）到各斋院号房签名为荷。文书股，六月二十日"。

1931 年 6 月 22 日《北京大学研究所国学门整理明清史料要件报告》。

1931 年 6 月 23 日《鸣谢》图书部启事。

1931 年 6 月 25 日《北大围棋研究会藏书目录》。

1931 年 6 月 25 日《鸣谢》图书部启事。

1931 年 6 月 25 日《北京大学研究所国学门整理明清史料要件报告》。

1931年6月26日《鸣谢》图书部启事，其中有《中华图书馆协会会报》第六卷第三号一册、清华大学赠《清华大学图书馆增刊》第一五七至一七二号，共十六册。

　　1931年6月27日、29日、30日《国立北京大学布告》"本校前校长蔡子民先生因参加北平图书馆落成典礼来平，本校特定于本月三十日（星期二）上午十时在第三院大礼堂开会欢迎，届时务望本校员生一律参加为要，此布。二十年六月二十六日。"

　　1931年6月27日《鸣谢》图书部启事。

　　1931年6月29日、30日、7月11日、18日、21日、25日《韩寿萱致校长函》。其中6月30日中有："……次日早由青年会郝汝英君导往参观帝国图书馆。时适大雨倾盆，而馆内之读者早已告满，已宣布限制入内。天雨虽大，而在门口候补者，尚有三百余人，鹄立候补，毫无倦容。询之，则皆各大学之学生也，其刻苦勤学，实令人钦佩无已！学生因系参观，故导入客室，旋即由该馆招待员导往各处。其阅览室分三种："

　　其中7月11日中有："1.特别研究室，供团体或特别指定研究者之用。2.普通阅览室，3.妇女阅览室，共容约二千人，入内读书者，须买票，票价五分。其中藏书多我国旧籍。又有珍贵书室一，非经特别许可者，不能取阅，亦多我国图书。据招待员云：中有我国所无者。其储报处储藏甚夥，有日本最初之报，名东京日日新闻，出版于明治五年，诚可贵也。每至一处，该招待员即详为解说，始终不倦。参观既毕，复至客室，由使女献茶，并赠书三种。计该馆职员约百人，馆内设有食堂、吸烟室、及消毒所，闻每年举行消毒一次，故书籍不易损毁。原拟参观帝大图书馆，但闻该校图书毁于地震，故仅参观学校建筑。……"

　　其中25日有"……因国会图书馆函托华盛顿大学教授（社会学家）Dr Price来接，故虽费时尚无困难……二十一日早七点五十五分抵华府，到站即有国会图书馆中文部主任 Hummel 先生夫妇及中文部秘书徐先生来接，学生寓所亦已赁妥，即同车赴寓所，稍事整顿，由徐君导引，向图书馆报到，长途旅行，至是遂告一段落矣。

国会图书馆即建筑于国会之前，建筑富丽堂皇，为此有邦名之建筑，因是来游者终日络绎不绝。藏书之富，世无其匹，其确数难言，惟据统计每小时馆中即收书八册。凡赠书于此馆者，尚须交收藏费两元。珍贵书籍亦多，如世界最初活字所印之圣约，美国之独立宣言及宪法，中国最初之地理图，不胜枚举。

至中文部藏书亦不少，县志极多，各种丛书亦复不少，报则有天津之大公报，北平晨报，及上海之申报。各种杂志则应有尽有。主任 Hummel 先生，治中国史学垂三十年，居留中国者亦十余年，对我校领导五四运动，认为在历史上有重要之价值。因学生之建议，对我校之季刊、月刊、周刊、日刊，均已订阅。中文部不仅设书供研讨，凡美人对吾国文化风尚有不了解者，胥来询问，日必数起。该主任对吾国文化有深切之认识，且对中国具好感，故无形间对吾国之影响甚巨，国内文化机关，似应与之联络。……"

1931 年 6 月 30 日、7 月 4 日、11 日、18 日、21 日《图书部通告一》"在本校暑假期间（自七月一日至九月八日）各院阅览室除第一院第四阅览室不开外，其余各室阅览时间概改为每日上午八点起至十二点止，午后晚上停止阅览。"

1931 年 6 月 30 日、7 月 4 日、11 日、18 日、21 日《图书部通告二》"在本校暑假期间凡本校同学要阅览善本书者请直接向第一院典书课接洽。"

1931 年 7 月 11 日《民众学校图书馆启事》"兹承周若度先生慨赠本馆：……"

1931 年 7 月 18 日《北京大学研究所国学门整理明清史料要件报告》。

1931 年 7 月 21 日《鸣谢》图书部启事。

1931 年 7 月 25 日、8 月 1 日、8 日、15 日、22 日、29 日、9 月 5 日、9 日《图书部启事》"本校图书部各种规则现拟重行修订，以便下学年起实行。本校教职员及同学诸君对于本校图书部有具体的意见者请详函第一院图书主任室，以便参照，毋任盼祷。"

1931 年 7 月 25 日《鸣谢》图书部启事。

1931 年 8 月 1 日《鸣谢》图书部启事。

1931 年 8 月 22 日《鸣谢》图书部启事。

1931 年 8 月 22 日《北大英文系阅览室阅览书籍月报》。

1931 年 8 月 22 日《北京大学研究所国学门整理明清史料要件报告》。

1931 年 8 月 29 日、9 月 5 日、9 日《国立北京大学布告》"兹将本月二十五日第一次行政会议议决案公布如左：

（一）国立北京大学行政组织系统草案。议决：为图校务进行便利起见，暂照附列草案实行，俟校务会议成立后，提请追认（草案见后）

（二）征收学宿等费案。议决：学费每学期减为十元，宿费全免，体育费照旧（每学期一元）。二十年八月二十九日。"

后附《国立北京大学行政组织系统草案》

（按：出现了校务会议行政会议，科改为学院，图书部改为图书馆，课改为股）

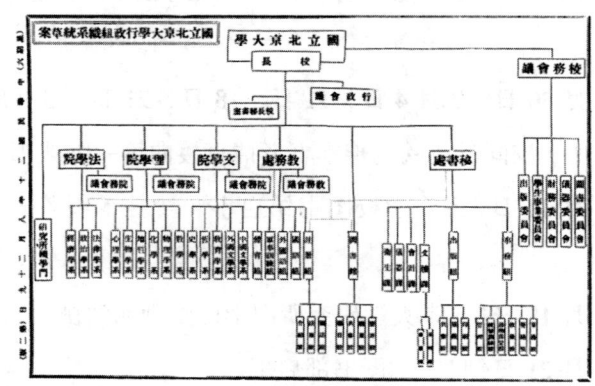

国立北京大学行政组织系统草案

1931年9月5日《鸣谢》图书部启事。

1931年9月11日《鸣谢》图书部启事。

1931年9月12日《鸣谢》图书部启事。

1931年9月14日、15日、17日、18日、19日《图书部典书课启事》"各系教员公鉴：敬启者：本学期业已开始，本馆所藏书籍中，诸先生如有指定为学生参考必需者，乞即开示，以免借出，毋任盼祷。九月十一日。"

1931年9月14日《鸣谢》图书部启事。

1931年9月15日《鸣谢》图书部启事。

1931年9月16日、17日、18日《国立北京大学启事》"顷接北平图书馆函送参观券拾张，每张售洋二角……"

1931年9月16日、17日、18日《国立北平图书馆来函》"敬启者：本年南省水灾奇重。敝馆定于九月十九、二十日星期六、星期日，每日上午九时至下午五时开筹赈水灾图书展览会，购券入场，所得券资悉充赈款。兹送上入场券壹拾纸，即希察收，广予推销，共襄义举，倘有剩余，即请于开会前一日送回敝馆，至纫公谊。此致北京大学。九月十四日。附入场券壹拾纸。"

1931年9月16日《鸣谢》图书部启事。

1931年9月17日、18日、19日、21日《图书馆布告》"本馆定于本月十七日开馆，阅览时间每日自上午九时至下午九时，星期日自上午九时至十一时，此布。九月十六日。"

1931年9月17日、18日、19日、21日、22日《图书馆启事》"兹因电灯装置尚未竣事，夜馆暂时停开，俟通电时另习惯布告。九月十六日。"

1931年9月18日、19日、21日、22日、23日、24日、10月1日、3日、5日《图书馆启事》"凡本校教员诸先生欲领取借书证者，须由各系教授会或系主任及组主任介绍，凡本校职员诸先生欲领取借书证者，须由秘书处文牍课介绍。九月十七日。"

1931年9月21日《鸣谢》图书馆启事。

1931年9月23日、24日、25日、26日、10月1日、2日、5日《图书馆布告》"本馆借书证现已开始发给，诸同学可持入学证至本馆典书股领取，此布。九月二十二日。"

1931年9月29日、10月1日《国立北京大学布告》"兹将九月二十六日本校第一次校务会议议决案公布如左：（一）校长提出本年理学院改设数学、物理、化学、地质、生物、心理六学系，文学院改设中国文学、外国语文、哲学、教育、史学五学系，法学院仍设法律、政治、经济三学系……

附各委员会委员名单：

图书委员会委员：蒋梦麟（长）、刘树杞、周炳琳、王烈、毛准、马裕藻、温源宁、张颐、曾昭抡、王守竞、冯祖荀、李四光、许骧、樊际昌、戴修瓒、刘复、赵万里、杨廉"注意，这是历来图书委员会人数最多的一次。

1931年10月2日《北大英文系阅览室阅览书籍月报》。

1931年10月7日《校档选录》"兹因编辑校志，时于本校所藏旧档案中发现饶有趣味之文件。此项文件除拟斟酌关系之轻重采入志中外，特先录付日刊发表。旨在吸引本校同人对于校史之兴味，随时录示旧闻旧事，以供志材。诚恳相求，幸勿吝墨。（赐件请寄本校三院本处）。

清光绪二十九年以前之档案，已为教育部取去，拟即设法录副；今所检阅，始于光绪三十年，故选录各件，亦始于是年。国立北京大学志编纂处敬启。

其一、第一次开运动会咨学部备案文……"

1931年10月7日《新书介绍》介绍傅振伦的《刘知几之史学》。

1931年10月12日《图书馆新到书籍》分书名、著作者两项。

1931年10月13日《史学会通告》"史学系同学公鉴：兹将二十年度第一学期常年大会开会结果公布于左：……9. 讨论事项：a. 请学校援外国语文学

系例，速辟史学系阅览室。……"

1931年10月13日、14日、19日《A classified list of new books（September 31）》。

1931年10月15日《图书馆新到书籍 二十年十月十三日》。

1931年10月16日《校档选录》"其二 驻俄大臣咨送关东半岛图四幅请查照文。

其三 学部兹请购阅胡之桢等所著书籍，并禁止翻印文 附批示二件"。

1931年10月20日《北大数学学会通告 第二号 十月十九日》"一、议决事项：……

2. 图书问题

A. 理学院各系理应平均发展，本系需用仪器较少，应请学校多购书籍。B. 图书馆移至松公府中，借书及阅览上均感不便，应请学校设法将本系书籍移回二院，如事实上不好办理，亦应如文学院英文系、史学系等，另设一阅览室，将应用书籍存放一部，以便同学阅览，至详细办法，参考英文系、史学系办法，由执行委员帮助本系主任办理。C. 本系教授办公室仍未修理完竣，应请学校从速赶修，规定教授指导时间，以便同学前往领教本，交执行委员会办理。D. 图书馆常遗失书籍事，由执行委员会帮同本系主任请学校妥为保存，致免许多贵重书籍多被窃去。"

1931年10月20日、21日、22日《A classified list of new books》新书。

1931年10月23日《图书馆新到书籍》列有书名、册数、著作者、版本。

1931年10月23日，西文新书。

1931年10月24日《哲学会通告》"（一）议决事项：……（7）请学校随时添设本系各种书籍及杂志。……"

1931年10月24日《北大经济学会第四届全体会员大会记录》"……九、会务讨论：（一）议决请学校多购买法科新书新杂志，并请新书购到后，迅速编目，以期不误同学阅览。（二）请学校将经济记录室所藏书籍公开阅览。（三）发行刊物，月刊或季刊、年刊，由执行委员会决定。二十年十月二十一日。"

1931 年 10 月 24 日《校档选录》"其四 学部咨行具奏考验游学毕业生章程并请奖励案附原奏一件"。

1931 年 10 月 24 日《图书馆新到中文书籍》二十年十月二十三日。

1931 年 10 月 26 日《A classified list of new books》。

1931 年 10 月 28 日《北大数学学会通告 第四号》"……议决事项……II. 图书问题：A. 请学校多购本系书籍事，由交际股向学校当局请求。B. 推举二人负责办理本系一切图书仪器事宜，当经推定杨炎和王俊奎二君充任。"

1931 年 10 月 29 日《校档选录》"其五 学部传知各学校于皇太后寿辰举行庆祝事项。

其六 学部咨行议复陈骧条陈学务一折"。

1931 年 10 月 30 日《北大经济学会通告（二）》"……（二）讨论事项：

1. 添设经济阅览室案。议决：向学校交涉将原有法政经记录室辟为阅览室，并将新购各书提早陈列于阅览室。

2. 添购图书案。议决：a. 催促学校多购经济图书。b. 请主任及各教授速开书单交学校购买。C. 为满足同学需要起见，请同学将所需经济图书开列名单交文书股汇集后向学校交涉购买。"

1931 年 10 月 31 日、11 月 2 日、4 日、5 日、6 日《各系主任赐鉴》"敬启者，本馆现拟从新定订各种杂志，凡各系所需要之杂志，乞各系主任先生会同各该系教员诸君商决开单示知本馆，以便定购，并乞于开单时注明孰为必不可少者，孰为次要者，以便敝馆得以斟酌经济情形办理，专此，敬颂公安。图书馆谨启。二十，十，三十"。

1931 年 11 月 3 日《北大政治学会通告（三）》"……四、临时动议……

3. 添设政治阅览室案。议决：由本会具函学校在第一院一层设政治阅览室陈列政治书籍。4. 添购图书案。议决：请学校增购中西政治书报。5. 在第一院添设阅报室案。议决：由本会具函请学校在一院设报章阅览室。"

1931年11月3日《A classified list of new books》。

1931年11月4日《北大日文组启事》"本组于十月三十一日上午十时在第一院三十教室举行日文学会成立大会，兹将各项记录公布于后：1. 出席人：钱稻孙先生、徐祖正先生、周作人先生、王基、胡毓瑞、魏敷训、龚泽铣。……5. 议决事项：……b. 成立本组阅览室。c. 本组阅览室由本组同学轮流负责管理（管理章程另定）。d. 从速印就本组课程指导书。e. 添置图书由本组教授拟定应购之重要书籍杂志字典新闻等各项名单，交图书馆从速购治。"

1931年11月4日《北大英文系阅览室阅览书籍月报》。

1931年11月6日《学生会通告 第六号》"……九、改善图书馆案。决议：1. 扩充阅览室。2. 每日从早八点至下午九点为开馆时间，中间不休息，星期日及放假日同（仿照北平图书馆办法）。3. 要求增购图书？外书报尤其德法文方面，由学生会？同各学会办理。4. ？学校确定图书经费。"

1931年11月9日、10日、11日、13日、14日、16日《图书馆通告》"本馆电灯现已通电，自本月九日（星期一）起，开馆时间为自上午九时至下午九时。十一月七日"。

1931年11月9日《教育学会第一次执行委员会会议记录》"……三、关于本系图书议决案。a. 由交际股负责向图书馆交涉收回。"

1931年11月9日《校档选录》"其七 学部咨行议复黄运藩整顿学务，请复科举一折"。

1931年11月11日《图书馆新到书籍》。

1931年11月13日《图书馆启事（鸣谢）》。

1931年11月14日《图书馆新到书籍》。

1931年11月16日《北大学生会致马占山电》。

1931年11月16日《理学院第四次院务会议议决案》。

"（一）理学院参考室管理问题。议决：

（甲）理学院参考室仍为图书馆之一部，由学院请李续祖先生负责帮忙整理一切。

（乙）书籍由各系提取，其不愿自行负责保管者，交由参考室负责保管。

（二）定购催补登记杂志问题。议决：

（甲）请图书馆于定购杂志或书籍时将定单打一副本送交学院转知各系，到后亦请打一单交由学院转知各系。

（乙）新到杂志如有缺号时，由参考室备一种请补单填好，交图书馆盖章寄发。

（丙）登记一事由理学院请李续祖先生每三日至图书馆查看一次，催请从速办理。

（丁）各系图书费预算，俟图书委员会开会后再定。

（戊）明年杂志单先交图书馆请印定。

（己）装订旧杂志以送图书馆装订为原则，如图书馆装订不及时，可招商装订。

（庚）从前旧杂志每卷缺一号或二三号者，由参考室备一种定单，填请图书馆盖章定购。

（辛）定购整批旧杂志，请图书馆多问几家书肆再发定单。……"

1931年11月17日《马占山复学生会电》。

1931年11月17日《英文学会第一次执行委员记录》"……临时动议：一、本系阅览室书籍多为教授借出，有一人借至廿余本者，甚且不按时缴还，对于同学参考方面甚感不便。

议决：教授每次可借五本，讲师及助教可借两本，均已二星期为限，逾期如不缴还，图书股负责催索。

二、阅书桌上添购 Concise Oxford Dictionary 四本分配各桌，（通过，交图书股负责办理）。

三、各班同学如有需要参考书籍，本系阅览室所无者可提交图书股添购。（通过）

四、同学晚间参考何种书籍，可预先通知阅览室听差送至嵩公府图书馆。

五、本会应请学者公开讲演。……"

1931 年 11 月 17 日《A classified list of new books》。

1931 年 11 月 23 日《本校收容东北寄读学生经过》。

1931 年 11 月 24 日《北大学生周刊编辑委员会启事》"……（二）征集稿件：本刊现拟征集本校教职员、毕业生（留学或就业）及在校同学或非本校人士批评本校之文字，总标题为'个人观察中北大之优点与劣点'其大概内容：……5. 图书馆迁移问题……。"

1931 年 11 月 24 日《A classified list of new books》。

1931 年 11 月 25 日《校档选录》"其八 学部咨行严切查禁新世纪报文"。

1931 年 11 月 26 日《北平市各界抗日救国会致本校函》为黑省抗日将士募捐。

1931 年 11 月 26 日《张立德启事》"鄙人借书证因搬家遗失，除向图书馆请补发外，无论落于何处，胥归无效，特此声明。"

1931 年 11 月 27 日《校档选录》"其九 学部咨奉上谕整理学风，恭录通行文"。

1931 年 11 月 30 日《学生会文书股通告》"兹将本会第二次执行委员会会议记录公布于左：……E 图书馆问题。（1）每日八时半开馆，九时闭馆，电表业已安妥。（2）星期日放假日照常开馆事，因限于服务人数，容缓进行。（3）增购新出版中外书报，自可照办；并请诸同学，协助调查，然后购置

（4）确定图书经费，每年十万元……。"

1931 年 12 月 1 日《政治学会通告 十一月二十八日》"决议案：……四，请学校聘请德文政治教员并增购德文法文政治图书。"

1931 年 12 月 1 日《A classified list of new books》。

1931 年 12 月 3 日《北大英文系阅览室阅览书籍月报（1931）》。

1931 年 12 月 4 日《北京大学教职员对日委员会紧急启事》"日来对日外交情势险恶，政府似有迁就之意……"

1931 年 12 月 4 日《校档选录》"其十 学部咨送延聘外国教员合同式样，请即遵照案 附合同式样一件。"

1931 年 12 月 7 日《校档选录》"其十一 呈学部条议开办分科案"。

1931 年 12 月 8 日《A classified list of new books》。

1931 年 12 月 8 日《北京大学研究所国学门整理明清史料要件报告》。

1931 年 12 月 10 日《北京大学研究所国学门整理明清史料要件报告》。

1931 年 12 月 11 日《北京大学研究所国学门整理明清史料要件报告》。

1931 年 12 月 14 日、15 日、16 日《图书馆启事》"国文系及史学系四年级同学欲往故宫博物院图书馆参观者可持入学证至本馆典书股领取。十二月十一日"。

1931 年 12 月 14 日《图书馆新到书籍》。

1931 年 12 月 19 日《A classified list of new books》。

1931 年 12 月 23 日《A classified list of new books》。

1931 年 12 月 24 日、29 日 图书馆新到英文书，无正式标题。

1932 年

1932 年 1 月 4 日《教育系同学注意》"杨亮功教授在此次离校之前曾嘱池等代表转达选教学指导同学之事，谨通知如下：1. 关于本科目参考书籍：……一书已为某同学借去，望借书者阅后交教育系教授室听差，以便同学轮流参考。"

1932 年 1 月 4 日《复课委员会紧急启事》《非常学生会通知》。

1932 年 1 月 4 日《为在济被殴在京被绑事告同学书》。

1932 年 1 月 5 日《对内勇于对外》《为反对"复课运动委员会"告全校图学书》。

1932 年 1 月 6 日《复课委员会全体委员为总辞职告同学书》。

1932 年 1 月 7 日《目前纠纷的一个总解决》。

1932 年 1 月 7 日《本校第八次校务会议议决案》"一、议决：现在学校经济异常困难，自即日起日刊暂行停办。"

1932 年 2 月 29 日《北大英文系阅览室阅览书籍月报》。

1932 年 2 月 29 日、3 月 1 日、2 日、3 日《A LIST OF NEW BOOKS》。

1932 年 3 月 2 日、3 日、4 日《图书馆布告》"本馆阅览时间自本日起改为上午自八时半至十二时半，下午自一时半至八时半，星期日自上午九时至十一时，特此布告。三月一日。"

1932年3月2日《北京大学图书馆十月份借书月报》。

1932年3月2日《北京大学研究所国学门整理明清史料要件报告》。

1932年3月3日《北京大学图书馆十月份阅书月报》。

1932年3月7日《北京大学图书馆十一月份借书月报》。

1932年3月7日、8日、9日、10日、14日、16日《A LIST OF NEW BOOKS》。

1932年3月11日《校档选录》"其十二 学部咨行禁烟各教员应取切结送部案，附复文及印结各件"。

1932年3月11日《北京大学图书馆十一月份阅书月报》。

1932年3月14日《北京大学研究所国学门整理明清史料要件报告》。

1932年3月15日《北京大学图书馆十二月份借书月报》。

1932年3月19日、21日、22日《图书馆启事（鸣谢）》，其中22日还有日本赠书。

1932年3月21日《北京大学图书馆十二月份阅书月报》。

1932年3月22日《图书馆通告》"本馆自本月二十一日（星期一）起开馆时间改为每日自上午八时至十二时，下午一时至八时半，星期日上午九时至十一时，此布。三月二十一日。"

1932年3月22日《北京大学研究所国学门整理明清史料要件报告》。

1932年3月24日、26日、30日、31日《图书馆启事（鸣谢）》。

1932年3月31日《A LIST OF NEW BOOKS》。

1932年4月8日、9日、11日《图书馆启事》"本校教职员及同学诸君对于图书馆无论有何项意见，若有助于图书馆之进步者，馆中同人皆愿竭诚欢受，请随时函达图书馆主任室为盼，惟匿名信件恕不受理或答复。"

1932年4月8日、9日、11日《图书馆启事》"国际通讯（期刊）已向前途催问，中文杂志缺者，本馆当量力逐渐补齐，此布"。

1932年4月8日、9日《A LIST OF NEW BOOKS》。

1932年4月11日、12日、19日《图书馆启事（鸣谢）》。

1932年3月18日《校档选录》"其十三 学部咨行南洋劝业会征集教育出品办法"。

1932年4月19日《A LIST OF NEW BOOKS》。

1932年4月20日、21日、22日、23日《A LIST OF NEW BOOKS》。

1932年4月25日、27日、28日、29日《图书馆启事（鸣谢）》。

1932年4月25日《北京大学研究所国学门整理明清史料要件报告》。

1932年5月7日《北京大学研究所国学门整理明清史料要件报告》。

1932年5月10日、11日、14日《A LIST OF NEW BOOKS》。

1932年5月13日、16日、17日、18日《图书馆启事（鸣谢）》。

1932年5月17日《北京大学研究所国学门整理明清史料要件报告》。

1932年5月20日、21日、23日《图书馆布告》"本馆新辟一临时特别参考室，以便陈列新出版之中文书籍，凡欲阅览地图者，亦可向该室管理员接洽，阅览时间定为每日上午八时至十二时，下午二时至五时止。五月二十日。"

1932年5月30日《A LIST OF NEW BOOKS》。

1932年5月31日《北京大学图书馆一月份借书月报》。

1932年6月6日、8日《图书馆启事（鸣谢）》。

1932年6月8日《北京大学研究所国学门整理明清史料要件报告》。

1932年6月9日、10日《A LIST OF NEW BOOKS》。

1932年6月10日《北大英文系阅览室阅览书籍月报》。

1932年6月11日《函牍》"校务会议诸先生公鉴：兹将本校研究院规程草案附刊于后，即请察阅，以便下次开会时提出讨论，专此，顺颂台绥。国立北京大学启。六月十一日。

《国立北京大学研究院规程 草案》"。

1932 年 6 月 11 日、14 日、15 日《A LIST OF NEW BOOKS》。

1932 年 6 月 13 日、14 日、15 日《图书馆布告》"本届暑假中本馆决将馆中书籍澈底清理，自本月十三日起停止借书，凡以前借出者，统希于六月三十日以前赐还，此布。六月十一日。"

1932 年 6 月 13 日《北京大学研究所国学门整理明清史料要件报告》。

1932 年 6 月 17 日《国立北京大学布告》"兹将本校组织大纲公布于左，并定于本年七月一日起实行此布。二十一年六月十六日。

国立北京大学组织大纲草案

第十三条 本大学设图书馆，置馆长一人，商承校长处理本馆事务，由校长就教授中聘任之，并置事务员若干人，均由校长聘任之。

第十四条 本大学设校务会议，以校长、秘书长、课业长、图书馆长、各院院长、各学系主任及全体教授、副教授所选出之代表若干人组织之，校长为主席。

……

第十七条 本大学设左列各委员会：一考试委员会、二图书委员会、三仪器委员会、四财务委员会、五出版委员会、六学生事业委员会……"

1932 年 6 月 18 日、20 日、21 日、22 日、23 日、24 日《图书馆启事》"本校各系主任钧鉴：敬启者，下学期开学时，各系教课最小限度所必需之书须本校图书馆购置者，敬祈于本月内将书名著作人及出版处详细开单示知，以便定购为荷。"

1932 年 6 月 20 日、21 日、24 日、28 日、29 日、30 日《教育系阅览室启事（鸣谢）》。

1932 年 6 月 23 日《A LIST OF NEW BOOKS》。

1932 年 6 月 25 日《顺治元年内外官署奏疏出版》。

1932 年 6 月 27 日《公告》"外国语文学系英文组同学公鉴：本组各级下学年所用课本，同学们宜各自购备者，已开列清单（与指导书略有出入），公布于一院英文阅览室。尚望同学们在放暑假前后，分别向琉璃厂中国图书公司定购，以备秋季开学时之用，为要。外国语文学系英文组启事。六月二十一日。"

1932 年 6 月 28 日《地质系教授会启事》"本系一年级诸生望于本月三十日上午十时至地质系阅览室接洽旅行日期及工作方法。"

1932 年 6 月 30 日、7 月 2 日《图书馆通告》"在本校暑假期间（自七月一日至九月八日）除星期日外，本馆各阅览室开馆时间改为每日上午八点至十二点止，谨次通告。图书馆典书股廿一年六月廿九日。"

1932 年 7 月 2 日《北京大学图书馆一月份阅书月报》。

學科及項條別	冊數 中文	冊數 外國文	人數	摘要	日期
中國文學系	2811	51	232	本月按二十八天計算	年 月 日
外國語文學系	601	59	78		
教育學系	560	41	71		
哲學系	391	59	80		
史學系	2110	67	213		
數學系	10	78	42		
物理學系	58	70	43		
化學系		3	2		
地質學系		4	2		
生物學系		2	1		
心理學系	4	1	2		
法律學系	199	95	103		
政治學系	187	40	49		
經濟學系	193	57	87		
教員		2	1		
職員	22	2	4		
總計	7146	631	1010		
一日平均	255.21	22.53	36.07		
十二月總計	8722	583	1292		
增		48			
減	676		282		

北京大学图书馆一月份阅书月报

1932年7月9日《A LIST OF NEW BOOKS》。

1932年7月16日《北京大学图书馆二月份借书月报》。

暑假及部分别	册数 中文	册数 外国文	人数	摘要	日期
中國文學系	168	6	29	本月按二十九天計算	年月日
外國語文學系	33	12	24		
教育學系	6	8	13		
哲學系	32	10	22		
史學系	36	8	15		
數學系		13	15		
物理學系	6	14	17		
化學系	3	13	16		
地質學系		4	4		
生物學系		1	1		
心理學系	5	3	5		
法律學系	10	2	7		
政治學系	31	6	11		
經濟學系	24	12	18		
教員	111	25	22		
職員		3	3		
總計	468	140	222		
一日平均	16.13	4.82	7.65		
一月總計	464	196	303		
增	4				
減		56	81		

北京大学图书馆二月分借书月报

1932年7月9日、16日及23日《图书馆通告》"在本校暑假期间（自七月一日至九月八日）除星期日外，本馆各阅览室开馆时期改为每日上午八点至十二点止。谨次通告。图书馆典书股启，廿一年六月廿九日。"

1932年7月16日《国立北京大学研究院规程（二十一年七月八日校务会议议决）》"……第十三章 研究生成绩之审查及考试，其办法如左：……四，凡提请审查之论文，皆须膳清三份，末页附载作者略历。其审查及口试及格之甲种论文，应缴纳最后定本三份：以二份分存本校图书馆，及本院图书分馆，以一份呈送教育部备案。此项论文印行时，均须载明'国立北京大学研究院论文'字样。……"

1932年8月13日《北京大学图书馆二月份阅书月报》。

1932年8月20日《北京大学图书馆三月份借书月报》。

北京大学图书馆二月份阅书月报、三月份借书月报

1932年9月3日《A LIST OF NEW BOOKS》。

1932年9月9日、10日连续两天在《日刊》鸣谢栏目刊登《图书馆启事（鸣谢）》未完。

1932年9月10日《图书馆布告》"本馆定于本月九日起开馆时间每日上午八时至十二时，下午一时至八时半，星期日自上午九时至十一时，此布。九月九日"。

1932年9月10日《北京大学图书馆四月份借书月报》。

1932 年 9 月 10 日《A LIST OF NEW BOOKS》。

新书通报、北京大学图书馆四月份借书月报

1932 年 9 月 10 日《国立北京大学启事》"查本校日刊业经八月三十日第二十一次校务会议决定，改为周刊，兹定于下周起实行，每逢星期六日出版一张，此启。"

《北京大学日刊》停刊。